Georges N'Guyen Van Loc

avec la collaboration de Jean-Max Tixier

Van Loc
Un grand flic de Marseille

Collection Le Chinois

AuTres Temps

En couverture :
Georges N'Guyen Van Loc, photo © Patrice Binet.

Première parution : Presses de la Cité – 1989

AVANT-PROPOS

Pour l'avoir fréquenté quotidiennement durant plusieurs mois, l'avoir vu se dévoiler malgré lui au cours de nos entretiens, céder à de violentes indignations, se taire par pudeur ou par respect d'autrui, je suis sûr aujourd'hui d'une chose : Georges N'Guyen Van Loc n'est pas un flic comme les autres. Je dirais même qu'il est devenu flic parce que l'époque ne lui offrait rien de mieux pour vivre et réaliser son éthique d'homme. Au sein de la police, il a toujours été un loup solitaire, un être d'exception tout juste toléré et dans l'exacte mesure où l'on attendait de lui des services qu'il était seul à pouvoir rendre. N'Guyen brouille les images que nous nous faisons de ce métier, à la fois si noble et si décrié. Lui a toujours voulu l'exercer en seigneur, quitte à en payer les conséquences.

Considérant N'Guyen Van Loc, à la place qui est aujourd'hui la sienne, une étrange question s'impose à mon esprit : cet homme hors du commun, cet ardent défenseur de la Justice, prêt à tous les sacrifices pour la servir, ce fonctionnaire qui a consacré le meilleur de sa vie à la Police nationale, est-il vraiment un flic ? Les pages qui suivent y répondront en partie. Car ni la complexité d'un être ni l'abondance d'une vie si remplie ne se laissent circonscrire par la rédaction d'un livre.

N'Guyen n'est pas très grand mais bâti en muscles. Rompu aux exercices physiques, il a du fauve la force et la souplesse, le flair et l'instinct, l'endurante patience et le réflexe implacable. Son faciès asiatique joue de l'impassibilité ou de la dureté. J'ai capté, dans son regard noir, un éclat particulier lorsqu'il parlait d'un adversaire ou d'un rival méprisable, et j'ai compris que cet homme pouvait tuer si la situation l'exigeait. Sa voix forte est faite pour ordonner, décider, dominer.

Dans ce livre, il n'a pas tout dit, ni sur lui-même, ni sur les événements exceptionnels et les rencontres qui ont jalonné son existence. En suivant la chronologie, il n'a donné de sa vie que des morceaux choisis, ayant valeur d'histoire et de révélation.

Dans ses archives, il garde les dossiers de bien d'autres affaires. Par exemple, il ne parle pas de la protection rapprochée qu'il a assurée pour des personnalités importantes telles que le général Sharon, Ibrahim Souss, madame Thatcher, le président Mitterrand ou Raymond Barre... Il ne parle pas davantage du rôle qu'il a joué au sommet de l'OUA ou lors des cérémonies du couronnement de l'empereur Bokassa. Il y faudrait un autre livre.

Son témoignage intéresse directement les événements survenus au cours des dernières décennies dans le monde du grand banditisme et celui de la police, apportant à leur propos des aperçus, des confidences, ou des documents nouveaux. Mais il faut compter avec les habitudes et la rigueur d'un commissaire soucieux de ne rien consigner qui ne soit vérifiable. Aussi, par endroits, refusant de s'avancer au-delà des faits avérés, N'Guyen se contente-t-il de suggérer ou de constater. Au lecteur alors de saisir la perche tendue et de comprendre plus qu'il n'est dit.

Je voudrais également mettre en évidence quelques aspects de son caractère, gommés par ses soins, tantôt par pudeur, tantôt par souci de ne pas paraître trop orgueilleux, ou de ne pas blesser un collègue, un ami. Car cet homme, trempé par l'action et qui sait se montrer implacable, peut se révéler soudain sensible et discret, tendre et généreux. Certes, il aime à parler de lui, des exploits qu'il a accomplis – et quand on sait ce qu'il a accompli, on se dit que c'est justice. Mais, si l'on analyse son propos, on constate qu'il ne livre rien de lui-même, enfermant son secret derrière l'énigmatique regard de ses yeux bridés. Or, c'est justement là que se trouve l'explication, là que se cachent la source et la lumière organisatrice de sa vie. Aussi, ce que N'Guyen refuse de dire par réserve, il m'appartient de l'exprimer ici, en me réclamant de la connaissance que j'ai maintenant de lui, et en m'autorisant de la neuve amitié qui nous lie.

On a beaucoup publié sur les flics : documents, autobiographies, récits, romans. Il y est question de filatures, d'enquêtes, de planques, de pièges, etc. On ne trouvera rien de tel ici et c'est déjà une différence énorme. N'Guyen est, dans le plein sens du terme, un homme de terrain, taillé pour le combat, l'affrontement avec la mort. Une sorte de seigneur de la guerre qui a dû accepter la tutelle de l'administration pour s'accomplir. De là sa situation inconfortable, l'incompréhension de certains, les jalousies. Doté d'un courage exceptionnel, cet homme va où les autres ne vont pas. C'est dans les actions dures qu'il est au mieux de lui-même et donne toute sa mesure.

Cependant, ne nous méprenons pas. N'Guyen refuse d'être Zorro ou Rambo. Le mythe du superflic lui hérisse le poil. Il croit à l'entraînement, aux vertus de la technique, au professionnalisme sans faille.

Ni casse-cou ni desperado, le chef du GIPN, celui qu'avec respect ses gars appellent « le Patron », est plutôt l'avatar contemporain du samouraï rompu à toutes les formes de combat, rapide et précis, efficace. Il a toujours accompli son devoir sans trembler, ignorant la peur face au danger.

La mort est pour N'Guyen une compagne familière. Il ne la recherche pas, mais elle fait partie de sa vie. Il la flaire de loin. Il connaît ses habitudes et sait qu'elle frappe quand elle veut, quelque précaution qu'on ait pris.

Dans cet ouvrage, N'Guyen raconte simplement sa vie. Il ne règle pas ses comptes, ce n'est pas dans sa manière. Il laisse parler les faits. Au lecteur d'apprécier.

J.-M. T.

Première partie

L'ENFANT DES VIEUX QUARTIERS

CHAPITRE PREMIER

Depuis la fenêtre de mon appartement, le regard embrasse la baie. J'aperçois les îles, longs squales gris étendus sur les flots. Leurs noms ont enchanté mon enfance. Leur mystère ne s'est pas éventé avec les années. Le château d'If, Pomègues, Ratoneau, c'était déjà l'au-delà des mers. Des navires de pierre immobiles, aux cales pleines d'aventure, et qui ne larguaient jamais les amarres sinon pour appareiller vers le pays des rêves, quand s'enfiévrait l'imagination des gamins de mon âge. Je savais que, très loin derrière cette eau transparente martelée de soleil, il existait une terre inconnue d'où venaient mes ancêtres, et qu'on nommait l'Asie.

Mes parents y étaient nés. Ma mère vivait alors à Hanoï, près du petit lac. Mon père venait de Nam Dinh, une région rurale, moins hospitalière. Ils étaient arrivés en France en 1914, pour se marier.

Mais l'Asie ne me parlait pas. Je ne suis jamais allé au Vietnam. Je n'en éprouve pas l'envie. Moi, j'appartiens à Marseille et Marseille est en moi. Je comprends cette ville. Je la comprends parce que je l'aime. Toutes mes fibres m'attachent à ce rivage où bouillonne un peuple fort en gueule et haut en couleur dont je partage la turbulence et la faconde. L'homme mûr ne fait que réaliser les schémas imprimés dans la cire tendre de ses jeunes années.

Je suis né le 2 avril 1933, au numéro 2 de la rue Fonderie-Vieille, dans une maison mitoyenne de celle du conseiller Corbani. Cette rue doit son nom aux fondeurs de cloches installés là depuis le XVIIe siècle. Ces habiles artisans n'exerçaient pas leurs talents au seul bénéfice de l'Église. Ils fabriquaient aussi des canons, baptisés « vomipètres », parce qu'ils lançaient des boulets de pierre. Ce nom, c'est déjà un climat, un univers, celui du quartier populaire resserré sur les pentes des buttes occidentales du Lacydon, les Moulins, les Carmes. Ce quartier peuplé de petites gens et de mauvais garçons, d'émigrés italiens, arméniens, juifs, indochinois, de navigateurs, de nervis et de putes, dans un brassage ethnique extraordinaire, se nomme le Panier. Mais, ne nous y trompons pas, le dessus du panier ne loge pas ici. Il tient ses belles demeures au Sud, de l'autre côté du port, après le quai de Rive-Neuve.

N'empêche, le cœur de l'antique cité ne battait pas ailleurs que là, sous la protection du clocher des Accoules, dans ces vieux quartiers enchevêtrant leurs travioles chaudes et malfamées, parfois à peine larges comme une brouette. Les vagues du progrès s'arrêtaient au pied des immeubles vétustes, où le linge pendu aux fenêtres claquait les jours de grand vent. Les noms de rues perpétuaient une poésie dont les habitants, par habitude, n'éprouvaient plus la puissante magie : rue des Belles-Écuelles, montée du Saint-Esprit, rue de la Taulisse ou rue Torte, rue de la Lorette, rue Coq-d'Inde, place de l'Observance, rue de la Vieille-Tour, rue du Refuge…

L'une d'elles, très pentue, méritait le nom de rue Fontaine-des-Vents, et c'est vrai qu'il y soufflait avec plus de violence que partout ailleurs. Enfant, les jours de grand mistral, le jeu consistait à la monter contre le courant d'air. Bras écartés, nous nous laissions tomber vers le sol, mais le souffle était si puissant qu'il retenait notre chute et nous rejetait en arrière. Avec quelle griserie je luttais contre ce muscle invisible et partout présent ! Avec quelle exaltation, j'essayais ma jeune force en affrontant cette masse élastique, insaisissable, qui ne rompait jamais !

Je réagissais d'instinct à ma ville, à ses impulsions, à ses sautes d'humeur. Je la flairais, je la respirais, avec amour et méfiance. Je m'en inquiétais, aussi. Car elle possédait de multiples visages parmi lesquels on risquait de se perdre. Un jour soleil, l'autre bourrasque. Elle avait dû se protéger depuis toujours contre des rivaux la cernant de toutes parts et lorgnant sur ses richesses, contre des intrus installés dans ses murs, contre ses propres démons.

La beauté du site, l'agrément du climat n'excusaient certes pas tout. Qu'il soufflât trois, six ou neuf jours, selon son rythme, le mistral nettoyait le ciel, pas les lèpres. Le mal rongeait les pierres depuis si longtemps qu'il s'y était incrusté. Certains voyaient dans ce pittoresque quartier le lieu de rencontre de toutes les turpitudes. On exagérait beaucoup. En vérité, ni ghetto ni coupe-gorge, il abritait de petites gens attirés par la modicité des loyers, des familles implantées là depuis plusieurs générations et se confondant au décor, des gens de passage.

Le Milieu avait ici son histoire et sa légende. Depuis les nervis de l'époque héroïque et les pionniers de la traite des blanches, jusqu'à l'avènement des Carbone et Spirito, mêlant dans un cocktail détonant la drogue, la politique et les baraques à sous. Il adorait ses dieux et ses héros. Il proliférait dans les artères chaudes du pourtour du Vieux-Port, à la faveur des bars et des boîtes, des hôtels et des maisons closes, sur un humus bourré de germes. Mais il poussait aussi plus loin ses métastases, vers les banlieues périphériques à la nonchalance trompeuse, Endoume, la Belle-de-Mai, Vaufrèges, les Olives, Saint-Henri, n'épargnant aucune zone, changeant seulement d'aspect. L'imprimerie de fausse monnaie et le laboratoire clandestin remplaçaient le claque ou le troquet. Au lieu d'avoir affaire à des nervis, des hommes de main ou de paille, à tout le menu fretin escortant les grands prédateurs des bas-fonds, on tombait sur des pères tranquilles du banditisme, de gros bourgeois ayant pignon sur rue, des truands en col blanc.

Pourtant le vivier restait bien ces vieux quartiers de mon enfance accrochés aux buttes des Carmes et des

Moulins. Là, les maisons avaient poussé au petit bonheur, selon la fantaisie et la fortune des propriétaires. Beaucoup, non entretenues depuis des lustres, devenaient des taudis soutenant leur misère, les unes empêchant l'autre de crouler. Au fil des siècles s'était tissé un pittoresque dédale où tous les accents du monde se donnaient rendez-vous. Là, pour survivre, il fallait se faire respecter. Dès le berceau, j'ai été façonné à cette rude école : ne pas courber la tête, ne pas perdre la face.

Mes fenêtres donnaient sur la rue Caisserie, principale artère du Panier. Elle trace aujourd'hui la frontière entre les immeubles neufs, reconstruits après la destruction des vieux quartiers par les Allemands en 1943, et ce qui en fut préservé. Je jouais sur la place de Lenche avec les minots de mon âge. Cet endroit formait le centre de la ville antique, où les Massaliotes avaient situé leur agora. Moi, piétinant l'Histoire avec l'ignorante insouciance de mon âge, je partageais l'existence de camarades dont certains deviendraient de redoutables truands. J'engrangeais sans le savoir une expérience capitale pour mon avenir. Grâce à elle, je suis aujourd'hui un des rares flics à connaître les antécédents, les ressorts psychologiques, l'entregent ou les motivations des grands caïds de la pègre qui ont défrayé la chronique, un des rares capables de les combattre sans perdre leur estime.

Mon père était navigateur. Il travaillait pour les grandes compagnies qui nourrissaient alors la prospérité et l'orgueil de Marseille : Charles Leborgne, Fabre, Frayssinet, les Messageries maritimes… Il embarquait pour Port-Saïd, l'Extrême-Orient, Madagascar, l'Inde ou les Amériques à bord de navires dont les noms attisaient l'imagination : le *Champollion* qui, une nuit de décembre 1952, devait s'empaler sur les récifs rocheux d'Elchat-Elmalhoun, au milieu des bancs de sable, le *Lyautey*, *l'Aldébaran*, *l'André-Lebon*, le *Pasteur*, un temps voué au transport de troupes, le *Sagittaire*… Ils rejoignent dans la mémoire ceux des navires célébrés par le poète Louis Brauquier, croisant au-delà de Suez, ces *Marnix Van Sant Aldegonde*, *Merchant Prince*, *El Kantara*, *Cap des Palmes*, *Arandora Star*, amarrés dans tous les ports du globe.

Absent durant de longs mois, mon père avait accompli plusieurs fois le tour du monde, tandis que ma mère veillait à l'éducation des enfants. C'était un homme rude, avare de récits, peu loquace. Il menait la vie des gens de mer, toujours en transit dans l'attente d'appareiller. Le sac toujours prêt. Mais, à chaque retour, il était gonflé de cadeaux : de somptueux coquillages d'Afrique, un petit singe malicieux, un arc offert par un authentique Indien d'Amérique du Sud avec de vraies flèches...

Les gosses des vieux quartiers se taillaient un territoire à leur mesure. Ils vivaient dans la rue, livrés à eux-mêmes, organisés en bandes rivales. Leur éducation, ils la recevaient de la rude école du pavé, où on ne pardonnait rien aux chiffes molles. Malheur aux timorés, aux lâches, aux mouchards ! Chacun devait faire ses preuves.

Les guerres de clans sévissaient déjà au Panier. Moi, j'appartenais à l'équipe de la place de Lenche et de la rue Caisserie. Notre fief ? Quelques pâtés de maisons traversés de travioles tortueuses par où l'on pouvait fuir, distribuées de part et d'autre d'une artère passante. Il débouchait sur une esplanade de légende où se déroulaient les batailles rangées. Nous le défendions becs et ongles contre la bande de la rue Coutellerie, celles de la Vieille-Charité ou des Accoules, nos ennemis les plus proches donc les plus implacables. Des bagarres incessantes opposaient ainsi des gamins d'une dizaine d'années sous l'œil blasé ou amusé des adultes. Quelquefois, une mégère excédée nous balançait un seau d'eau en hurlant des injures. Mais, la plupart du temps, personne n'intervenait dans nos joutes martiales.

C'est à cette époque que j'ai connu Zampa. Il appartenait à la bande de la rue Coutellerie, rivale de la mienne. La matinée du jeudi touchait à sa fin. J'étais assis sur le bord du trottoir avec Dédé le Grec, Robert le Noir et quelques autres. Marius l'Italien, un noiraud de douze ans – il se nommait en réalité Marius Forte – s'était lancé dans une de ces histoires à multiples rebondissements dont nous nous délections, accompagnant ses paroles de larges gestes et de mimiques dignes d'un grand acteur. Nous l'écoutions évoquer d'horribles scènes de monstres sanguinaires, de spectres, de sorciers. En ce temps-là, notre imagination crépitait aux récits d'épouvante que nous inventions à tour de rôle. Oubliés les mouvements et les bruits de la rue. Nous étions seuls, sous une cloche invisible, attentifs et muets.

Tout à coup, Robert le Boxeur rompit le charme. Essoufflé, excité, il déboulait de la montée des Accoules.

– Les gars, ceux de la Charité et de Coutellerie ! cria-t-il hors d'haleine. Ils s'étripent !

Un ressort se détendit dans le corps de Dédé le Grec qui sauta sur ses jambes.

– Y a bagarre ! Faut y aller !

Pardi, ça frappait sec dans les ruelles avoisinant le clocher des Accoules. Les pierres giclaient de tous les côtés. Les champions s'affrontaient aux poings, se roulaient à terre, cognant de la tête et des pieds.

Au milieu de la mêlée, un gaillard mince, à la tignasse en bataille, frappait plus que tous les autres en hurlant des ordres.

– C'est Tany, me souffla Dédé.

Tany, je le savais, c'était le surnom de Gaétan Zampa. Je le voyais pour la première fois se battre, quatre ou cinq garnements protégeant ses arrières.

L'affaire ne nous concernait pas. Nous, nous étions la bande de la rue Caisserie. Nous venions juste nous régaler du spectacle, en amateurs.

Bientôt, ceux de la Vieille-Charité se débandèrent. Tany et les siens restèrent maîtres du terrain. Zampa, la mèche folle et la chemise déchirée, arborait une grosse ecchymose qui violaçait son œil gauche, mais il s'était battu comme un lion et se tenait crânement, avec un rictus méprisant pour les fuyards.

Il resta un moment sur les lieux. Puis, rameutant ses troupes, redescendit la butte.

– Bravo ! m'exclamai-je, comme il passait devant moi. Tu les as massacrés.

Il me toisa du regard. Encore tout enflammé de sa victoire, il jaugea le minot qui osait en troubler la jouissance. Derrière lui, sa bande s'était arrêtée, retenant son souffle. Était-ce un nouveau défi ? Tany hésita.

– Qui tu es ? lança-t-il.

– Jo.

– Ah, c'est toi le Chinois ?

– Ouais.

– C'est bon. Touche là.

Je pris la main tendue. Zampa avait déjà sa réputation. J'avais la mienne.

J'ai six ans. Ma mère vient de me déposer à l'entrée de l'école communale – la « grande école ». Je porte un tablier à carreaux bien repassé. Mon cartable contient des objets précieux achetés chez un papetier de la rue de la République. Je me rengorge, inquiet pourtant. Parmi les élèves je dénombre peu de copains du quartier.

On me regarde. Je suis un petit garçon sec, aux yeux bridés et au teint jaune. Mes cheveux, d'un noir intense, tombent drus dans mon cou, raides comme des baguettes. J'ai la face ronde et plate des gens de ma race.

Nous piétinons dans la cour de récréation. Un haut mur d'enceinte, percé d'un monumental portail, ferme le périmètre côté rue. Les bâtiments de classe occupent les trois autres. Des platanes élèvent depuis la terre battue leurs troncs musculeux de géants.

À proximité, un groupe de gamins rigole en se poussant du coude, lorgnant dans ma direction. En ont-ils après moi ? Je me rembrunis mais ne dis rien. Si je faisais des miennes le jour de la rentrée, ma mère se fâcherait. « Sois sage », a-t-elle dit. J'obéis. Les autres prennent cela pour de la passivité, s'enhardissent. Un grand déluré donne le ton. Entouré, il se sent fort. Il s'approche, me montre du doigt

– Oh ! Le Chinois !

– Le Chinois ! Le Chinois ! reprennent les autres tous en chœur.

Mon sang ne fait qu'un tour. En serrant les dents et les poings, je marche vers l'outrageur. Sans se démonter, il me lance en plein visage : « Chinois ! » Dans sa bouche, le mot vaut une insulte.

Je lui balance mon poing entre les deux yeux, survolté par la rage. Le gars ouvre la bouche, paralysé d'étonnement. Le sang pisse de son nez tuméfié. Les autres s'écartent aussitôt, formant autour de nous un cercle médusé. Et je reste là, immobile, les poings encore crispés. Alertée, la maîtresse accourt. Pour une rentrée, c'est réussi.

Peu importe que je sois puni ou non. Une chaude vague de fierté envahit mon cœur. J'ai lavé mon honneur.

Mais pour tout le monde je serai désormais « Jo le Chinois ». Que ça me plaise ou non, je devrai vivre avec.

Tous mes amis d'enfance avaient des sobriquets. En fait, chacun possédait deux identités, celle de l'état civil et celle du quartier. La plus importante était la seconde, car elle indiquait la véritable appartenance.

Combien de visages se profilent dans ma mémoire lorsque j'évoque ces jours lointains, ces usages révolus ! Je sais qui, parmi ces gosses aux cheveux en broussaille, finira de mort violente, qui deviendra un caïd, qui s'enlisera dans l'anonymat d'une morne existence. Les mêmes racines et pourtant des chemins divergeant vers l'ombre ou la lumière, les uns hors la loi, les autres honnêtes gens... Je me pose parfois la question : pourquoi les choses se sont-elles déroulées autrement pour moi ?

J'ai ma réponse. J'ignore si elle correspond ou non à la réalité. Mais je m'y tiens. Je sais que mon caractère s'est trempé à ce moment-là, que j'ai acquis les qualités, les aptitudes qui se développeront par la suite à la faveur des événements. Ma première université fut ce périmètre misérable et splendide où le bon grain et l'ivraie poussaient ensemble, insouciants de savoir si les vents de la vie les sépareraient plus tard.

En vérité, nos combats n'allaient jamais bien loin. Nous nous en tirions avec quelques égratignures. L'honneur était sauf. Même si, de retour à la maison, une raclée récompensait nos prouesses. Les bandes d'alors ne ressemblaient en rien à celles d'aujourd'hui. Il n'existait pas d'histoire de vol ni de drogue. Seule la défense du renom du quartier animait nos ardeurs combatives. Notre petite société perpétuait à sa manière les valeurs chevaleresques des sociétés médiévales : défense du fief, respect du suzerain et protection du vassal, courage physique, goût de l'exploit. En voici un exemple : l'usage du défi. Un rite qui réglait les problèmes lorsque survenait un différend. Celui qui s'estimait offensé ramassait un brin de paille et le posait sur son épaule. « Viens l'enlever, si tu es un homme ! » lançait-il à son rival. Celui-ci devait y aller sous peine de perdre la face. Ce fétu de paille, ça n'a l'air de rien. Mais lorsqu'il se trouve sur l'épaule de plus costaud que soi, il prend sa signification. J'ai eu plusieurs fois l'occasion d'aller le chercher ou de le mettre sur ma propre épaule. C'est un symbole auquel je tiens. Dans l'existence, on ne voit pas toujours la paille sur son rival. Mais elle y est. Il faut avoir le culot et le courage de la prendre quel qu'en soit le prix.

Mes copains se baignent. Je les regarde depuis le quai. L'eau est trop noire, trop profonde pour moi. Au loin, la forêt de mâts piquant le ciel m'impressionne. L'étendue me paraît immense, semée de pièges. Les autres se moquent de moi, cherchent à m'éclabousser en riant.

– T'es pas cap', me dit un grand.

– Vas-y Jo ! Vas-y ! hurle le chœur des nageurs.

– Je te parie cinq francs, insiste alors le grand en me défiant.

Je ne veux pas passer pour un trouillard. Je me jette à la baille. Les eaux noires m'aspirent dans une gerbe d'écume. Je me débats, suffoquant. Mes membres jouent de façon désordonnée. Je bois la tasse, recrache. Panique et hargne. J'ai tenu bon. Plus tard, j'ai adoré la mer.

Nous préférions nous baigner là où c'était interdit : sur les pannes, parmi les barques au mouillage. Laissant nos habits sur les lattes de bois, nous plongions. En slip ou à poil. Nager à l'intérieur d'un port procure d'autres délices que celles de la plage. On glisse dans un cadre robuste, viril, à la mesure d'hommes rudes à la tâche, habitués à combattre. Le flot est noirâtre, parcouru de reflets. Quand nous levions la tête, le gigantesque bras métallique du pont transbordeur nous écrasait du sentiment de notre petitesse.

L'arrivée des flics interrompait nos ébats aquatiques. Depuis la panne, ils nous criaient de sortir, la baignade étant défendue. Si l'on n'obtempérait pas assez vite, les gardiens de la paix usaient d'un stratagème d'une efficacité éprouvée. Ils ramassaient nos vêtements et partaient avec. Nous restions nus ou dans nos slips trempés jusqu'à ce qu'ils consentent à nous les rendre.

Mon enfance fut heureuse parce que je l'ai vécue dans la rue, avec les copains. Il y avait les deux filleuls de ma mère, Jeannot et Joseph, Vietnamiens nés comme moi à Marseille, mon frère René, mon aîné de quatre ans, et tous les autres. J'étais libre.

Ma mère, catholique très pieuse, m'imposait pour seule obligation d'assister le dimanche à la messe de 11 heures, à l'église des Accoules, au centre populaire de la vieille ville. Sa flèche à crochets dressait au-dessus du Lacydon dix siècles d'Histoire dont mon jeune âge ne se souciait guère. Je humais les vapeurs d'encens, regardais briller les ors et les bois vernis à la lumière vacillante des cierges, entendais s'élever les chants liturgiques, mais mon esprit gambadait ailleurs. Lorsque je donnais des signes d'impatience, ma mère me rappelait à l'ordre d'une petite claque sur la tête. La religion tenait une grande place dans sa vie, et elle s'appliquait à nous éduquer selon ses principes. Une enfance ne peut être heureuse sans beaucoup d'amour. Je n'en ai pas été privé. Ma mère et moi, nous nous adorions.

Cet amour m'a toujours gardé au chaud du bonheur. Même sous l'Occupation, durant les années noires où nous affrontions les restrictions, le poids d'événements dramatiques, comme l'évacuation des vieux quartiers. J'y ai assisté frappé de stupeur, sans vraiment en comprendre la portée.

Au matin du dimanche 24 janvier 1943, la voix métallique d'un haut-parleur a retenti entre les Augustins et Saint-Laurent : les habitants disposaient de deux heures pour évacuer leur domicile, et n'avaient le droit d'emporter que trente kilos de bagages. Une intense agitation s'était aussitôt emparée de la cité. Les casques et les mousquetons des gardes mobiles appelés en renfort luisaient dans le petit jour glacé. En quelques heures, le canton le plus pittoresque de Marseille s'était vidé. Un étrange silence enveloppait le périmètre interdit, bouclé par des palissades et des fils de fer barbelés.

Le 1er février, la dynamite répondit à ceux qui s'interrogeaient sur le sort réservé à cette enclave. Durant dix-sept jours, les soldats de la Wehrmacht détruisirent méthodiquement immeuble après immeuble, ne laissant qu'un immense champ de décombres et de cendres.

L'hiver de 1943 était très froid. Nous manquions de bois et de charbon, mais la débrouille pourvoyait au nécessaire. Je franchissais hardiment les palissades pour récupérer des planches dans les maisons abandonnées, bravant la désolation d'un paysage lunaire. L'entreprise présentait des dangers. Qui se rendait coupable de pillage était sévèrement puni. Mes dix ans n'en avaient cure. Dérober quelques morceaux de bois n'appartenant à personne devenait une sorte de jeu un peu plus excitant que d'habitude. N'empêche ! Les gardiens allemands veillaient sur ce quartier fantôme et m'honorèrent de quelques coups de feu. En fait, ils tiraient pour effrayer, non pour tuer. Ils savaient que les gosses se glissaient sous les barrières pour se balader dans les rues vides, champ provisoire de leurs exploits.

Nous inventions des jeux inconnus des enfants d'aujourd'hui. Celui des pignons de cerises consistait à exercer son adresse en tirant des noyaux bien nettoyés, quelquefois peints et décorés, sur de petits monticules d'autres noyaux ou en visant des orifices découpés dans du carton. Les champions emportaient de vraies fortunes : de pleines poches de pignons. Il y avait aussi les billes ou le quinet[1], mais les vraies émotions fortes, nous les avions grâce à la carriole, un engin de fortune fabriqué à partir de planches de récupération montées sur des roulements à billes. Depuis le sommet d'une rue en pente, accroupis sur la carriole, on se lançait dans des descentes folles qui s'achevaient par une chute ou contre un mur.

En hiver, on allumait de petits feux de bois en plein air et on rôtissait des patates. Le soir, la bande se rassemblait sur le perron d'une maison. Un « grand » commençait à raconter des histoires à nous ficher une peur bleue, et nous retenions notre souffle, suspendus à ces mots que la nuit transformait en rêves...

Parfois, on se montrait du doigt les grands voyous du moment.

– Muziotti est à L'Amiral. On y va ? demande un jour Maïu.

Le beau Muziotti est un des rois du quartier. Il appartient à la caste des caïds régnant sur la ville. Les durs qui se sont fait un nom sont issus de la rue, comme nous. Leurs exploits délient les langues. On en rajoute. Les chenapans qui hantent les ruelles du Panier se mettent à leur école, celle du mauvais exemple paré de toutes les séductions. On va les voir, espérant d'eux un geste, une parole, voire une pièce, s'ils sont bien lunés. Cette cour de gosses les amuse, les flatte. Tant que ça ne les gêne pas...

L'Amiral est un bar situé au bout de la rue de l'Évêché. Une belle façade de marbre gris, un intérieur propre, soigné. Les gens du Milieu qui ont réussi y étalent leurs signes extérieurs de richesse, éclaboussent. Nous nous y risquons quelquefois, franchissant la porte comme si nous pénétrions à l'intérieur d'un lieu

1. *Sorte de tennis qui se joue à l'aide d'un bâton épointé et de battes de bois.*

mythique peuplé de héros. Ceux qui sont là ont des faces pâles aux yeux froids, avalent des boissons fortes et parlent haut.

Je décide de suivre Maïu jusqu'à L'Amiral. Derrière le comptoir, un quadragénaire chauve et rondelet, impeccablement vêtu d'un costume gris : c'est Nicoli, le patron. Il parle à un grand brun, élancé, avec un beau visage latin aux traits bien dessinés. Parfois, ce dernier se tourne vers un coin de la salle où est assise une blonde vêtue d'une légère robe imprimée qui découvre ses seins.

– Tu vas voir, pronostique Maïu tout émoustillé, il va se la faire.

– Tu parles !

Quand le beau Muziotti jette son dévolu sur une fille, elle ne résiste pas. Ces choses-là se savent. Proxénète notoire, il n'hésite pas à user de son charme pour alimenter la traite des blanches.

– Ho ! Muziotti, tu nous paies une limonade ? demande Maïu.

Le « beau mec » fait mine de retenir une taloche.

– Casse-toi ! Je suis occupé.

On n'est pas tombés dans un bon jour. Mieux vaut filer avant que ça ne se gâte. D'ailleurs, Nicoli visse son légendaire feutre à bords roulés sur son crâne. Il fait signe à Dominique Muziotti. Celui-ci, décochant une ultime œillade à la blonde, lui emboîte le pas.

– Y a pas, s'exclame Maïu béat d'admiration, ce Muziotti, c'est quelqu'un !

À treize ans, Maïu caresse l'ambition de devenir barbeau. Comme son oncle Féli, ou – avec beaucoup de chance et de talent – comme son idole dont il regarde la fine silhouette tourner la rue de l'Évêché.

Le beau Muziotti, si sûr de lui et de son charme ravageur, fut abattu comme un chien dans un bar du Panier, la nuit du réveillon de la Saint-Sylvestre. La mort vendange à ses heures... Elle frappa de la même façon Dominique Nicoli, le propriétaire de L'Amiral, qui sera descendu à son tour quai des Belges, au bar le Suffren, un soir de 14-Juillet, tandis que gerbaient jusqu'aux étoiles les fusées du feu d'artifice, et que la foule massée sur le Vieux-Port contemplait la nuit illuminée.

Nous avions vingt ou trente ans de moins que ces caïds célèbres. Place de Lenche, je croisais quelquefois le dénommé Croce, gros bonnet de la French Connection. Il ne payait pas de mine, mais l'expansion de la toxicomanie lui devait pourtant beaucoup. Avec son air de père tranquille, il bousillait des centaines de vies sans broncher. Sa manière à lui de faire parler la poudre était invisible et silencieuse. Terriblement efficace.

Antoine Paolini, dit Planche, fréquentait de préférence un établissement moins tape-à-l'œil, au cœur même du Panier, le Bar des Colonies. Là, se réunissait un gibier de moindre importance mais ne demandant qu'à sortir de l'anonymat par un coup d'éclat. Le genre de la maison différait beaucoup de celui de L'Amiral. Les voyous portaient tous le même costume bleu de Chine, le béret noir tiré en pointe sur le devant, comme une casquette, mais ils exhibaient de grosses chevalières en or massif incrustées de diamants et des montres de prix. Planche, impliqué dans l'affaire du Combinatie, tombera lui aussi sous les balles des tueurs.

Les gens de la pègre manifestaient un grand souci d'élégance. Façon de signaler leur réussite. Ils prisaient fort les tissus anglais dont les coupons valaient une fortune et, l'hiver, enfilaient d'amples manteaux accentuant la carrure.

La police de cette époque, mieux informée qu'elle ne l'est maintenant, possédait un réseau d'informateurs beaucoup plus dense qui lui permettait de pénétrer le Milieu sans rencontrer les ennuis auxquels elle se heurte aujourd'hui. Entre le parquet, les juges d'instruction et la police, il existait une entente et une étroite collaboration. J'ai le souvenir très significatif d'un vieil inspecteur coiffé d'un chapeau mou qui, arme au poing, avait arrêté un jeune voyou dans ma propre rue sans soulever la moindre animosité populaire. Crainte et respectée, la police faisait son boulot.

CHAPITRE II

À la fin de 1943, nous déménageâmes pour habiter l'un des beaux immeubles de l'Immobilière marseillaise, au deuxième étage du numéro 80, rue de la Joliette, en plein cœur du quartier des navigateurs. Cette année avait été marquée par un drame : la perte de ma sœur Lucette le 3 septembre, à l'âge de vingt-trois ans. Cette mort, je l'ai ressentie très douloureusement. Elle a brisé ma mère.

À dater de ce jour, il manqua au sein de la famille une pièce essentielle dont le vide nous poursuivrait toujours. Mon père aimait beaucoup Lucette. Elle était sa joie de vivre. Il souffrit en silence. D'un naturel très dur, il ne s'extériorisa jamais.

Un incident, qui eût pu se terminer tragiquement, me permit de découvrir quel homme il était vraiment.

Mon frère René et moi dormons paisiblement dans notre nouvelle chambre. Une belle pièce tapissée de neuf, avec une fenêtre donnant sur l'avenue. Je commence à m'habituer aux lieux. Je ressens moins la rupture avec le quartier de ma tendre enfance. Après l'évacuation de ses habitants, la destruction des îlots condamnés, il n'offrait plus ni le même aspect ni les mêmes attraits.

Soudain une main nerveuse me secoue. J'ouvre les yeux face au canon d'un revolver. À côté, René, dressé sur son lit, l'air affolé, subit un traitement identique. Une silhouette massive, habillée avec le goût caractéristique du Milieu, se profile dans la pénombre. Cinq truands, armés de gros calibres, viennent de faire irruption dans l'appartement. Nous sommes victimes d'un hold-up.

Nous nous levons sans comprendre. Effrayés. Ma mère gît sur le parquet du salon. Évanouie, cheveux défaits, visage blême, nez pincé.

– Je vais chercher un verre d'eau et des médicaments, dit mon père.

Avant que les truands aient pu l'en empêcher, et malgré la menace de l'arme pointée dans son dos, il saute par la fenêtre. Un étage plus bas, il y a une boîte de nuit, le Black Horse. Il tombe sur le toit, saute sur le trottoir, se rue en direction du commissariat et va rameuter les flics.

Pris de court, les truands s'affolent – un brusque échange de paroles, je note un accent corse – puis déguerpissent sans rien emporter.

D'après les renseignements recueillis plus tard, ils cherchaient de l'or. Nous n'en avions pas. Ma mère s'était ruinée en essayant de sauver ma sœur. Ils en étaient pour leurs frais, nous pour la peur.

Depuis ce jour, j'ai regardé mon père d'un œil admiratif. Je venais de le découvrir. Seule l'intervention d'événements brutaux dévoile quelquefois des pans entiers d'une réalité insoupçonnée jusque-là. Je dois la révélation de mon père à ces cinq truands sans visage, à la confrontation de ma peur d'enfant avec son courage d'homme.

En 1956, il mourait dans mes bras d'un cancer. Ses yeux sont encore dans les miens. Il me regarde fixement, avec une intensité insoutenable. Tout ce qu'il lui reste de vie se concentre dans ses prunelles.

– Toujours la tête haute, me dit-il en étreignant fortement mon poignet.

C'était là mon héritage paternel.

Il me demeure. Intact.

*

* *

Je suis entré au lycée Thiers en 1942, au cours moyen. J'y suis resté jusqu'à la terminale. Dans le voisinage, Marseille fourmillait de personnages hauts en couleur. Le long du cours Lieutaud et de la montée du cours Julien, voué aux marchands des quatre-saisons, les bouquinistes installaient leurs étals. En face se trouvaient les volaillers aux magasins emplis de poulets, de canards, d'oies, de pigeons vivants enfermés dans des cages. Ça sentait la fiente et le grain.

Au bas des grilles bordant le lycée, un vieil homme barbu fabriquait des santons. Avec son chapeau mou vissé sur le crâne, sa veste et son pantalon de velours, il évoquait quelque rapin prolongeant sa bohème. Il peignait ses santons devant nous, en trempant ses pinceaux dans des petits pots de couleurs, sans rien dire. Ses doigts tournaient la figurine d'argile. Sous les taches de couleurs, elle prenait apparence humaine. Une fois terminée, il la posait, rutilante, sur une tablette.

Vers les quinze ans, j'ai fréquenté les Catalans, la seule plage de sable de Marseille avec celle du Prado. L'une est payante, l'autre pas. Elle doit son nom aux pêcheurs catalans qui, profitant d'une convention, vinrent s'y établir en 1761. J'allais aux bains de mer dès que je disposais d'un moment, et je découvrais le volley-ball, sport que j'ai pratiqué toute ma vie. Je devenais peu à peu un habitué d'Endoume où je prenais mes quartiers dès les premiers rayons du soleil.

Le Vamping, un night-club, dominait la promenade de la Corniche, en face du Welcome Bar. Là défilaient tous les grands noms du banditisme marseillais et tous ceux qui allaient le devenir. Oisifs, l'argent facile, ils savouraient des heures de farniente, lorgnant les filles, sirotant des alcools, ourdissant peut-être des affaires...

Lucien les Beaux-Yeux me héla depuis la terrasse du Welcome.

– Jo, comment vas-tu ? Viens prendre un pot.

Avec sa belle gueule, Lucien mérite son surnom. Vêtu d'un élégant costume d'alpaga gris, chemise et cravate assorties, il joue à la gravure de mode. Sa chevalière et sa gourmette en or massif flamboient dans le soleil. Proxénète notoire, Lucien tire des femmes plus de pognon qu'il n'en faut pour s'habiller comme un milord.

– Il y a longtemps qu'on t'a pas vu, lui dis-je en m'asseyant.

Il ébauche un geste évasif. Je n'insiste pas. Je ne fréquentais les gens de son espèce que parce que nous hantions les mêmes lieux. Nous nous connaissions depuis toujours, mais j'évitais de me mêler de leurs affaires, encore plus d'y tremper.

Je plonge vers le bock déposé par le garçon. La fraîche mousse de bière crépite à mes narines.

Il entame un long monologue sur les bagnoles, un récent voyage sur la Côte, les boîtes, les hôtels de luxe, les femmes... Je sais qu'il veut me prouver à quel point il a réussi. Il maque une superbe blonde, à sa dévotion, une gagneuse de grande classe. Comment eût-il compris que je n'envie ni sa position ni son fric ?

Au bout d'un moment, je me lève.

– Je retourne aux Catalans, dis-je. Merci pour la bière.

Il secoue la tête, tire ostensiblement une énorme liasse de billets pour payer les consommations. Il aime ça, les grosses liasses. Plus elles sont grosses, plus il éprouve de satisfaction à les sortir. Le plaisir de l'épate.

Je vais à ma cabine enfiler un maillot. À l'époque j'étais taillé en athlète. Peut-être à cause de mes talents de volleyeur, je jouissais d'une forte cote auprès des étudiantes. Trois d'entre elles ont déserté les amphithéâtres de la fac d'Aix pour venir m'encourager pour un match, et elles m'attendent en bordure du terrain. Deux brunes aux cheveux courts, une autre avec de superbes vagues blondes déferlant sur les reins. Maillot deux-pièces dernier cri, serviette éponge, lunettes genre star, petits accessoires chics, la panoplie de mes amies tranche nettement sur celle de la clientèle ordinaire. Impossible de ne pas les remarquer.

En les rejoignant, je m'amuse à repérer les mâles en train de les reluquer. Mais quelqu'un crie mon nom. Je me retourne. C'est Zampa, entouré de ses lieutenants, occupant plusieurs tables encombrées de verres, de sachets de cacahuètes et de cendriers. Nous avons tous les deux vingt ans. Moi je poursuis des études de droit, lui s'est déjà taillé une place à la mesure de ses appétits. C'est un garçon mince, musclé, doté d'une belle gueule de flibustier. Peu loquace, on le dit plein de réserve. En réalité, il cache ainsi le défaut d'élocution dont la nature l'a affligé : Tany zézaye.

Avec les années, beaucoup de choses nous avaient séparés. Nos chemins ne s'étaient plus croisés aussi souvent. Nous n'avions rien à nous dire. Les batailles rangées des Accoules et de la place de Lenche s'enfonçaient dans les ténèbres du passé.

Mais là, il m'a vu avec les filles et veut savoir. Elles représentent un monde autour duquel il rôde sans pouvoir y pénétrer mais où moi j'ai mes entrées. De ce côté-là, il ne peut que me respecter. Non qu'il manque de filles, toutes se pressent autour de lui comme un vol de phalènes suicidaires dès qu'il paraît. Mais ce sont de modestes employées, des ouvrières, des boniches, des putes, alors qu'il rêve de séduire des héritières élevées au couvent des Oiseaux.

Zampa fit un mouvement du menton en direction de mes amies, une lueur dans son regard noir.

– Ça va comme tu veux, Jo ?

– Ça va, Tany.

Je m'en tiens là. Rien ne m'attache plus à lui. Étudiant sans fortune, je me rattrape par une fierté sans faille. Sa réussite ou le pouvoir qu'il exerce déjà sur les bourgeois me laissent indifférent. Mais nous sortons du même creuset. Ce qui règle nos comportements. D'homme à homme.

Zampa le sait. Ses amis aussi. Nous appartenons désormais à des bords opposés. N'empêche, dans les années futures, un respect réciproque marquerait nos rapports. Il ne fallait pas d'impair entre nous. Certains comprendront : on s'était jaugés.

La communion du fils de Nick Venturi donna lieu à une grande fête au Vamping. Jamais autant de voitures américaines ne s'étaient garées aux alentours des Catalans. Longs squales de métal, des Buick, des Cadillac, des Chevrolet, éclaboussaient d'un luxe insolent ce paisible quartier. Les néons projetaient des lueurs mauves sur les carrosseries dont les chromes rutilaient dans la nuit. Les porte-flingue et les gros bras juraient dans des costumes trop étroits pour leur gabarit. Aux gentlemen du crime se mêlait la bourgeoisie locale, émoustillée de se frotter à la canaille. Médecins, avocats, gens du négoce, tous ceux qui comptaient se pressaient à l'entrée. Des airs de musique flottaient sur le brouhaha.

Par moments, ils s'évadaient au-dehors en de brusques bouffées comme la chaleur d'un four dont on entrebâille la porte. J'entrevoyais alors des vertiges de lumière…

Ma mémoire suspend ce souvenir dans le temps. Image fixe arrachée d'un film noir, il se détache d'une masse mouvante et floue. Si longtemps après le trouble persiste encore de tant de richesse répandue sous les yeux d'un adolescent désargenté, de ces truands fêtés, adulés parmi les paillettes et le strass, l'encens et le champagne, les détonations des bouchons qui sautaient.

Des années après, lors de l'affaire Leclerc, ex-président de l'Olympique de Marseille, je participais à une opération de maintien de l'ordre à la mairie. Nick Venturi est venu à moi, amical, chaleureux.

– Heureux de retrouver un enfant du quartier qui ait réussi, a-t-il dit.

Entre-temps, j'étais devenu commissaire. Je ne doutais pas de la sincérité de ses paroles. J'ai souri. J'avais devant moi un des rescapés de l'affaire du Combinatie et de la politique locale. Il n'y avait rien à ajouter. Nous nous sommes serré la main. Et ce geste, à cet instant, en ce lieu, n'était pas geste de simple convenance.

*

* *

Lycéen, puis étudiant, je fréquentais assidûment le Corsaire borgne, rue Plan-Fourmiguier. Mon ami Serge Bonfanti l'avait construit de ses propres mains, en transformant une cave existentialiste dans le genre de celles de Saint-Germain-des-Prés. L'enseigne profilait la silhouette d'un corsaire moustachu, l'œil barré d'un bandeau noir. Une lanterne suspendue au mur dispensait une clarté vacillante. On franchissait un porche avant de descendre un escalier abrupt jusqu'à la salle, constituée d'une succession de caves voûtées. Dans les murs de pierres apparentes étaient creusées des niches garnies d'amphores, d'ancres, de lanternes. Des filets de pêcheurs pendaient au plafond. Au fond, sur une estrade, se démenait l'orchestre de jazz. Là a débuté Marcel Zanini. Le fantaisiste Edmond Taillet se produisait en permanence.

Mouillé dans la French Connection, il ferait bientôt la une de tous les journaux. À son nom se joignent ceux de Jacques Mari et de Jean-Baptiste Croce, deux gros bonnets de la drogue pris en 1973 et condamnés pour avoir été balancés par Edmond Taillet, lorsqu'ils avaient refusé de payer la caution qui aurait permis de faire relâcher le fantaisiste arrêté par le Narcotic Bureau américain.

Ce samedi de Nouvel An, les derniers noctambules viennent de partir. Les musiciens ont depuis longtemps remisé leurs instruments. Une odeur de tabac froid alourdit l'atmosphère. Verres et bouteilles encombrent encore les tables.

La fatigue tire les épaules de Serge Bonfanti. Il regarde avec orgueil son royaume, cet antre de flibustiers où finissent par accoster tous les chalands de la nuit, tout en comptant la recette. Une obligation jamais remise au lendemain. Après, comme chaque soir, il inspectera les lieux et ira se coucher.

Il ouvre le tiroir-caisse, commence à sortir les billets qu'il épingle en liasses alignées sur le comptoir, notant au fur et à mesure la somme sur un carnet. La méticulosité de ses gestes aurait surpris bien des habitués. Accaparé par sa tâche, il perd la notion du temps, oublie sa fatigue.

– Serge, viens voir !

La voix de son amie le tire de sa bulle.

– Qu'est-ce qu'il y a ?

– On a fracturé la porte.

– Quoi ?

– Quelqu'un est entré.

Serge se lève. Il rejoint son amie dans l'arrière-salle servant de bureau, auquel on accède par une petite porte. Personne, à part lui, n'en possède les clefs. Le battant est ouvert, verrous sautés. Du travail de professionnel. Les truands ont opéré quand la soirée battait son plein. À cause du vacarme des rythmes des jazzmen, il n'a rien entendu.

– Ils voulaient le fric, ces salauds ! s'exclame-t-il. Ils l'auront pas !

Depuis plusieurs mois, on tente de le racketter.

– Serge, tu devrais te méfier.

– N'aie crainte !

Bonfanti prend dans l'armoire un fusil à canon scié, glisse deux cartouches à l'intérieur. L'arme, autorisée pour la chasse à la bécasse, lui a été offerte par un policier de ses amis.

Il range les billets dans une sacoche de cuir, puis regarde sa montre. Quatre heures du matin.

– Allez, souffle-t-il. On y va. Quelle journée !

La voiture roule à travers la ville endormie. Les lampadaires tachent de reflets jaunes l'asphalte luisant. Serge gare sa voiture devant la porte. Ils prennent l'ascenseur. Un grand silence pèse sur l'immeuble, encore accru par le glissement des câbles. Serge serre d'une main la sacoche, de l'autre le fusil à canon scié, commence à respirer.

L'ascenseur s'immobilise en souplesse, mais la porte s'ouvre brusquement. Un truand masqué d'un bas de femme les braque. Déterminé. Serge appuie d'instinct sur la détente. Les coups s'échangent en une fraction de seconde. Mais le plomb de l'agresseur va se loger dans la paroi de l'ascenseur, juste entre l'épaule de Serge et celle de son amie. Le truand, lui, poitrine ouverte, s'affale dans l'escalier, dégringole les marches et vient s'immobiliser sur le palier inférieur. En bas, un bruit de course : son complice prend la fuite.

Le piège n'a pas fonctionné. Ce soir, la chance a été de son côté. Demain, elle sourira peut-être à un autre. Les coups durs, impossible de les prévoir. Dans une ville comme Marseille, diriger une boîte n'est pas à la portée d'un enfant de chœur.

Quand j'ai connu Henri Malvezzi, il naviguait sur les cargos. Garçon honnête, courageux, il avait été décoré pour avoir sauvé quelqu'un de la noyade. Son père, moins recommandable, faisait dans le trafic de drogue. Le mauvais exemple l'emporta. Henri commença par traficoter, comme beaucoup de navigateurs, puis se lança dans des entreprises plus sérieuses. Le 24 avril 1976 il fut arrêté dans sa propriété de Bouc-Bel-Air par mon ami d'enfance, le commissaire Aimé Blanc.

Début 1988. Je vais Chez Michel, un restaurant célèbre pour ses spécialités de poissons. C'est près de chez moi, face aux Catalans. J'aime le cadre, l'ambiance, la vue sur la mer. À l'instant où j'ouvre la porte, un homme lève la tête. Il me regarde : Henri Malvezzi ! Depuis des années, nous nous étions perdus de vue. Je l'imaginais derrière les barreaux.

Il fait un signe de la main. Amical. Je m'approche. Nous échangeons quelques banalités. Il n'a guère changé. Nous savons que la vie nous a séparés. Nous ne marchons plus sur le même trottoir, mais quand nous nous rencontrons, chacun fait sa part du chemin. Nul n'efface le passé d'un trait de plume.

Ces entrecroisements de destinées tissent la trame singulière de ma vie. Quand je les considère, toutes ces imbrications me frappent. Cette somme de hasards poussant les êtres à se lier, s'affronter, se détruire, se séparer, se retrouver, me donne l'impression de me mouvoir à l'intérieur d'un écheveau d'une extrême complexité dont quelqu'un s'amuse à tirer les fils.

Le Bar du Soleil étalait sa terrasse face au Lacydon, jouissant d'une vue imprenable sur le port, les forts Saint-Nicolas et Saint-Jean. J'aimais le poker. Désargenté chronique, je misais petit, mais le jeu, avec ses stratégies, son bluff, ses brusques montées de tension, me passionnait. Sans être un flambeur, je me brûlais parfois les doigts. Les cartes parlent le langage du hasard et de la chance. Pourtant, je n'y aimais pas les partenaires de rencontre. L'enjeu me séduisait lorsque s'affrontaient des familiers, des amis.

Un étudiant en médecine libanais, rencontré au cours d'une soirée, me présenta un vieux médecin corse, assidu des casinos d'Aix et de Cassis, qui flambait sur tous les tapis verts de la région. Son cabinet rapportait gros, mais ses honoraires, transformés en jetons, coulaient entre ses doigts, ou s'accumulaient au milieu de la table dans des pots de légende. Il ne sourcillait pas. Il observait froidement, son éternelle cigarette rivée au coin des lèvres. L'argent passait de main en main au gré des donnes sans troubler sa sérénité.

Un jour, un homme brun, aux lunettes cerclées d'or, est venu se joindre à nous. Il portait un costume trois pièces, une chemise au col amidonné, une cravate nouée avec soin. Sa mise datait un peu.

– Césari, présenta le médecin.

Le nouveau venu était sympathique. À dater de ce jour, nous ne changeâmes plus de partenaires. Notre quatuor se retrouvait au Bar du Soleil, à une table tranquille, pour battre le carton dans une ambiance bon enfant. Nous souhaitions nous distraire, pas réussir des coups fumants. Le médecin tirait pensivement sur sa cigarette. Césari fermait son visage en interrogeant les cartes. Le Libanais et moi risquions des plaisanteries. Je perdais. Je gagnais. Ça n'allait jamais très loin. Je me plaisais avec mes compagnons. Nous parlions pourtant peu de nous. Dans la journée, j'allais à Aix suivre mes cours de droit. Hors des parties de poker, nous ne nous fréquentions pas. Que savais-je d'eux ? À peu près rien. Nous nous entendions. Inutile de chercher plus.

Quelques années plus tard, je m'arrête au kiosque à journaux de la Canebière pour acheter *Le Provençal*.

Une photo s'étale en première page sous un titre stigmatisant une retentissante affaire de drogue. Ce visage, je le reconnais avec stupeur : c'est celui de Césari. Il est à côté de son frère Jo. Le cliché assombrit leurs traits, accentue leur côté louche. Accusateur.

Jo Césari, véritable magicien de laboratoire, préparait une héroïne pure à 95 % dont il gardait jalousement le secret. Au bon moment, il additionnait la préparation d'une dose infime d'acide tartrique. Arrêté une première fois à Aubagne, en 1970, il se remit au travail dès sa libération. On finit par découvrir dans sa villa cent vingt kilos d'héroïne prête à être livrée. Ce second coup du sort le brisa. On le retrouva pendu dans sa cellule des Baumettes.

Césari pratiquait un double poker. Les cartes s'étaient retournées contre lui. Le Destin tire les meilleures donnes.

*

* *

– Tu vois, Jo, dit Adolphe Férier en promenant un regard circulaire sur son établissement, l'avenir du Milieu, il est là.

Il y avait foule aux Catalans. Pas un pouce de sable ne restait inoccupé. De jeunes hommes au corps bronzé déambulaient sur les planches en roulant les mécaniques, lorgnaient les filles, s'arrêtaient pour baratiner, l'air avantageux. D'apprentis proxénètes exerçaient leur charme auprès d'oiselles crédules incapables de voir plus loin que le beau mec penché sur elle, tout sourire.

Férier avait raison. La vague montante qui se substituerait bientôt au clan des Guérini, elle grossissait sous nos yeux. Cette mince langue de sable doré chauffait les ambitions. Du jeune loup aux dents longues aux troisièmes couteaux et aux porteurs de valises, ses contours se dessinaient. On pressentait les rôles.

L'étoffe, cela se taille au patron de l'expérience. Mais, dès l'enfance, on la possède ou pas. C'est comme une peau invisible qui vous enveloppe de l'intérieur et se révèle à l'usage. L'âme, le cœur, les couilles, tout est là : « En avoir ou pas », disait Hemingway. Il savait de quoi il retournait.

Pour l'heure, le maître était encore Antoine Guérini. Le clan des Guérini, contrairement à Carbone et Spirito, collaborateurs notoires, avait pris le parti de la Résistance. Sa fortune venait de là. Pendant la guerre, Antoine s'était lié d'amitié avec le commissaire Robert Blémant, de la DST, homme intelligent et ambitieux. Je me souviens de lui pour l'avoir rencontré au temps de sa splendeur, dans une boîte de la rue Haxo, Le Drap d'Or. Sous cette raison sociale ne s'abritaient pas les fastes renaissants de royales rencontres. Ceux qui s'y retrouvaient étaient pourtant des princes. À leur manière.

Né en 1911 à Valenciennes, Blémant était un homme blond aux cheveux plaqués. Sa silhouette un peu lourde dégageait une impression de robustesse. Fils du bâtonnier Louis Blémant, il appartenait à une excellente famille bourgeoise. S'il l'avait voulu, une belle carrière se serait ouverte devant lui. Mais, à la Libération, le commissaire Robert Blémant préféra se reconvertir dans le grand banditisme.

Il disposait d'avantages certains pour y réussir : son intelligence, sa formation de policier, sa connaissance du terrain, un niveau culturel très au-dessus de celui des truands, un réseau d'amitiés judicieusement tissé. Il prit rapidement de l'importance, au point de devenir pour Antoine Guérini un concurrent sérieux.

En 1960, les deux hommes s'étaient associés avec Jean-Baptiste Andréani et Gilbert Zenatti pour exploiter le Grand Cercle, place de l'Étoile, à Paris. Blémant assurait ainsi sa position et devenait un personnage important, de nature à porter ombrage à son ancien compagnon d'armes et ami.

Dans la nuit du 14 au 15, Andréani fut blessé dans une agression. Il soupçonnait Robert Blémant et son allié Marcel Francisci d'être à l'origine du coup et les en accusa. Un conseil de guerre se réunit alors à Paris entre les Guérini et les amis d'Andréani pour décider de la conduite à tenir. Des renseignements émanant du Milieu affirment que Jean-Baptiste Andréani demanda à Antoine Guérini de liquider Blémant.

Antoine accepta et convoqua ses trois tueurs : Antoine Mondolini, son garde du corps, fils naturel de Mémé, Pierre Colombani et Étienne Carrera. Il leur ordonna d'abattre l'ex-commissaire. Le trio guetta celui-ci du côté de Salon-de-Provence, sur la départementale 15, entre Lançon et Pélissanne. Quand la Mercedes 220 blanche parut, ils s'élancèrent à sa poursuite. Au moment où ils doublaient, leurs PM l'arrosèrent d'un déluge de plomb. Quatorze balles criblèrent la voiture. Quatre firent mouche. Robert Blémant avait son compte. Il était un peu plus de 20 heures, le 4 mai 1965.

L'hécatombe ne faisait que commencer.

Dès les funérailles de Blémant, Antoine Guérini pesa l'énormité de son acte. Le rassemblement du gotha de la pègre européenne au cimetière prouvait quelle place y tenait le défunt. Trop tard. Ce qui était fait était fait. Tout se répare, sauf la mort.

Des liens d'amitié unissaient Robert Blémant aux caïds de la bande des « Trois Canards », qui sévissait à Paris, avec une implacable cruauté. Leur bar devait sa célébrité aux tortures infligées dans les caves aux malheureux qui refusaient de se soumettre au racket. Les méthodes employées amollissaient les caractères les mieux trempés. Comme certaines banques blanchissent l'argent du crime, le temps purifie les réputations. Aujourd'hui, l'un d'eux mène une existence honorable en Normandie. Il y a pignon sur rue et élève des chevaux. Il arbore même une décoration à la boutonnière. Une dalle de silence pèse sur son passé.

Le meurtre de Robert Blémant ne devait pas rester impuni. La vengeance égrena son chapelet noir dès le 12 février 1966, avec l'assassinat de Pierre Colombani à Ajaccio. Le 23 juin 1967, dans l'après-midi, Antoine Guérini monta à bord de sa Mercedes bleu nuit, quittant la Calenzana, sa villa de Saint-Barnabé. Son fils Félix conduisait la voiture. Ils s'arrêtèrent à la station Shell-Beaumont pour faire le plein d'essence. Une moto montée par deux hommes au visage masqué stoppa à leur hauteur. Le passager sortit un Colt, tira à bout portant. Antoine s'effondra, troué de onze balles.

L'affaire ne pouvait en rester là. Mondoloni jura de venger Antoine coûte que coûte. Il n'en eut pas le temps. Arrêté sur les Champs-Élysées le 17 février 1966, on l'emprisonna jusqu'au 18 novembre 1969, date à laquelle il bénéficia d'une libération pour bonne conduite. Il redescendit aussitôt dans le Midi. Mais la chance n'était pas avec lui. La veille de Noël, victime d'un grave accident de la route, il fut hospitalisé à Cavaillon.

Le service de garde de nuit, surchargé, ne prêta pas attention aux inconnus qui pénétraient à cette heure indue. Ils gravirent calmement l'escalier jusqu'à l'étage où Mondoloni, sous perfusion, luttait contre la douleur. Une faible veilleuse éclairait la chambre. La lumière suffisait pourtant pour reconnaître le blessé dont le visage tourné vers le plafond dessinait une tache claire. Très vite, les inconnus refermèrent la porte. Alerté par le bruit, Mondoloni se tourna légèrement vers eux. Déjà, les autres étaient sur lui, arrachaient le drap et les tuyaux. Une main armée d'un poignard s'acharna sur le corps révulsé qui s'affaissa comme une poupée de chiffon.

C'était fini. À l'aube, l'infirmière découvrit le cadavre lardé de coups.

Ce sanglant point final intervenait après que Mémé, devenu chef du clan, eût conduit celui-ci à sa chute. Lors de l'enterrement d'Antoine, deux cambrioleurs, l'Espagnol Luis Tarazona et Claude Mandroyan, osèrent entrer par effraction dans la maison du mort et faire main basse sur les bijoux. Pour laver l'honneur, Mémé fit exécuter le jeune Mandroyan, qui avait pourtant restitué le butin. Son cadavre, jeté du haut du cap

Canaille, s'écrasa sur les brisants, trois cents mètres plus bas. À la suite de ce meurtre, sur ordre du directeur de la PJ, Denis, le 4 août 1967, mon collègue le commissaire Mésini et ses hommes faisaient irruption au Méditerranée, quartier général du clan, et arrêtaient tout le monde.

*

* *

J'occupais une place bien singulière dans cette mouvance. Avant d'être policier, je restais Jo le Chinois, le gars du quartier qui avait fait des études, le joueur de volley exhibant son adresse sur le sable des Catalans. Ce surnom, c'était ma carte de visite. Au quartier, on ne se connaissait jamais par le patronyme. Le surnom témoignait de l'appartenance, soulignait la place de l'individu au sein de la tribu. L'identité officielle s'effaçait devant lui. Je devais m'y résoudre. Quel que soit mon itinéraire, j'appartiendrai toujours à cet univers, à ce vivier d'âmes noires ou blanches trempées pour la lutte. On me reconnaissait d'emblée pour l'un des siens. Ce capital de confiance et d'estime, certains pourraient le mépriser, mais moi je ne le renierai jamais.

Il y a toujours eu, entre les truands et moi, un respect et une crainte réciproques – un respect d'hommes. Issus du même creuset, nos comportements ont toujours été « réguliers ». Ils savaient que je n'avais pas peur d'eux. J'étais de la même trempe, de l'autre côté de la barrière. Je disposais des mêmes arguments. Partout où j'allais, il ne fallait pas me considérer comme un petit-bourgeois de sortie. J'avais du répondant pour faire face.

Cette attitude surprendra. L'exercice d'un métier comme le mien ne brise pas nécessairement des liens tissés depuis l'enfance, des manières d'être, de sentir, façonnées au fil des années. Sans cela aurais-je pu accomplir ce que j'ai accompli ? Les uns et les autres, nous ramenions les choses à leurs justes proportions. Nous pesions ce qui valait la peine, ce qui ne la valait pas. Question d'honneur. Je n'ai jamais « manqué » à personne. Personne ne m'a jamais « manqué ».

À de rares exceptions, comme Robert Blémant, les truands n'avaient reçu qu'une instruction primaire. Jeunes, ils trafiquaient comme navigateurs. Ensuite, pour réussir, ils s'intégraient à des clans organisés, dominés par des relations d'enfance. Ainsi fonctionnait la chaîne par laquelle le Milieu renouvelait ses troupes et se perpétuait.

Ces hommes vivaient dans un monde ne faisant aucune concession aux faibles, aux minables. Sitôt qu'une tête d'affiche ne se faisait plus respecter, elle était éliminée. Inexorablement. Les ressorts psychologiques profonds étaient immuables : la puissance, le pouvoir, le fric. Ces ambitions peuvent sembler ordinaires. Elles ne le sont pas dans ce contexte particulier. Par rapport aux cols blancs, eux doivent les acquérir par l'unique moyen à leur portée : la violence. Quand on parle du Milieu, il faut rappeler la logique implacable à laquelle il obéit. En évitant de s'ériger en moraliste. Pour ma part, je constate. Je ne juge pas.

CHAPITRE III

Le 1er septembre 1957, je fus incorporé au CIT 159 de Carpiagne (Centre d'instruction du Train), avec la classe 57-2 A. La perspective de passer de longs mois sous l'uniforme ne suscitait en moi aucun mouvement de révolte. Je m'en tenais à une idée simple mais essentielle : étant français, je devais accomplir mon service militaire. Cela relevait des obligations de tous les citoyens. J'ai toujours eu le plus grand respect pour le drapeau, et j'estimais de mon devoir de prouver ma reconnaissance d'être français. Il me faudrait aller combattre en Algérie. J'acceptais.

On accède au camp de Carpiagne par une route sinueuse qui franchit le col de la Gineste avant de traverser l'étendue rocailleuse et pelée du plateau surplombé par le massif de Marseilleveyre.

« Le camp de la soif », « le camp de la mort ». De quoi mettre à l'aise les recrues. La nourriture était très mauvaise, les locaux d'une vétusté spartiate. L'été, la canicule faisait peser sur nous une chape de plomb. L'hiver on gelait. Le vent soufflait avec plus de violence que partout ailleurs. Sans moyen de locomotion, il fallait pour sortir en ville traverser à pied des kilomètres de garrigue avant de parvenir à la nationale et faire du stop.

Malgré la dureté des conditions de vie, je garde un bon souvenir de mes classes. Capitaine de l'équipe de volley-ball, je jouissais de certains privilèges depuis que, sous mon impulsion, elle avait gagné le championnat militaire de la IXe région.

Malgré un maréchal des logis-chef obstiné à me barrer la route des EOR, j'ai terminé major. C'était ma meilleure réponse. Ce chef sadique et grossier aimait à humilier les élèves officiers. Je l'avais bravé en protestant contre « la pelote », technique barbare qui consistait à nous faire ramper jusqu'aux limites de la résistance avec sur le dos un sac rempli de cailloux et la totalité du barda. Le médecin, alerté par mes soins, était intervenu pour faire cesser ces abus.

Le 9 janvier 1958, j'entrai à l'École d'application du Train (EAT) à Tours. Six mois plus tard, j'en sortis avec le grade d'aspirant. Je retournai à Carpiagne, où le commandant Farnocchia me nomma officier des sports.

La mission me comblait. Elle me permit aussi d'exercer une petite revanche envers les gradés qui m'en avaient fait baver. J'obligeai tous les personnels militaires de tous grades à effectuer le parcours du combattant, itinéraire destiné à éprouver la force, l'adresse et le courage. Des gradés bedonnants s'épuisaient, incapables de sortir de la « fosse à lions », encore moins de grimper au portique. Ils manquaient d'exercice et forçaient trop sur la bibine. L'apoplexie menaçait leurs trognes écarlates. Un moment délectable.

À Carpiagne, chaque jour ressemblait au précédent. Jusqu'au début de 1959 où j'embarquai sur le *Ville d'Oran* à destination de l'Algérie.

Ma vieille mère, penchée au balcon, agrippée à la balustrade, me regarda partir. Elle pleurait. Nous habitions près du lieu d'embarquement et j'étais venu lui dire un dernier au revoir, avant de repartir à pied vers le port de la Joliette. J'avais dû faire un rude effort pour me détacher d'elle. Nous reverrions-nous jamais ?

Dans le hublot se juxtaposaient deux couches d'ombre, celle du ciel criblé d'étoiles froides, celle du noir plus menaçant de la mer. Nous voguions vers l'inconnu. L'abîme était partout, sous nos pieds, dans l'immense vide laissé derrière nous, dans cet horizon incertain qui tardait à prendre forme.

Les côtes algériennes se dessinèrent au petit matin. Oran se dressa dans l'azur encore pâle. Le soleil dorait les toits. Une lumière douce jouait avec la pierre. Ce pays déchiré se présentait avec une nonchalante harmonie.

À la caserne, un adjudant-chef m'attendait, l'air gêné.

– Mon lieutenant, votre place à Oran a été prise par un autre sous-lieutenant. Vous êtes affecté au BMT 504.

C'était un bataillon disciplinaire engagé en plein baroud. Le pistonné d'un général se planquait à mes dépens, mais je n'éprouvais pas d'amertume. Il existe en moi une force qui m'a toujours porté depuis l'enfance à mener une vie de risques.

Le BMT 504 avait ses quartiers à Brazza, petite localité située au-delà des montagnes, à cent cinquante kilomètres au sud d'Alger, sur la route conduisant aux confins du Sahara. Seul, je pris le train pour Alger et je couchai dans une caserne du centre où cantonnaient des Vietnamiens en béret noir et tenue camouflée : les commandos d'Extrême-Orient, ramenés d'Indochine par le général Salan. Ces baroudeurs hors du commun ne comptaient plus leurs exploits. Pourtant, l'oubli du sang versé ou l'ingratitude allaient bientôt les rejeter. Leurs bataillons dissous, ils deviendraient des mercenaires loués au plus offrant. Quelque chose de pathétique entache l'histoire occultée de ces hommes dont les ombres félines traversent ma mémoire.

Une draisine précédait le train sur le parcours Blida, Médéa, Le Ruisseau des Singes, Loverdo, le col de BenChicao, Boghan, Boghari et Brazza. La voie n'était pas sûre. Nous cheminions lentement, dans un décor dantesque. Les montagnes déchiquetaient leurs crêtes sur le ciel dur, avec de grands aplats, des éboulis cernés de mauve.

Brazza était un modeste village, avec une petite gare de province dotée d'un minuscule château d'eau, de deux lignes de chemin de fer, de bâtiments anonymes. L'appartement du chef de gare occupait l'étage, mais depuis belle lurette le fonctionnaire ne l'habitait plus. Trop dangereux. D'épaisses tôles renforçaient les fenêtres, trouées par des balles. Au bord du quai s'alignaient de hautes cuves à vin. Avant mon arrivée, on y avait retrouvé le corps d'un gradé porté disparu, enlevé par les fellaghas. Le corps ne révélait ni blessure ni traces de coups. En fait, cet ivrogne était tombé dans la cuve en se penchant pour boire. Il y eut ainsi, dans ces temps de douleur, des morts stupides.

Sur le quai m'attendaient l'adjudant Thomas Cervoni et le maréchal des logis Grattereau, un ancien de Carpiagne. Un gros ours à lunettes descendit aussi du train. Je reconnus le sous-lieutenant Boudon, mon condisciple de l'EAT à Tours. Pied-noir d'origine, il avait toutes les raisons de se trouver là. Le chef d'escadron Verges-Viscat me reçut en compagnie de son adjoint, le commandant Colomb. C'était un homme mince, de taille moyenne. Ses cheveux clairsemés blanchissaient, et son nez busqué saillait du visage. Il parlait avec l'accent du Sud-Ouest. J'appréciai ses paroles directes, sa poignée de main. On me logea dans l'appartement du chef de gare, avec Boudon, le sous-lieutenant Jean-Pierre Lamouroux, un pied-noir de Bône arborant une moustache à la Groucho Marx, et un commandant de compagnie. Ma fenêtre était blindée de tôle épaisse. La nuit, les fellaghas tiraient dessus depuis la montagne voisine. On entendait les balles ricocher contre l'acier.

Nous dormions sur des lits de camp, nos armes à portée de la main : la carabine USM 2 et le revolver MAC 50, que je retrouverais plus tard dans la police.

Rattaché à Brazza, je participais sans discontinuer à des opérations de ratissage et à des embuscades de nuit. Sur les cinq cent mille hommes engagés en Algérie, vingt mille combattaient réellement. Je faisais partie de ceux-là.

Au feu, je me conduisais bien. J'étais fait pour être un homme de guerre. J'avais le sens du terrain, celui de l'orientation, et je restais calme face au danger.

On crapahutait à travers une nature ingrate, sous un ciel uniforme. Des buissons, parfois des arbustes, s'agrippaient aux pentes ravagées. Le soleil frappait une terre cendrée, d'où s'élevait une poussière blanche lorsque le vent soufflait.

Ce matin-là, après des heures de progression harassante, je posai le pied au sommet de la crête. En nage. Le visage brûlé de soleil. Au dos de mon treillis des auréoles de sueur se superposaient, du clair au foncé, comme les âges d'un tronc d'arbre. Je soufflai pour reprendre haleine. Derrière, j'entendais les cailloux rouler sous les brodequins de mes camarades.

Nous crapahutions sans résultat depuis le matin.

Les flancs du djebel chutaient jusqu'à la vallée sinueuse d'un oued asséché. La main en visière, je scrutais chaque parcelle de terrain.

Soudain, deux cents mètres plus bas, j'aperçus une dizaine de fellaghas fuyant en suivant le tracé de l'oued. Cent mètres plus loin, l'étroite vallée s'évasait en une plate-forme de pierre circulaire. Ils étaient obligés d'y passer.

J'ordonnai à deux brigadiers de pointer nos FM sur la plateforme dénudée et d'attendre.

Les fellaghas s'y engagèrent. Les rafales crépitèrent aussitôt. Un tir meurtrier dont l'écho amplifiait les détonations. Dans les jets de poussière soulevée par les balles, des corps disloqués s'abattaient. Le silence succéda au vacarme. L'immobilité à l'action.

Nous descendîmes avec précaution. Des cadavres jonchaient le sol, les pierres elles-mêmes portaient des traces de sang. Des rebelles blessés avaient réussi à se traîner hors de notre portée. Sans doute crèveraient-ils quelque part dans cette immensité désertique, cachant leur agonie à l'abri d'un rocher ou d'une grotte. Un réalisme pragmatique m'inspirait. J'agissais comme il convenait d'agir. Mais un adversaire se sacrifiant pour sa foi méritait le respect.

Avec un autre chef de section, nous montons une opération de nuit. Nous devons nous regrouper à une heure du matin, au sommet d'un mamelon. Je conviens d'un mot de passe pour faciliter la jonction. L'un doit crier « Navarre », l'autre répondre « France ». Le code manque d'originalité mais il est utile.

J'arrive le premier sur le mamelon après avoir franchi une série de murettes épuisantes. Nous avançons sans bruit, le visage noirci par du bouchon brûlé. La nuit est claire. Les contreforts dessinent des masses obscures sous la ligne de crêtes déchiquetées. Je dispose ma section en essaim autour du sommet, avec ordre d'observer un silence total. Seul bourdonne imperceptiblement mon poste de radio.

Au bout d'un quart d'heure, des bruits furtifs se manifestent en contrebas. Des claquements de culasses. Je tressaille. La nuit donne une résonance particulière au choc des masses métalliques. Les bruits, les choses, prennent une dimension fantasmagorique. L'imagination réagit sur des perceptions montées du fond des âges, gravées dans les replis de l'inconscient. L'homme ne raisonne pas comme pendant le jour.

Mes deux voltigeurs de pointe se tournent vers moi.

– On va voir ?

J'arrête leur élan, scrutant le périmètre d'où sont venus les bruits.

Je crie d'une voix nette : « Navarre ! »

Aucune réponse.

– Envoyez une fusée éclairante.

La campagne environnante s'illumine, et je vois plusieurs hommes déguerpir en bas, dans les taillis. Des fellaghas ! Sans doute une unité de la Wilaya IV commandée par le fameux Zoubir, réputé pour son courage et son talent de stratège. C'est sa zone d'action. Nous sommes dans le carré 00.01, en plein territoire interdit. Toute personne rencontrée est un adversaire. Nous l'avons échappé belle.

Au bout d'un mois d'opérations, le commandant Verges-Viscat me convoqua.

– Vous êtes mon sous-lieutenant le plus apte à commander une unité dans une zone dangereuse. Je vous ai affecté au col de Ben-Chicao, à la 3e compagnie.

Le col de Ben-Chicao contrôlait la route menant à Alger, à treize cents mètres d'altitude, isolé de tout, dans une contrée rude et infestée de rebelles. Un sale coin.

Je quittai Brazza en jeep par une matinée ensoleillée. La route en lacets sinuait jusqu'au col. Là, une vieille ferme fortifiée servait de cantonnement. Les bâtiments en U s'ouvraient face à la montagne. Des chevaux de frise fermaient l'espace, flanqués, à gauche, d'un bastion renforcé de sacs de sable, avec une mitrailleuse en batterie. Les sentinelles surveillaient les abords en permanence. Du côté opposé, une petite tour dominait la route. Des fils de fer barbelés ceinturaient l'ensemble. Sur un rayon de quelques dizaines de mètres s'étendait un glacis où nul ne pouvait pénétrer sans être vu. Les vignes les plus hautes du monde alignaient alentour leurs rangées régulières. Au sud, il y avait Boghari, au nord, Loverdo-Médéa. Les matins d'hiver, un épais brouillard nous cernait comme le faisaient les rebelles.

Le capitaine Schiller commandait la compagnie. Avec ses petites moustaches fines, sa forte corpulence et ses lunettes cerclées d'or, il ne manquait pas de prestance, évoquant quelque hobereau germanique. Formé à l'École de guerre, il était promis à une carrière d'état-major, mais il lui fallait auparavant faire ses preuves sur le terrain. Il m'accueillit chaleureusement. Son adjoint, le lieutenant Mioche, était un officier d'active sorti de Saint-Cyr. Grand gaillard d'un mètre quatre-vingt-cinq, il arborait des verres très épais et une tête aux cheveux en brosse. Sa mâchoire supérieure proéminente couvrait sa lèvre comme s'il la mangeait éternellement.

La troupe cantonnée à la ferme comptait une centaine d'hommes. Je partageais la chambre d'un jeune sous-lieutenant qui devait partir le mois suivant. Ce garçon brillant, respecté de ses gars, était instituteur. Cette drôle de guerre l'avait durement secoué. Il se laissait aller, désabusé, résigné, au bout du rouleau. Il accomplissait son devoir, mais ne s'occupait plus ni de son aspect ni de son corps.

On me donna le lit d'un aspirant récemment tué. Cette première nuit, je la passai à la place d'un mort, songeant à ce visage d'ombre, à cette jeunesse si proche de la mienne, déjà sacrifiée.

La 3e compagnie appartenait à la réserve générale, à la disposition du commandement pour toutes les opérations entreprises sur le territoire. Corvéable à merci, jour et nuit. Nous avions beau combattre aux côtés des parachutistes coloniaux et de la Légion étrangère, on transportait ces troupes d'élite sur les lieux en hélicoptères, et nous en camions, par des chemins incertains. Nous payions de notre sang comme les autres, mais le Train n'a jamais été considéré comme une arme de métier. Ses soldats, on les mettait à toutes les sauces : bureaux d'états-majors, transports, circulation routière, bataillons de marche. Le Train était la bonne à tout faire de l'Armée française. Nous grimpions dans les camions ou nous marchions.

*

* *

Puis les coups durs arrivèrent en rafales. Ce fut d'abord l'accrochage avec une autre unité de la Wilaya IV.

Un message ordonnait une opération de ratissage de six heures du matin à onze heures. Deux sections furent désignées pour la mission. J'en commandais une, la seconde était placée sous le commandement d'un séminariste, le sous-lieutenant Durand. Il devait repartir le jour même pour la France, via Alger, libéré de ses obligations militaires. Un type droit, d'une grande rigueur morale. J'éprouvais une réelle affection pour lui. La fatalité voulut que son adjoint fût ce jour-là dans l'incapacité d'assumer ses responsabilités. Une crise de dysenterie amibienne le clouait au lit. Le sous-lieutenant Durand devait prendre son train à Brazza à treize heures. Il décida d'effectuer une ultime opération à la tête de sa section.

Une opération de routine. Malheureusement, lorsqu'on crapahute pendant des jours et des jours sans résultats, la vigilance se relâche. On devient vulnérable.

Ce jour-là, le départ est presque joyeux. On plaisante à propos du chanceux qui rentre au pays. Les camions nous déposent à proximité du périmètre de ratissage, et nous marchons de conserve jusqu'à une fourche où la montagne se partage en deux lignes de crêtes. L'une va vers le nord, l'autre vers le sud.

– On joue l'itinéraire à pile ou face, propose Durand.

Il tire de sa poche une pièce de monnaie et la lance en l'air.

– Face ! crie-t-il, comme s'il exprimait une fière devise.

La pièce retombe : il a gagné. Je prends la crête sud, lui la crête nord.

Mes voltigeurs de pointe ouvrent la route. Derrière vient mon premier groupe, disposé en essaim. Je me tiens au centre du dispositif, suivi par le troisième groupe. Nous pénétrons en silence de pénibles sentiers, économisant nos forces. La nature déploie autour de nous d'indifférentes splendeurs. Comment imaginer que la mort peut se dissimuler partout, au détour du chemin, derrière un rocher, un bouquet d'arbres, depuis un surplomb ?

Au bout de cinq kilomètres crépitent des rafales ininterrompues de FM et d'armes automatiques, mêlées aux explosions sourdes des grenades. Un accrochage sur la face nord. Inquiet, je prends la radio. Une voix saccadée halète : « Sommes attaqués ! » Puis plus rien.

Je saisis mes jumelles. À environ deux kilomètres en contrebas, un groupe d'hommes court vers la forêt, vêtu de treillis identiques aux nôtres, portant les mêmes bérets noirs et à l'épaule gauche le même foulard de reconnaissance. Mon ami et sa section viennent de tomber dans une embuscade. Le séminariste a pris les rebelles pour nos commandos. Quatorze balles de FM l'ont fauché à bout portant, et dix de ses gars ont subi le même sort. Le reste de la section a réagi héroïquement en se dégageant à la grenade et l'assaillant a dû fuir en abandonnant autant de morts qu'il en avait causé.

J'ai immédiatement déployé ma section pour aller soutenir nos gars. Alors a commencé la grande traque. Sur ordre du général commandant la région, des dizaines de kimonos[1] ont rappliqué, des parachutistes coloniaux, la Légion étrangère, tout le grand cirque. Durant six jours et six nuits, le ratissage s'est poursuivi sans discontinuer. Tout a été détruit. Bilan : quatre-vingt-douze morts chez l'adversaire, et la découverte de nombreuses caches d'approvisionnement : creusées sous les arbres, dans les mechtas, les anfractuosités de la montagne, dans les endroits les plus insolites.

Depuis ce temps, je sais que l'on peut marcher et dormir en même temps. J'ai appris la souffrance de traverser les forêts calcinées par le napalm, et dont les branches nous zébraient le visage, dans une odeur d'apocalypse. La faim et la soif. L'épuisement. La sueur mêlée à la cendre, qui nous enduisaient d'une boue noire. Mais, par-dessus tout, le désir de vengeance qui nous tenait debout. Parfois surgissait l'horreur d'un corps réduit au napalm, atroce poupée de cendre désarticulée dans les branches carbonisées.

Un officier digne de ce nom ne doit pas s'extérioriser. Il tait ses doutes, ses moments de découragement, d'écœurement. Il doit tenir parce que tout repose sur lui. J'avais à commander et, si possible, à ramener entiers une trentaine de gars dont la plupart avaient à peine vingt ans. Je le savais, cette guerre les marquait eux aussi d'une empreinte indélébile. Pour nous, plus rien ne serait désormais comme avant. Il y aurait les blessures morales, les blessures physiques. Pour d'autres, la mort. Je pense à Nivois : il languissait de se marier pour reconnaître l'enfant qui allait naître. Il s'est fait abattre, un clair matin, en ouvrant la porte d'une mechta...

Depuis le sommet d'une crête, je repère des dizaines de fellaghas armés marchant au fond d'un oued. Je transmets aussitôt l'information au PC. À

1. Nom donné aux compagnies transformées en commandos.

juger par l'importance des effectifs, nous sommes tombés sur un gros coup.

Dans l'heure qui suit, le ciel se met à trembler. Les hélicos transportant nos kimonos se succèdent par groupes de quatre, déposant leur section sur les crêtes et repartant.

J'observe ce va-et-vient avec la fierté de l'avoir déclenché. Mes hommes et moi n'avons pas quitté notre position. Curieusement, tout semble se dérouler loin de nous. C'est alors que l'ordre m'atteint de plein fouet : « Vous qui les avez vus, allez les chercher ! » Il n'y a pas à hésiter. Je prends le FM à bout de bras et descends dans l'oued, ma section sur les talons. Les rafales de PM et les coups de fusil répercutés à tous les échos embrasent la vallée. Ça tire de partout. Nous avançons en scrutant les broussailles.

Soudain, le Piper de reconnaissance nous survole et se met à décrire des cercles au-dessus de nos têtes. Nom de Dieu ! Il nous prend pour des fellaghas ! Je fais allumer nos fumigènes et j'ordonne à mes gars de coller sur leurs dos le carré fluorescent de reconnaissance. Deux précautions valent mieux qu'une. Dans ce foutoir, on n'est jamais à l'abri d'une méprise. Le Piper amorce un virage et s'éloigne. Nous reprenons la route. Les combats se poursuivront toute la journée. À la nuit tombée, on dénombrera des dizaines de morts de part et d'autre.

Le 31 mai 1959, je célébrai la fête des Mères en installant un FM sur un sommet stratégique. Le maréchal des logis Diot m'accompagnait. Réchappé de la guerre de Corée, ce petit gars d'un mètre soixante était déjà un vétéran. Nous cherchions le meilleur angle lorsque deux FM placés sur une crête, de l'autre côté du mamelon, nous prirent soudain en feux croisés. Les balles s'écrasaient devant moi dans des jets de terre avec une violence hallucinante. Je sautai derrière un rocher. Diot n'eut pas le temps de s'abriter. Une rafale l'atteignit dans le dos. Il s'affala sur le sol. Je le crus mort mais d'un geste de la main, il me signifia que ça allait. Il s'en sortait par miracle sans une égratignure. Les trois chargeurs de FM contenus dans son sac à dos avaient retenu les balles, le métal avait résisté. De retour au cantonnement, Diot fêta l'événement en se soûlant comme un fou. Quand il reprit ses esprits, il placarda sur une planche vernie les chargeurs de FM troués et cabossés auxquels il devait la vie. Ce 31 mai n'avait pas été son heure.

Le 14 avril 1959, je remontai à la tête de ma section le djebel El Gada pour y traquer des groupes de rebelles placés sous le commandement du « général » Bellounis. Les légionnaires descendaient du sommet pour les prendre en tenaille. Là, encore, j'ai échappé à la mort. Un canon de fusil-mitrailleur pointait entre deux cyprès, dans les broussailles, et je ne l'avais pas vu.

Tout à coup, sous mon nez, un fellagha se lève, les mains en l'air. Il se rendait, son FM BAR américain intact, avec mille cartouches, de quoi faire un carnage. Avec lui, ils furent huit fellaghas à se rendre. Si au lieu de continuer ma progression j'avais encerclé leur groupe avec ma section, le mitrailleur me descendait avant que j'aie pu esquisser le moindre geste de défense.

Je venais de réaliser, à la barbe des légionnaires, l'exploit du jour : une mitrailleuse récupérée, quatre mille cartouches, huit fusils de guerre, une dizaine de grenades, huit prisonniers. Beau tableau de chasse. Le succès avait tenu à un fil, celui de ma vie. La baraka était de mon côté.

Le général se déplaça en hélicoptère pour me féliciter de ce coup de main et m'inviter à dîner au mess de l'état-major. Je déclinai l'offre. Je mangeai ma ration en compagnie de mes gars, comme je l'avais toujours fait. Il comprit.

J'obtins une citation à l'ordre de la division, comportant l'attribution de la Croix de la Valeur militaire avec étoile d'argent. La mention « A désarmé lui-même plusieurs adversaires au cours de l'action » était signée du général Massu.

J'avais fait mes preuves. J'étais aguerri. Ces sentiers de chèvres grimpant jusqu'au ciel transparent des

Aurès m'avaient révélé ma vraie personnalité. Je me découvrais du sang-froid, du courage. Je vivais chaque instant comme s'il était le dernier. Tant de camarades étaient tombés depuis mon arrivée ! À quoi tenait que je fusse épargné ? Mon heure pouvait sonner à l'instant, demain, dans trois jours ou dans dix.

L'été algérien pèse de son plein feu. Vêtu d'un short, j'écris à ma mère.

Brusquement, des coups de feu retentissent, des cris, provenant de la ferme. Seul officier présent au cantonnement, je cours sur le terre-plein où l'un de nos chauffeurs musulmans gesticule en brandissant un fusil Garand américain, roulant des yeux furibonds et bredouillant en arabe des phrases incompréhensibles. Vu la façon dont il agite son arme, le coup peut partir à tout instant. L'homme est fin soûl. Comment en est-il arrivé là ?

C'est la première fois que je vois un musulman ivre. J'enjambe les barbelés pour le maîtriser. Je ne suis pas armé.

– Jette ton arme et viens, dis-je. Ne fais pas le con, il ne te sera fait aucun mal.

– Mon lieutenant, ne t'approche pas ou je tire !

Je continue d'avancer, il tire deux coups de feu pour m'impressionner, mais je vois sauter en l'air le chargeur du Garand. Il n'y a plus de cartouches dans le fusil. Avant qu'il ne remette un chargeur, je bondis sur lui et je lui arrache l'arme. Aussitôt, ses camarades lui sautent dessus et commencent à le rouer de coups. L'homme est costaud. Il se dégage, parvient à sortir son couteau à cran d'arrêt, injuriant tout le monde, proférant des menaces, les yeux injectés de sang. Le vide se fait autour de lui. Tout est à recommencer.

Je me jette alors sur lui comme un boulet et réussis à le désarmer. Il faut à tout prix éviter un lynchage. Je fabrique une sorte de camisole de force en l'obligeant à enfiler une chemise à l'envers puis, l'ayant étendu sur un brancard, je noue les manches. Le forcené ne peut plus se libérer. Le lendemain, la police militaire est venue.

Je terminerai le récit de cette période par l'affaire de Ben-Chicao. Elle fit à l'époque la une des journaux algérois, et j'en fus malgré moi le héros.

Quoique située en plein milieu d'une zone réputée dangereuse, la ferme fortifiée, avec son dispositif de défense et sa garnison d'hommes expérimentés, ne risquait pas une attaque extérieure. Sentinelles en place, nous récupérions nos forces dans une relative quiétude. Le vrai danger ne commençait qu'au-delà du périmètre de sécurité, quand nous partions ratisser le djebel.

Je disposais d'une chambre percée d'une fenêtre donnant sur la cour. Dans l'angle gauche, un lavabo, à droite, sur la partie la plus longue du maître mur, une armoire où je rangeais mes affaires. Je couchais en face, sur un lit de camp. Cette petite pièce constituait mon domaine privé. Je m'y isolais pour lire, écrire, rêver ou me reposer.

Cette nuit-là, pris d'un besoin pressant, je me levai pour aller aux W.-C.. Sans allumer l'électricité – je me déplace la nuit comme les chats –, je sortis de la chambre et longeai le petit couloir. J'étais en train d'uriner quand crépitèrent plusieurs rafales de PM. Un vacarme du diable qui provenait de ma chambre. Je compris qu'on tirait dans le noir sur mon lit. Le mur éclatait sous les balles. Je restai figé dans les W.-C., en caleçon, sans armes. Que pouvais-je faire sinon attendre que l'orage passe ? De toute évidence, on voulait me tuer. Des bruits de fuite succédèrent aux détonations. Plusieurs individus détalaient. Puis des cris résonnèrent, des coups de feu claquèrent de nouveau. Tout le cantonnement était en alerte. Je venais d'échapper à un attentat.

Ma section était composée à 30 % d'appelés algériens et je n'avais jamais eu à m'en plaindre. Nous nous entendions même plutôt bien, je les aidais pour certaines formalités administratives, dans des affaires personnelles s'ils se heurtaient à des difficultés. Mais certains d'entre eux avaient reçu l'ordre du FLN de me supprimer et ils l'avaient exécuté.

Sur les huit qui se sont enfuis nous en avons tué trois. Un quatrième, Maugrahoui, s'était enfermé dans la tour du cantonnement avec le FM. Il avait déjà tué deux de mes gars. Deux autres, blessés, gisaient à découvert au pied des murailles. Il refusait de se rendre. Nul doute qu'il vendrait sa peau très cher. Quelques jours auparavant, à l'occasion d'un méchoui, ce même Maugrahoui me choyait en m'offrant les meilleurs morceaux du mouton. Maintenant, barricadé dans la tour, il était prêt à me tirer dessus, comme il l'avait fait plus tôt dans la chambre.

J'ai demandé l'aide d'un blindé. Sous sa protection, je suis allé récupérer mes deux morts et mes deux blessés. Mais nous ne pouvions pas laisser Maugrahoui retranché dans la tour. Ordonner un assaut eût été meurtrier. J'ai commandé au char de tirer au canon. C'est ainsi que nous en sommes venus à bout. Son cadavre gisait parmi les décombres. Les obus avaient causé d'énormes dégâts dans la forteresse, élément important de notre dispositif d'observation et de défense. Les gars, transformés en maçons, se sont mis à reconstruire.

Ma chambre avait été ravagée par les balles. Des dizaines d'impacts trouaient les murs. Du plâtre, des éclats de pierre jonchaient le mobilier et le sol. Mes vêtements et mes objets personnels étaient inutilisables. Une balle avait même percé ma carte d'identité juste au-dessous de ma photographie. Mon unique costume civil, conservé pieusement en vue de ma libération, était foutu. Je ne possédais plus d'intact que le caleçon dans lequel je me trouvais à l'instant de l'attentat. Quand on échappe à la mort, c'est une nouvelle vie qui commence, affirment les musulmans. Je venais d'y échapper et j'avais vraiment l'impression de renaître.

*
* *

Le 7 janvier 1960, j'étais libéré.

J'ai très peu pleuré dans ma vie. Mais dans l'avion qui me ramenait à Marseille, en pensant à ma section laissée dans la neige, sur les pitons inhospitaliers des Aurès, des larmes sont montées à mes yeux. Je rentrais indemne au pays. Je n'oubliais pas les dangers partagés, la camaraderie qui nous avait permis de tenir au long de ces mois. Je revoyais les visages des disparus, ceux des survivants dont plusieurs n'étaient qu'en sursis. La mort frapperait de nouveau.

À l'heure où j'écris ces lignes, aucune haine ne m'habite. J'ai combattu mes adversaires de mon mieux sans jamais les mépriser. Ils avaient leur foi. Ils savaient pourquoi ils se battaient. J'entretiens aujourd'hui de fidèles amitiés avec des Algériens qui luttèrent dans les rangs du FLN. Le temps a passé. Absurdité de la guerre, nous égrenons ensemble nos souvenirs d'anciens combattants.

CHAPITRE IV

Une immense faille séparait en deux mon existence. Je me retrouvai sur l'autre rive face à une étendue vierge, armé de mes désirs, de mes espoirs, de mes rêves. J'avais vingt-sept ans, et beaucoup mûri. Il me fallait maintenant gagner ma vie, mais ma seule expérience était celle de l'armée.

Je fis acte de candidature pour devenir commissaire contractuel dans la SNA (Sûreté nationale algérienne). Je remplissais toutes les conditions, pourtant, on me fit languir en me nommant officier de paix contractuel à la CRS 203, cantonnée à Oran. C'est là que j'ai assisté au putsch du 22 avril 1961, coup de force déclenché par le général Challe et auquel participait le général Jouhaud, originaire d'Oran, homme de grande popularité.

La situation était très délicate. La CRS 203, comme la plupart des autres compagnies, comptait dans ses rangs beaucoup de pieds-noirs. De douloureux cas de conscience se posaient à eux. Le devoir, l'honneur imposaient des sacrifices. Inutile d'insister sur cette période trouble. On ne ravive par les plaies de l'Histoire.

Le 1er juillet 1961, j'intégrai, en qualité d'élève officier, l'école de Saint-Cyr-Mont-d'Or dans la région lyonnaise. J'y connus Pierre Quilici, qui fit parler de lui après l'affaire des Cinq-Avenues (relevé de son commandement par Charles Pasqua, Louis Joxe le renomma contrôleur général), Ricquois, futur secrétaire général du syndicat des commissaires de police, et Gérard Maurel, tous deux promis aux fonctions de conseillers techniques auprès du ministre, et enfin,

Bardon, qui passa plus tard de la PJ aux Renseignements généraux où il se signala par le magistral coup de filet sur les membres d'Action directe en 1987.

L'état-major des CRS et le corps des commissaires de police se livraient une guerre sans merci. Avoir opté pour la police m'attira les foudres d'un grand ponte des CRS de Paris. Licencié en droit, officier de réserve ayant à mon actif de glorieux états de service, il devinait en moi une bonne recrue pour ses compagnies. Il exerça des pressions pour modifier mon choix.

– Ou vous restez chez nous, et vous serez un très jeune colonel, ou on vous casse les reins.

Ce chantage produisit l'effet contraire.

– Ou je serai commissaire, ou je démissionnerai de la Police nationale, répliquai-je sans me démonter.

Dès lors, je fus l'objet d'incessantes brimades. On me refusait le matériel, les équipements auxquels j'avais droit. On multipliait les injustices dans l'appréciation de mes travaux. Je rongeais mon frein. J'en avais vu d'autres. Jusqu'au jour où je mis les pieds dans le plat. J'envoyai un rapport au contrôleur général Chavalor, directeur de l'ENSP de Saint-Cyr-Mont-d'Or. Je ne reçus pas de réponse. Mon histoire fit pourtant grand bruit à mon insu, et l'école de Sens vit son commandement passer sous la coupe d'un commissaire. J'avais eu raison de me rebiffer. Déjà, je ne supportais pas les attitudes indignes de la part de ma hiérarchie. Ça n'a pas changé.

Nommé élève commissaire le 1er janvier 1962, je partis effectuer un stage à Marseille, du 1er juillet à la mi-décembre 1962. Je me replongeais avec bonheur dans l'atmosphère de mes jeunes années. La ville n'avait pas changé. Moi si. Je faisais mes premières armes, surpris de me retrouver, moi, le gosse de la rue Fonderie-Vieille, dans la peau d'un flic, serviteur de l'ordre et de la loi.

La rue du Petit-Saint-Jean prend perpendiculairement au cours Belsunce et conduit à la place des Capucines. C'est une ruelle étroite, mal famée, bordée de maisons louches. Ce quartier populaire est surtout fréquenté par des putes de bas étage et des immigrés.

Je travaille avec un inspecteur divisionnaire, Sinapi, de la brigade des mœurs, un vieux briscard rompu aux faiblesses humaines.

Nous surveillons depuis plusieurs jours un hôtel de passe clandestin, guettant l'instant d'intervenir en force, de surprendre des flagrants délits pour ordonner la fermeture.

Vêtu d'un jean, d'un T-shirt et d'un blouson de cuir, je me fonds dans la masse des gens. Ma face d'Asiatique n'éveille pas les soupçons. Je planque dans une voiture banalisée garée en bordure du trottoir, à quelques mètres de l'entrée de l'hôtel, observant le mouvement.

Des filles outrageusement fardées se déhanchent de long en large, d'autres s'appuient aux murs. Je remarque une brune longiligne avec un pâle visage de madone que sa bouche peinte en rouge fait saigner comme une plaie. Des types s'arrêtent, échangent quelques mots, repartent. Parfois, une fille lève un client et l'entraîne dans l'hôtel.

À l'heure dite, je bondis. Des flics giclent de partout et nous nous engouffrons à l'intérieur de l'hôtel. Le taulier gueule que c'est pas légal, qu'on n'a pas le droit. Tu parles ! On est déjà arrivés aux étages, forçant les chambres pour cueillir les péripatéticiennes dans le feu de l'action.

Je grimpe au premier, bondis dans le corridor, pousse brutalement la première porte devant moi. Le battant s'ouvre sur une petite pièce plongée dans la pénombre, et je fonce vers le lit. Un Maghrébin se retire précipitamment de la fille étendue sous lui. Elle n'a même pas retiré sa jupe. Le tissu retroussé jusqu'à la taille découvre les cuisses ouvertes, le triangle du sexe. Sans son froc, la chemise tombant sur ses fesses maigres, son client est grotesque.

– Paie-moi, lui lance la fille sans se démonter. Tu pars pas comme ça. Aboule le fric !

Il secoue négativement la tête.

– Je ne paie pas. J'ai pas lâché ma goutte.

Ce ne sont pas mes oignons. Il faut se grouiller.

– Rajuste-toi, vite ! lançai-je à la fille. Sinon, je t'embarque cul nu !

Dans la rue, le panier à salade se remplit. Je monte dans le fourgon avec les prostituées, pour les amener à l'Évêché où on établira les procédures.

Elles sont six, serrées sur les banquettes du fourgon, râlant, protestant dans l'argot du trottoir.

Je m'assieds au fond, à côté d'une blondasse aux traits encore assez frais, et dont les yeux bleus avaient dû avoir de l'éclat.

– Tu leur diras que je t'ai pris que vingt balles, me dit-elle dans la pénombre de l'habitacle en me donnant un coup de coude.

Sans doute me confond-elle avec un de ses clients. Je me garde de la détromper et hoche la tête. La situation ne manque pas de sel.

Arrivé à l'Évêché, le fourgon s'immobilise dans la cour et elles descendent. Mes gars les alignent le long du mur.

– Attendez là. Et sans faire de blagues.

L'inspecteur s'approche de moi.

– Alors, on fait rouler ?

– D'accord.

La fille qui m'a parlé dans le fourgon ouvre la bouche, stupéfaite.

– Merde, alors ! s'esclaffe-t-elle. Maintenant on a affaire à un commissaire chinois !

J'apprenais mon métier sur le tas. Il y entrait une part de monotonie avec les paperasses à remplir dans des bureaux ternes et poussiéreux, encombrés de dossiers, de notes de service, de registres. L'écriture tenait plus de place que l'action. Les heures de rond-de-cuir l'emportaient de beaucoup sur les autres où j'avais le sentiment d'accomplir ce pourquoi j'étais fait. Je ne servais pas dans la police pour y assurer de simples tâches de fonctionnaire, mais dans la volonté d'assumer une mission, au contact du danger. Au lieu de ça, je patrouillais dans des voitures banalisées. Je planquais.

Je ramassais quelques putes sur la voie publique, un ivrogne causant du tapage, les responsables d'une rixe. Du menu fretin quand je brûlais d'en découdre avec les grands fauves des bas-fonds.

Heureusement, je me plongeais souvent dans la vie intense de Marseille. Je hantais ses rues chaudes, ses bistrots louches où les macs tenaient leurs quartiers. Je réapprenais ma ville puisque, désormais, il m'incombait de veiller sur sa sécurité. Mon attention mobilisée sur des aspects nouveaux m'en révélait la variété, la profondeur, les contrastes. Une abondante richesse, où l'ignoble côtoyait le sublime, la rongeait peu à peu, comme une gangrène jamais guérie.

Je repris l'habitude d'aller sur le terrain de mes jeunes exploits, la plage des Catalans, où rien ne semblait avoir changé. Les habitués m'attendaient comme si je les avais quittés la veille. Nous reprenions la partie interrompue. Le ballon de service, en volant au-dessus du filet, abolissait le temps.

Durant les parties de volley, deux gamins suivaient les échanges avec fascination. Quand le ballon franchissait les limites du terrain, ils nous le renvoyaient avec empressement. L'un était déjà de grande taille, mince, costaud, avec des cheveux blonds et des yeux clairs. L'autre, plus petit, brun, se caractérisait par son regard vif. Inséparables, ils semblaient avoir élu domicile sur cette plage. À croire qu'ils n'allaient jamais à l'école.

– Qui c'est, ces supporters assidus ? demandai-je à mon ami Adolphe Férier, propriétaire de l'établissement.

– Deux gars d'Endoume. Le blond, c'est François Girard. Son ombre, c'est Scapula.

Ils pouvaient avoir dans les quinze ans. Rien ne les distinguait encore des jeunes de leur âge. Pourtant ces deux-là ne deviendraient ni boulanger ni manœuvre. Un autre avenir les attendait. François Girard serait bientôt surnommé « le Blond ». Il possédait tous les atouts pour s'imposer : intelligence, détermination, allure de playboy, absence de scrupules, dureté extrême, il ne tarderait guère à se hisser au hit-parade de la pègre.

Son ami Scapula deviendrait, lui, un excellent chimiste et, ensemble, ils plongeraient dans les affaires de drogue qui feraient leur fortune et leur infortune.

Scarpa est un proxénète notoire, mais rien à faire pour le coincer. Beau mec, doté de ce charme méditerranéen qui fait pâmer les femmes, il loge avec sa protégée dans un immeuble du boulevard Thélène, au pied de la colline de Notre-Dame-de-la-Garde, au troisième ou quatrième étage. Il s'y croit en sécurité. Et voilà que je fais irruption dans la piaule à l'heure de l'apéritif, avec l'inspecteur Céris, revolver au poing.

Scarpa a un réflexe de fuite. Il bondit sur le balcon, tente de l'enjamber, se ravise. C'est trop haut et la distance le séparant de l'appartement voisin est infranchissable. Il revient dans la pièce, crispé. C'est cuit.

La fille se tient assise sur le canapé. Son déshabillé vaporeux dévoile son fonds de commerce. Une belle brune à l'air canaille. Elle suit nos mouvements sans la ramener, laissant son mac se débrouiller.

J'ouvre la porte du placard. Des costumes d'homme pendent aux cintres. Des chemises bien repassées sont sur l'étagère. Des cravates s'alignent sur un fil.

– C'est à toi ces frusques ? dis-je.

Il ne dément pas, Scarpa. Il m'a reconnu. Lui aussi est natif du Panier. À ses yeux, je ne peux pas être un flic comme les autres.

– Puisque tu es du quartier, propose-t-il, on peut boire un verre ensemble. Après tu m'embarques.

– C'est bon, dis-je.

Il apporte les verres et la bouteille de Ricard. Nous buvons. N'était-ce la présence de l'inspecteur Céris, on aurait pu nous prendre pour deux copains. Pourtant, dès que j'ai fini, je me lève.

– On y va, Scarpa.

Il me suit sous le regard désolé de la fille.

Scarpa écopa de trois ans de taule. Sa Mercedes fut saisie et vendue aux enchères par le service des

Domaines. Nous avions mis plus d'un mois pour le faire tomber. La routine.

À ma sortie de l'École nationale supérieure de Police, j'avais opté pour un poste à la Martinique. Je devais le rallier à l'issue de mon stage à Marseille. Dans l'intervalle, le 15 novembre 1962, j'avais épousé Christiane.

Le 19 décembre, nous partîmes pour Cannes, afin d'embarquer sur l'*Irpinia*, un bateau italien qui assurait la liaison régulière avec les Antilles. Ce fut notre voyage de noces. J'étais commissaire stagiaire, et Christiane jeune institutrice également stagiaire. Nous débutions tous les deux. Nous étions fauchés mais heureux, confiants en ce qui nous attendait aux îles, de l'autre côté de l'Océan. Nous nous bercions de projets, d'exotisme facile, tout disposés à aimer cette terre lointaine et à y bâtir notre vie.

La réalité fut nettement différente. Si la Martinique correspond à une époque heureuse de ma vie personnelle, elle se révéla très vite une épreuve difficile pour ma vie professionnelle. Quoique simple commissaire stagiaire, ce fut moi qui maintins l'ordre sur la voie publique pendant cinq ans. De quoi affirmer mon expérience sur le terrain !

La Martinique est un département superbe, mais sa population, supérieure à trois cent mille habitants, comptait alors 80 % d'assistés, ce qui constituait un cocktail particulièrement explosif. Les revendications sociales permanentes se ponctuaient d'émeutes cycliques et exacerbées. Les Antillais se singularisant par leur grande susceptibilité, il fallait sans cesse surveiller ses propos, ne pas confondre « ces messieurs de la Martinique » et « ces braves gens de la Guadeloupe ». Bref, parler avec précaution, agir avec des gants.

J'avais espéré un poste de tout repos au pays d'éternelles vacances, je déchantais. De graves troubles secouaient la Martinique. Des commissariats avaient été incendiés, des émeutes éclataient sans cesse. À l'origine de cette ébullition, un banal incident : un CRS mal inspiré avait botté le cul d'un Martiniquais éméché. Toute la ville s'était ralliée au mouvement de protestation. On dénombrait d'énormes dégâts. Les CRS avaient dû quitter la Martinique, remplacés par des gendarmes.

Les émeutes éclataient en général le vendredi soir, après quelques verres de punch, et s'achevaient le plus souvent pour le week-end. Quoique très dur sur la voie publique, ne tolérant pas que l'ordre fût troublé, je pense avoir gagné le respect de la population. Mais je me suis en revanche, comme toujours, heurté au clan des incompétents. En ai-je vu des types fuyant sans cesse leurs responsabilités ! Flagorneurs, jaloux, lâches et hypocrites, ils brillaient par leur absence dans les coups durs.

Le fils d'un collègue martiniquais était soupçonné de se livrer à des activités indépendantistes. De nombreux indices se recoupant, je dirigeai une perquisition à son domicile. Nous surprîmes plusieurs jeunes gens appartenant à la même mouvance. Sur son bureau, des piles de documents antifrançais fournissaient les preuves dont nous manquions. Ils permirent d'appréhender une douzaine d'indépendantistes. Les premiers que l'on arrêtait.

– Pourquoi faites-vous ce sale boulot ? me lança une jeune fille formée dans nos universités. Vous devriez défendre les peuples opprimés, nous aider à nous libérer du joug colonialiste.

Acharnée à me convaincre du bien-fondé de son credo, elle semblait stupéfaite de me voir imperméable à sa soif de liberté. Pour elle, j'étais un Vietnamien, et nous devions faire cause commune. Son refrain, je le connaissais par cœur. Je lui ai cloué le bec en opposant mes convictions à ses slogans.

– Moi, je suis reconnaissant à la France de m'avoir donné sa culture, sa science, le savoir-faire de ses facultés, dis-je. Je suis reconnaissant à la France de m'avoir permis de devenir ce que je suis.

Dans les yeux de la fille, l'incompréhension le disputait à la révolte.

Le plus grand moment de mon séjour fut la visite du général de Gaulle à Fort-de-France. Chargé de la sécurité du cortège, je collaborai avec Ducret et l'équipe des gorilles du chef de l'État : Comitti, Sassia, Djouder, le mameluk du général, le catcheur Lagier. Les VO[1] s'étaient déplacés quinze jours plus tôt, en force, et leurs dispositions très strictes devaient être appliquées à la lettre. Je participais pour la première fois à une opération de cette nature.

Sur la place de la Savanne, devant la statue de Joséphine de Beauharnais, de Gaulle reçut un accueil triomphal. La foule moutonnait à perte de vue, scandant son nom. Toutes les divisions se fondaient. Pourtant, Dieu sait s'il y en avait des antigaullistes après la douloureuse guerre d'Algérie, surtout parmi les militaires ! Mais devant de Gaulle tous se sont mis au garde-à-vous ou se sont inclinés. La grandeur était de son côté.

C'est une fois retombée l'effervescence de l'événement que se produisit l'incident dramatique dont je fus le témoin impuissant, et qui reste peut-être pour moi le souvenir le plus douloureux de cette époque.

Chaque image, chaque son, me reviennent avec la précision d'un film qui se déroulerait à nouveau sous mes yeux.

Une nuit bleue assombrit Fort-de-France. Les maisons s'enfoncent dans une ombre végétale traversée de lumière. Du fond de la ville monte une vague sonore, une rumeur qui roule, va s'amplifiant, déferle soudain vers le centre à l'allure d'un torrent. La foule hurlante s'empare de la rue. Des poings se dressent, armés de bâtons, de barres de fer.

L'émeute a jailli on ne sait comment, on ne sait pourquoi. Maintenant, sautant d'une maison à l'autre comme le fait un incendie, elle embrase les rues principales.

Alain Aze est un fonctionnaire compétent, efficace. Il assume avec conscience la Direction départementale. Quand il apprend que ce soir la ville est en fièvre

1. Responsables de la sécurité et de l'organisation des voyages officiels.

et que l'affaire risque d'être sérieuse, sa décision est vite prise :

– Faites préparer ma jeep, je vais aller sur place voir ce qui se passe.

– C'est très dangereux.

– Je sais.

Il grimpe dans le véhicule et démarre en trombe.

J'entretiens avec Alain Aze d'excellents rapports. J'apprécie son courage, son sens du devoir. Lui ne se paie pas de mots. Il agit. Ce n'est pas si fréquent dans ce département d'outre-mer.

Sur la place, la marée humaine oblige la jeep à stopper. Aze essaie de repérer quelqu'un pour parlementer dans cette foule gesticulante, traversée de cris de haine. La sueur luit sur les faces où tournent des yeux fous. Pas moyen de trouver un interlocuteur. Nul ne semble commander à ce formidable mascaret.

Soudain, son nom est lancé, se détache au-dessus de la rumeur avec une netteté de fusée éclairante. Aussitôt, des hommes le montrent du doigt, se ruent sur lui. Plus le temps de reculer. Des forcenés empoignent la jeep, la secouent. Le véhicule tangue. Le voici soulevé de terre, renversé. Un flot d'essence s'échappe du réservoir.

Des mains se sont saisies d'Alain Aze, l'ont jeté sur la chaussée. Il essaie de se protéger contre les coups qui pleuvent de tous côtés. En vain. Des barres de fer l'atteignent sur les membres, au ventre. Soudain, sa tête éclate. Un jet de sang l'aveugle. Il sombre dans un vertige noir.

Comment réussit-on à placer son corps sur une civière et à l'arracher à la furie des agresseurs ? Je l'ignore. Alain Aze n'avait pas repris connaissance en arrivant à l'hôpital de Fort-de-France. Il n'était qu'une plaie. J'allai auprès de lui. Les brutes lui avaient brisé l'os frontal. Le malheureux y avait un trou de la grosseur d'une pièce de cinq francs. Il fallait le rapatrier de toute urgence en France. S'il s'en tirait tout de même, il faudrait croire au miracle. Ainsi songeais-je en regardant décoller l'avion qui le ramenait à Paris.

Le drame souleva une vive émotion. Paris dépêcha une commission d'enquête, composée du commissaire divisionnaire Gévaudan et du commissaire principal Tourné. Alain Aze n'était pas aimé de ses pairs, qui le jalousaient à proportion de ses qualités. Ils profitèrent de l'occasion pour l'enfoncer auprès de la commission.

– Il n'aurait pas dû se trouver où il était, glissait l'un.

– Il n'a eu que ce qu'il méritait, renchérissait l'autre.

La bassesse humaine ne connaît pas de limites. Tant de boue remuée donnait la nausée. Les coups bas décochés par ses collègues valaient les coups de barre de fer assenés par les émeutiers.

Je reniflais ça avec écœurement. Fort-de-France n'est pas une immense métropole où l'on se perd. Je rencontrai Gévaudan et Tourné au restaurant, déjeunant de plats locaux. J'évoquai devant eux cette pénible affaire.

– Alain Aze était un garçon très courageux et qui faisait bien son métier, dis-je. Les bruits qu'on fait courir à son sujet sont proprement scandaleux. Ceux qui le chargent sont dégueulasses, profitant de la situation pour prendre leur revanche sur meilleur qu'eux et se faire mousser. C'est ignoble !

Je rétablis la vérité. Aze s'était porté où son devoir lui commandait d'aller, pendant que ses détracteurs se tenaient à l'abri d'une caserne de gendarmerie, sur la montagne, à des hauteurs intouchables. Leur trouille, il fallait que quelqu'un la paye.

Gévaudan et Tourné écoutèrent avec attention ma version des faits. Je leur ouvrais les yeux, sachant très bien que je prenais de gros risques. Une fois la commission partie, je devenais l'homme à abattre.

Fort heureusement, la vérité a fini par se savoir. Ceux qui ont fui leurs responsabilités ont été contraints de quitter la Martinique, avant d'avoir pu me déverser leur haine. J'étais le témoin de leur lâcheté.

Tout au long de ma vie, j'ai agi en accord avec ma conscience, m'attaquant lorsqu'il le fallait au mensonge et à l'injustice. Par nature, je ne supporte pas ceux qui, n'ayant rien fait, s'approprient les mérites d'autrui. Je déteste ceux qui font endosser par d'autres les fautes qui leur incombent. Je respecte une hiérarchie lorsqu'elle s'en montre digne. Pas dans le cas contraire. Je nourris sans doute une conception idéaliste du commandement, mais dans l'exercice de mon métier, je n'ai jamais dérogé à cette règle fondamentale : le patron est celui qui prend tous les risques, celui qui se porte en première ligne, face aux appareils administratifs et judiciaires comme au feu. On n'est pas patron en raison des avantages attachés à la fonction. On le mérite à proportion des dangers affrontés.

Le cheminement professionnel a toujours été beaucoup plus dur pour moi. Parce que je suis un homme seul. Pour me défendre, je n'ai que ma volonté de ne pas perdre. Personne ne me fait courber la tête quand j'ai raison et que je suis sûr de mon droit. Je ne m'abaisserai jamais à la facilité ni au courtisanat, source d'avantages et de sinécures. Les chapelles auxquelles chaque adhérent doit obéir ne sont pas faites pour moi. Ma route est plus dure. Sans doute. Mais c'est à ce prix qu'on reste un homme libre. Un homme tout court.

CHAPITRE V

Nous sommes rentrés en métropole au printemps 1967, après cinq ans d'absence.

Au mois d'octobre, je me rendis à Paris au ministère de l'Intérieur, rue Cambacérès, pour y rencontrer l'administrateur civil, M. Edel. Je découvris un Eurasien d'une grande courtoisie, et ne manquant pas d'humour. D'emblée, il me plut. Edel avait la haute main sur les affectations des commissaires.

– Je vous nomme aux Mureaux, me dit-il. Vous verrez, c'est un endroit calme et agréable, à proximité de Paris.

La circonscription des Mureaux englobait Flins, fief des usines Renault, Aubergenville et Meulan. Elle comptait cinquante mille habitants. Ce coin « calme et agréable » allait bientôt faire la une des journaux avec l'explosion de Mai 68, lors des grèves des usines Renault. J'arrivai au mois de décembre 1967. Au bon moment.

Petite villa excentrée, entourée d'un jardin bien entretenu, le commissariat des Mureaux avait des airs bourgeois de pavillon de banlieue. Mon corps urbain se composait d'un brigadier-chef d'une droiture et d'une discipline sans faille, d'un inspecteur principal dévoué et grand procédurier, de trois inspecteurs qui me sont toujours restés fidèles, Daniel Estevez, Paul Martelli et Ben Saïd ; deux inspecteurs pieds-noirs, plus âgés, complétant l'effectif. Enfin, j'avais avec Mulla le plus gros brigadier de France.

Je m'entendais bien avec mon personnel. Le courant passait. J'appliquai une formule simple et claire : « Je vous considère comme des hommes. Conduisez-vous donc comme des hommes. »

Le 10 juin 1968, j'appris par la radio qu'un groupe d'étudiants et d'étudiantes, voulant échapper à un contrôle de gendarmerie, s'était jeté dans la Seine. L'un d'eux s'était noyé. Il s'appelait Gilles Tautin et n'avait que dix-sept ans. Les agitateurs exploitèrent aussitôt ce drame, proclamant que le jeune homme avait été noyé à la suite de violences policières. Selon eux, il ne s'agissait pas d'un accident. À l'instant, tout s'embrasa.

Je me rendis sur les lieux pour en savoir plus et je m'engageai sur le pont de Meulan. À mi-parcours, mon véhicule resta bloqué entre deux files de voitures. Impossible d'avancer ni de reculer. Nous étions en mauvaise posture. Des centaines d'ouvriers de chez Renault, en grande partie des Maghrébins et des Africains, obstruaient le passage en hurlant des slogans hostiles. Un mascaret humain roulait vers nous. Ils reconnurent la voiture de police immobilisée au milieu de l'embouteillage, et cette découverte accrut leur excitation. Des pierres, des boulons, des pavés fusèrent de partout. Les projectiles s'abattirent en grêle sur la carrosserie. Dans le break 404 noir, nous étions trois : Guébara le chauffeur, l'inspecteur Martelli et moi.

Les vitres volèrent en éclats, à l'exception du pare-brise miraculeusement préservé. Pas moyen d'esquisser une retraite. Les forcenés s'approchaient, menaçants. Des pierres continuaient de crépiter sur la tôle. Quelques-unes traversaient les fenêtres et frappaient les coussins. Le capot et le toit étaient défoncés, parcourus de longues estafilades qui mettaient le métal à vif.

J'enrageais de ne pouvoir réagir, mais nous devions conserver notre sang-froid. Des mains s'agrippaient au véhicule, le secouaient violemment pour le renverser. Martelli, très pâle, mais déterminé à vendre chèrement sa peau, sortit son arme de service. S'il tirait dans le tas, ce serait un massacre. Malgré le péril, je lui ordonnai de ne pas faire feu.

Les secondes s'écoulaient avec une lenteur mortelle. Un miracle que l'émeute n'ait pas encore dégénéré et que le sang n'ait pas coulé. Je m'efforçais d'apaiser mes hommes mais, du train où allaient les choses, nous ne tiendrions pas longtemps. J'informai par radio mon PC de notre mauvaise posture, demandai du renfort. Mais rien ne venait.

Par chance, un créneau a fini par s'ouvrir entre les files de voitures.

– Vite ! Accélère ! commandai-je à Guébara.

C'était un excellent chauffeur. À la seconde, son pied a écrasé le champignon. Nous sommes passés. Nous avons pu nous dégager. Derrière, des poings rageurs se brandissaient avec haine. Des projectiles accompagnaient notre fuite. Certains manifestants se lancèrent même à notre poursuite. L'embouteillage se résorbait. Un peu plus loin, le champ était libre.

– Fonce ! dis-je à Guébara en soupirant de soulagement. Nous les avons semés !

Nous avons fait un détour, retraversé la Seine sur un autre pont, en aval. Sur la rive opposée, les cars de deux compagnies de CRS attendaient, alignés le long du trottoir. Ils n'avaient pas reçu l'ordre de nous secourir. On aurait pu nous lyncher à quelques centaines de mètres sans qu'ils bronchent. Mes appels étaient restés lettre morte. On nous avait abandonnés à notre sort. Dur à avaler.

Deux réflexions me sont venues à l'esprit : la peau d'un commissaire ne vaut pas cher, la mort d'un commissaire peut ramener le calme. Cela se passe de commentaire.

Les CRS considéraient les dommages causés à notre véhicule. Mais ne bougeaient pas. L'ordre d'intervenir n'arrivait pas. Alors, malgré les minutes dramatiques que nous venions de vivre, j'ordonnai froidement à Guébara :

– Retourne sur le pont. Ils ont cru nous avoir blessés ou tués. Je vous parie qu'ils se sont enfuis.

Devant les CRS ébahis, nous sommes retournés d'où nous venions. Notre break cabossé fonça en ferraillant vers le pont. Il n'y avait plus personne. La circulation était redevenue normale.

La mort du jeune étudiant déclencha des manifestations monstrueuses à Paris, les jours suivants. L'affaire ne se terminait pas au pont de Meulan. Les agitateurs professionnels s'en emparaient. Quant à moi, j'étais leur bête noire. Je fis l'objet d'un tract distribué aux alentours de Flins. Il me caricaturait à la tête de commandos de CRS/SS, avec pour slogan : « Le gouvernement nous offre un commissaire qui crie à la tête des CRS Tue ! Tue ! »

Nous vivions en pleine tourmente contestataire. Le pouvoir vacillait sous la pression de la rue. Il fallait peu de chose pour que la situation devienne insurrectionnelle. J'avais reçu plusieurs menaces de mort par téléphone. Une voix inconnue m'avait averti :

– On aura ta peau et celle de ta famille.

Il ne s'agissait pas d'une parole en l'air. Je ne tremblais pas pour moi, déterminé que j'étais à ma tâche, mais par mesure de précaution, j'ai éloigné ma femme et mes enfants des Mureaux, les envoyant à Bailly chez mon ami Maurice Mességué, dont l'amitié ne s'est jamais démentie.

La nuit, seul un petit effectif de cinq hommes gardait le commissariat. Sa position excentrée le rendait vulnérable. Je décidai de dormir au poste avec mes gars. J'avais été habitué en Algérie à la dure et cette disposition me permettait de réagir dans l'instant si un problème survenait. Quand règne la chienlit, le patron se doit d'être là.

Au bout d'une semaine, une voiture s'arrêta quelques instants devant le commissariat, moteur en marche. Quelques types giclèrent et bondirent vers l'entrée. Des cocktails Molotov volèrent vers la villa. Les bouteilles emplies d'essence explosèrent dans le jardin. La maison était trop éloignée. Nos agresseurs n'étaient pas sûrs d'eux et n'avaient pas osé franchir la porte. Avant que nous réagissions, ils redémarraient sur les chapeaux de roues. On ne les retrouverait jamais. Heureusement, les dégâts n'étaient pas importants, et l'incendie n'avait pu se propager. Mais il était significatif que l'on nous attaquât chez nous. Il importait de rester très vigilant.

Suite à cet attentat, j'ai réuni des renseignements qui m'ont permis de découvrir une cache en pleine forêt. Elle contenait un véritable arsenal pour les groupes extrémistes : trente-six cocktails Molotov de fabrication artisanale, une cinquantaine de kilos de boulons, enfin deux bonbonnes d'un liquide inflammable.

Alain Geismar harangue la foule des ouvriers de Flins massés dans la cour de l'usine, prônant l'union sacrée des étudiants et du prolétariat. Dans le bras de fer engagé avec le gouvernement, Renault représente une carte maîtresse. Il ne l'ignore pas. Aussi s'est-il déplacé en force. Des centaines d'étudiants maoïstes l'accompagnent. Un redoutable ferment pour faire lever la pâte de la révolte. Le leader étudiant ne mâche pas ses mots, balance des slogans-étincelles pour enflammer son auditoire. Il sent que le feu couve dans les cœurs. Chaque parole qui fait mouche l'attise. Sa face ruisselle de sueur. Ses cheveux en désordre lui battent le front. On l'acclame. Une sourde rumeur supporte son discours. C'est gagné ! Déjà, des groupes se constituent, s'agglutinent en un torrent humain. En tête, des manifestants casqués et masqués de foulards canalisent le flot. Ceux-là, ce sont les durs, les vétérans des combats de rue, les « spontex » spécialistes du harcèlement, qui tiennent à leur réputation et brandissent des barres de fer, certains des couteaux.

Les CRS, placés sous mes ordres, attendent de pied ferme. Ce sont des professionnels disciplinés, entraînés à ce genre d'affrontement. Ils barrent la rue d'un cordon immobile. Jusqu'au moment où j'ordonne la charge. Alors ils s'élancent selon un scénario bien réglé, poursuivent les perturbateurs. Ceux-ci, chaque fois, tentent de se regrouper selon une tactique qui a fait ses preuves. Il faut désagréger à la matraque de nouveaux noyaux, disperser les attroupements, arrêter les plus virulents des trublions. Il y en a pour des heures. Une guerre d'usure toujours à recommencer. Mais force restera à la loi. Je m'en porte garant.

Dans la bagarre, on a perdu la trace d'Alain Geismar. Après avoir jeté l'huile sur le feu, il est parti ailleurs accomplir sa tâche d'agitateur, laissant à ses troupes le soin de harceler les flics.

Les CRS ont réussi à capturer une vingtaine de maoïstes armés que l'on a parqués dans une grande pièce, en attendant de procéder aux vérifications d'identité et aux interrogatoires. Ils rabaissent un peu de leur superbe. Un brigadier me désigne un jeune homme.

– Celui-là, on l'a trouvé en possession d'un couteau à cran d'arrêt.

– C'était certainement pas pour se curer les dents, dis-je.

Je regarde le type aux longs cheveux crasseux. Il porte un T-shirt noir et un jean délavé, un mouchoir noué sous le menton. J'incarne ce qu'il déteste le plus au monde : un commissaire, un flic ! Par tout son comportement, il me balance son mépris à la gueule, puis, très vite, il commence à me narguer ouvertement. Sans doute espère-t-il me faire perdre la face devant ses camarades, qui l'encouragent de leurs ricanements. Avec moi, ils tombent sur un os. Un os qu'ils garderont longtemps en travers de la gorge. S'ils ne savent pas qui je suis, ils vont l'apprendre. Je ne suis pas d'humeur à me laisser bafouer en public.

– C'est bon, dis-je en désignant le type. Amenez-le à côté. On va régler ça entre hommes.

Les gardiens de la paix se saisissent de lui et le font entrer dans la pièce mitoyenne.

– Rendez-lui son couteau et laissez-nous seuls, dis-je.

Les gardiens lui donnent son arme et filent en fermant la porte derrière eux. Un épais silence nous enveloppe. Le mao serre son couteau dans la main, pince les lèvres. En face, je suis sans arme. Je lui lance rudement :

– Attaque et défends-toi ! Parce que si je te désarme, moi, je vais te les couper !

C'est la minute de vérité. Mon visage doit être d'une dureté implacable. Rompu aux sports de combat, je ne crains rien de lui. Je l'affronte du regard et l'attends bien campé sur mes jambes.

Le jeune homme pâlit, son regard se trouble. Nous sommes face à face. Sans témoin. Personne n'est là pour l'encourager.

Ses doigts s'ouvrent et laissent tomber le couteau. C'est gagné. Je l'empoigne par le col, je le traîne de force dans la pièce voisine où les autres maos patientent sous l'œil vigilant des gardiens. Là, je le jette comme une chiffe au pied de ses copains cloués de stupéfaction.

Il ne remue pas. Ce n'est plus qu'une loque apeurée. S'il avait eu le courage d'aller jusqu'au bout de ses intentions, de se conduire en homme, je l'aurais respecté. Mais il s'est dégonflé lamentablement, comme une baudruche gonflée de l'air du temps. Ce n'est qu'un mouton à peine capable de se sentir fort quand il est en groupe. Tout juste bon pour la tonte. Je n'aime pas, je n'aimerai jamais les moutons.

Mon secteur ne laissait pas d'être préoccupant sur le plan judiciaire. Entre le 1er janvier et le 30 juin 1969, date de mon départ, nous avons présenté cent quarante-cinq individus au parquet de Versailles. Les chiffres parlent d'eux-mêmes.

J'avais en charge une circonscription-dortoir. Les gens partaient tôt le matin pour rentrer tard le soir. Cette population, composée en majeure partie de déracinés, était venue en région parisienne pour chercher du travail, attirée par le mirage de la capitale. Sur le plan du banditisme, c'était un lieu de repli pour les truands soucieux de se mettre au vert. Un mélange instable et à problèmes.

Un truand dont je tairai le nom, fiché au grand banditisme, condamné pour meurtre, libéré sous condition et interdit de séjour, avait été pris par mes gars à la suite d'un contrôle. C'était un solide quadragénaire, d'une carrure impressionnante, avec des mains comme des battoirs. Un vrai dur. Il bravait l'interdiction de séjour pour voir sa grand-mère, la seule famille qui lui restait aux Mureaux, l'unique fibre le rattachant au monde des sentiments.

Je comprenais son geste. Dans la même situation, avec ma mère, n'aurais-je pas agi de la même façon ? Lorsqu'il sortit de prison, j'intervins auprès du sous-préfet Penet, à Mantes-la-Jolie, pour lui obtenir l'autorisation administrative de revoir sa grand-mère sans difficulté. Je l'obtins.

Ce dur connaissait les usages. Il m'adressa une lettre maladroite pour me remercier. Quoique sans instruction, il savait exprimer sa reconnaissance. La maladresse des phrases, l'écriture incertaine, l'émotion. Je la garde en mémoire. La lettre se terminait par ces mots : « Si un jour vous avez besoin de moi, je tiens mon calibre à votre disposition. »

Je fus muté à Clermont-Ferrand en 1969, commissaire du 4e arrondissement, celui du maire, M. Montpied, et de Chamalières, dont le maire était M. Valéry Giscard d'Estaing.

La province digérait encore les séquelles de Mai 68. La grande vague contestataire achevait de mourir au pied des monts d'Auvergne. Pourtant, à la suite d'un différend, une centaine d'étudiants occupèrent le CROUS et prirent le directeur en otage. La fronde menaçait de dégénérer. J'intervins sur ordre du directeur départemental, Le Leyoure, réputé le plus dur de France.

Les étudiants, barricadés dans l'établissement, refusaient d'entendre raison. Ils paradaient aux fenêtres et semblaient s'organiser pour un siège. L'atmosphère devenait houleuse.

– Ouvrez cette porte ! criai-je.

Des ricanements répondirent à mon injonction. Alors, mon sang bouillonna. Je m'emparai de la hache à incendie et j'entrepris de démolir la porte. Le bois volait en éclats devant l'assistance ébahie. Les coups ébranlaient le bâtiment. En quelques minutes, la porte avait cédé. Je suis entré, suivi de l'officier de paix Connes. Les étudiants, comprenant que la partie leur échappait, ont abandonné leur otage et se sont laissés interpeller sans trop de résistance.

L'affaire avait fait grand bruit dans la région. *La Montagne* en a fait ses choux gras, à la satisfaction du préfet, un ancien de la DST.

Pour moi, ce n'était encore que de la routine.

Nous touchons à l'instant où le destin hésite. Il a ses favoris auxquels il accorde le privilège d'une vie intéressante – c'est-à-dire hors des normes. Jusqu'à présent, Georges N'Guyen a suivi l'itinéraire commun d'un jeune commissaire de police découvrant les servitudes et les risques du métier.

Quand il décide d'entrer dans la police, N'Guyen cherche certainement à donner un prolongement utile à l'expérience acquise dans l'armée. L'extraordinaire capital physique et intellectuel accumulé sous l'uniforme des commandos, il le met au service de l'ordre. Les malfaiteurs, les voyous, les trafiquants de tout poil, il les connaît si bien que les affronter relève presque d'une lutte fratricide. Mais, pour N'Guyen, au-dessus des liens tissés par les rencontres, brille un idéal de justice pour lequel il est prêt à sacrifier sa vie, et qui se confond dans son esprit avec une certaine idée de la France, de ce qu'il lui doit pour être ce qu'il est. Nul, plus que cet Asiatique des vieux quartiers de Marseille, n'a le patriotisme chevillé à l'âme. D'où son intransigeance face à quiconque ne se conduit pas selon le code de l'honneur. En homme.

On le voit bien quand il prend la défense de ceux que l'on accuse à tort, des calomniés dont on sape à dessein la réputation. Qu'a-t-il à gagner à ce geste ? Rien, sinon des ennuis et des ennemis. Il pourrait se taire comme tant d'autres le font, mais ce serait déroger à ses principes, trahir les convictions qui lui servent d'épine dorsale. « Toujours la tête haute », telle est l'exigeante devise léguée par l'ultime souffle de son père. Il s'y tiendra contre vents et marées.

Il faut aux êtres d'exception des conditions exceptionnelles. Elles seules peuvent révéler la richesse de leur nature et leur permettre de l'exploiter. Ce n'est pas fortuit si les époques de troubles engendrent de grands caractères. Georges N'Guyen aurait pu s'enliser dans une carrière obscure. La flambée du terrorisme international et la montée en force du grand banditisme lui épargnèrent cette grisaille et lui donnèrent toute sa dimension dans l'action, face à des adversaires taillés à sa mesure. Pour répondre à ces redoutables défis, la société avait besoin d'hommes de guerre, de grands feudataires capables de frapper vite et fort.

Ici commence une autre période, la véritable aventure du Chinois.

Deuxième partie

LE PATRON

Chapitre VI

Le 1er juillet 1972, je fus affecté au commissariat du 7e arrondissement de Marseille. C'était un petit hôtel particulier d'un étage, dans le style Napoléon III, situé au bas de l'avenue de la Corse. Quelques centaines de mètres seulement le séparaient de la plage des Catalans. Je me retrouvais au pays.

Dès le départ, des règles très dures furent établies. Quelles que soient les responsabilités à prendre, je les assumais. Entre mes subordonnés et moi s'appliquait une loi d'airain : assurer la sécurité et la tranquillité publique en étant respectés. À chacun d'être à sa place.

Je prenais la permanence de nuit, de 19 heures à 8 heures à l'Évêché, le commissariat central, et, le matin, les cellules du commissariat étaient pleines. Mes gars et moi ne dormions pas une minute, toujours sur la brèche. Vers 8 heures, lorsque nos collègues de la sûreté arrivaient, il y avait pour eux des dizaines de procédures avec les éléments constitutifs de l'infraction. En permanence de nuit, dans une ville comme Marseille, un patron traite l'éventail complet des infractions : assassinats, viols, cambriolages, vol à la roulotte, conduite en état d'ivresse, tapage nocturne... Il voit défiler tous les spécimens de marginaux et brasse toutes les races. Viennent échouer là des travestis, des proxénètes, des revendeurs de drogue, des escrocs, des voleurs à la tire, des prostituées... Marseille, c'est Babel. Une Babel foisonnante et violente, vicieuse et cruelle, où s'interpénètrent les tares et les vices d'une grande métropole moderne. Je nageais dans ces eaux troubles, décidé à ne faire aucun cadeau. On ne combat pas la délinquance sans fermeté. Et celle-ci s'applique d'abord à ceux qui mènent cette lutte.

Les problèmes du terrorisme international supplantaient ceux du grand banditisme. Aux Jeux olympiques de Munich, un commando palestinien venait de capturer dix-neuf athlètes israéliens et de les supprimer froidement, à la barbe d'un service de sécurité dépassé par l'événement. Les médias, en jouant leur rôle d'informateurs, amplifiaient le drame aux dimensions de la planète, servant sans le vouloir la cause des terroristes. Désormais, ceux-ci ne respecteraient rien, frapperaient à leur guise. Nul n'était à l'abri.

« Sommes-nous mieux préparés que nos amis allemands pour affronter les attentats terroristes ? » s'inquiétait le président Georges Pompidou. Il manda son ministre de l'Intérieur, Raymond Marcellin.

– Si une prise d'otages semblable avait lieu en France, que pourrions-nous faire ? demanda le président de la République.

À cette question directe, Raymond Marcellin ne put répondre que par le silence. Nous ne disposions d'aucun moyen efficace pour faire face.

– Prenez les mesures nécessaires.

Ainsi fut-il décidé de créer en France des groupes d'intervention conçus et entraînés pour parer aux éventualités les plus dramatiques.

La préfecture de Marseille est un édifice solennel et massif, vaste quadrilatère planté au cœur de la cité, en bordure de la place qui porte son nom.

Je gravis les marches de l'escalier monumental. Nous sommes en octobre 1972, mais il fait encore très chaud. Le préfet Eckenroth m'attend dans son bureau. J'ai toute sa confiance et son amitié.

– Commissaire N'Guyen, vous allez former un groupe de quinze hommes triés sur le volet. Il me faut les meilleurs.

Le groupe devait faire face au grand banditisme, au terrorisme, aux forcenés de toute nature, et assurer la protection des personnalités désignées. J'avais été sélectionné sur le conseil de son directeur de cabinet, mon collègue de promotion Gérard Maurel. Leur choix se fondait sur mon dossier militaire, ma formation juridique, mes aptitudes au commandement sur le terrain. Mon séjour en Algérie avait révélé en moi une sorte de *condottiere* avide d'en découdre et armé pour l'emporter. Face à un adversaire décidé et motivé, j'avais honoré mon bataillon de dizaines de valeurs militaires gagnées au feu.

Je savais que mon éthique personnelle du risque commanderait ma réponse.

– J'accepte, dis-je au préfet.

Mon collègue Émile Gonzalvès, commissaire principal de la Police judiciaire, devait former un second groupe de quinze hommes, choisis parmi les jeunes gardiens, avec un encadrement de la PJ, pour assumer les mêmes missions. Hélas, la PJ ne voulait pas enlever des enquêteurs à ses propres effectifs, il fallut faire appel à de jeunes CRS.

Par son courage, ses compétences juridiques et sa parfaite connaissance du Milieu, Gonzalvès était un très grand flic. Chose plus rare, il est toujours resté un homme. Un vrai. On l'avait décoré de la Légion d'honneur pour les risques courus avant d'abattre les deux preneurs d'otages qui retenaient, à la prison d'Aix-en-Provence, un médecin et une infirmière.

Nous devions d'ailleurs intervenir ensemble dans une autre prise d'otage...

Je patrouille dans la voiture de service avec un de mes gars, Jean-Pierre Gallet. Nous circulons dans le centre-ville. La routine. La foule de tous les jours déambule sur les trottoirs. Il n'y a pas encore d'encombrement. Il fait un temps clair et doux, printanier.

Soudain, la radio de bord grésille : « Une prise d'otage vient d'avoir lieu sur la Canebière, au K 7. »

Le K 7 est un cinéma de plusieurs salles, fréquenté par un public populaire, en majorité des jeunes. Si nous avons affaire à un forcené, il risque d'y avoir du dégât.

– Fonce ! dis-je. On y va.

Gallet écrase le champignon, se glisse dans le couloir des bus, file à toute allure. À la seconde où nous stoppons devant le K7, Gonzalvès déboule. Une dizaine de gardiens sont déjà sur place. D'un même mouvement, nous les écartons, nous grimpons les marches d'escalier. L'incident a lieu à l'étage.

Dans sa précipitation, Gonzalvès a oublié de prendre son arme. Sitôt sur le palier, il enfonce la porte d'un coup d'épaule et nous faisons irruption dans la pièce.

Un type encagoulé se tient de profil. Il retient à grand-peine une petite Vietnamienne morte de peur, à moitié évanouie, dont le corps amolli glisse entre ses bras.

– Lâche ton arme ! hurle Gonzalvès. Tu es pris !

Loin d'obtempérer, le truand pointe son flingue droit sur nous.

– Sortez ou je tire ! aboie-t-il.

Dans son geste, il incline machinalement son arme vers l'entrée. Une erreur qui me laisse le temps de le cibler à bras tendu. Je dois faire une gueule effroyable car il laisse tomber son flingue. Tandis que Gonzalvès le récupère, je plaque le type contre le bureau. Dans ses poches, un poing américain et une matraque, plus un million de centimes en billets et en pièces, son butin.

Des flics nous rejoignent. L'un d'eux, goguenard, décline nos noms et qualités à l'intention du truand :

– Tu ne te refuses rien, petit. Tomber sur les deux commissaires les plus durs de la place, faut le faire ! Tu peux dire que tu l'as échappé belle !

Quand il apprend ça, le type se met à trembler. Malade de trouille.

S'il nous avait tiré dessus, comme il en avait l'intention, je l'aurais descendu aussi sec. Légitime défense. Rétrospectivement, ça lui noue les tripes. En fait, c'est un pauvre paumé qui a mal évalué les conséquences de ses actes. Il en existe des tas comme lui, mais ça ne les empêche pas d'être dangereux. Au contraire...

*

* *

– La note va sortir. N'Guyen, il faut que vous montiez ce groupe et qu'il soit opérationnel en avril 1973, dit le préfet Eckenroth.

– Il le sera, dis-je.

Il ne me reste plus qu'à me mettre à l'ouvrage. L'occasion m'est enfin donnée de réaliser ce qui est en moi. La mission correspond à mes goûts, à mes aptitudes. Ce sera dur mais j'assumerai.

Gonzalvès a en charge le haut banditisme à la PJ. Il ne peut s'occuper de son groupe en permanence ni s'investir autant qu'il le faudrait. Moi, au commissariat du 7e arrondissement, je peux compter sur un inspecteur divisionnaire brillant et dévoué, Yvan Romi.

Gonzalvès ne parvint pas à mener de front d'aussi lourdes charges. Il se retira et son groupe disparut avec lui. Je restai donc seul en piste avec mes quinze gars.

Nous sommes au mois de décembre 1972.

Commence pour moi une vie de galère. Je dirige toujours le commissariat du 7e, et je ne suis pas exempté des permanences de nuit. Pendant le jour, j'organise la formation du nouveau groupe, je dois en asseoir techniquement les structures, calculer les moyens, penser au matériel, régler l'emploi du temps. Il s'agit de créer de toutes pièces une unité cohérente, d'éprouver sa crédibilité sur le terrain. Rien de moins.

Je me dépense sans compter, la passion atténuant la fatigue. Mais je ne reçois d'aide de personne. Certains, voyant d'un mauvais œil mes nouvelles responsabilités, ne me facilitent pas les choses. Ils me mettraient plutôt des bâtons dans les roues en espérant que je me casse la figure. Je dispose de l'accord de M. Eckenroth et de son appui total, mais je me heurte à l'indifférence, à la mauvaise volonté, voire à l'hostilité d'une partie de la hiérarchie et de certains collègues. Cette guerre larvée débute avec la création du groupe. Elle ne cessera d'entraver mon action tout au long de ma carrière. Inutile d'en dire plus. J'ai accepté. À moi de relever le défi.

Il s'agissait bien d'un défi. Il a fallu que je me batte, que je m'use pour obtenir les moyens indispensables, que je lutte contre vents et marées pour maintenir la cohésion de mon groupe, faire de lui le meilleur de France. J'ai été condamné à gagner.

Mon groupe a toujours été opérationnel malgré l'insuffisance du matériel dont il disposait. La totalité de nos crédits atteignait à peine quarante millions de centimes, mais nous avons cependant obtenu 100 % de résultats positifs.

On comprendra mieux ma fierté d'avoir toujours gagné avec les strictes fournitures arrachées de haute lutte, par rapport à celles du GIGN (Groupe d'intervention de la Gendarmerie nationale). Celui-ci, créé en 1974, disposait dès le départ de plus d'un milliard de matériel, et il a vu ses crédits doubler, voire tripler. Et tant mieux pour nos collègues gendarmes.

*

* *

Je me suis donc mis au travail pour rassembler des hommes fiables sur le plan technique et sur le plan psychologique. Des professionnels connaissant leur affaire, pas des casse-cou ou de prétendus cow-boys. J'ai lancé un appel au volontariat dans la police marseillaise. Une soixantaine de réponses me sont parvenues. J'ai opéré un premier tri en me fondant sur des critères de spécialisation et de qualités morales. Les dernières sont beaucoup plus difficiles à évaluer. Ce n'est qu'au feu que l'on voit ce que les hommes ont dans les tripes. L'efficacité d'un groupe ne peut s'obtenir qu'avec des hommes d'une forme physique, d'un équilibre psychologique et d'une moralité sans faille, soudés par une solide amitié. Grâce à ça, on évite les bavures, les hésitations mortelles, le doute qui paralyse l'action spontanée.

Imaginons un preneur d'otage braquant sa victime. Vient un moment où, pour une raison quelconque, il détourne son arme. Mon tireur à la carabine de précision saisira immédiatement cette opportunité. Connaissant mon pragmatisme, et ayant reçu mes ordres en ce sens, il l'abattra de sa propre initiative. Inutile d'attendre l'autorisation. C'est exactement ce qui s'est passé à Valence où Bertrand, obéissant à mes instructions et se sachant couvert par moi, n'a pas hésité à tirer.

Je sais que ce genre de comportement peut paraître choquant. Mais c'est une règle de guerre. Il faut tirer le premier ou se faire descendre. Le drame a ses urgences. Loin, au calme, on ne peut réagir de la même façon.

La capacité d'intervention immédiate suppose une confiance totale entre le patron et ses hommes. Je ne crois ni au surhomme ni au robot. Pas davantage au superflic ou au supergendarme. Je crois à des hommes formés à prendre des initiatives sur le terrain quand les événements le commandent. Pour un patron, prévoir est la garantie du succès. L'imagerie imposée au public par certains de mes amis journalistes ne correspond pas à la réalité. Je le sais, dans d'autres groupes, on se complaît à accréditer le mythe du Superman capable de réussir des missions impossibles. Personnellement, la poudre aux yeux n'est pas mon fort.

Lors de la visite d'un groupe, on a voulu me faire admettre qu'on pouvait se balancer à partir d'un hélicoptère, se projeter à travers une fenêtre vitrée et abattre un preneur d'otage surpris dans la pièce ! C'est du cinéma ou de la littérature. Je trouve scandaleux de divulguer de telles élucubrations et d'abuser de la crédulité des gens. Techniquement, lorsqu'on passe à travers une fenêtre vitrée, le premier réflexe est de se protéger des éclats et d'assurer sa réception… quand on ne loupe pas l'ouverture. De ce fait, on se livre en victime si on a affaire à un truand ou à un terroriste chevronné. Ça ne pardonne pas. Malheureusement, trop de gens dépourvus de ces connaissances techniques gobent n'importe quelle fable et croient dur comme fer à des exercices n'ayant qu'une valeur de spots publicitaires. Ma philosophie, telle que je l'ai présentée en 1984 au sous-préfet chargé par Pierre Joxe de créer un nouveau groupe, était à l'opposé de ce qui précède. Je préconisais une équipe anonyme, dirigée par des patrons anonymes, agissant avec une grande rigueur dans les techniques les plus différentes sans en dévoiler l'efficacité.

Je misais sur le professionnalisme et le secret. Les opérations à grand spectacle valorisent des vedettes en trompant le public. Je voulais au contraire copier l'esprit et les méthodes des groupes israéliens, les adapter au système français. Cela n'a pas été accepté.

Le premier tri opéré parmi les dossiers, je réunis une quarantaine de volontaires dans une salle de conférence de l'Évêché.

À l'époque je pèse quatre-vingt-sept kilos. Rien que du muscle. Mais j'arbore un ventre de lutteur de sumo. Ma gueule aux yeux bridés n'incite pas au romantisme. De plus, je m'exprime avec un accent marseillais prononcé.

Quand les gars me voient entrer, je capte dans leurs yeux une lueur d'étonnement. J'imagine qu'ils attendaient un immense athlète solide comme un roc, froid comme un iceberg, ou un officier de police calibré par le règlement.

– Vous êtes tous volontaires, dis-je. C'est bien. Vous avez accepté les plus grands risques. C'est très bien. Vous avez agi en hommes. Je vous jugerai en hommes.

Je note leurs réactions. Le contact est bon. Je leur tiens un langage qu'ils comprennent.

– Ces risques, je les accepte et les assume le premier. Car c'est le rôle du patron. En retour, il faut que je puisse absolument compter sur vous.

Le contrat est sans équivoque. Les hommes de cette trempe ne se paient pas de mots. Ils aiment le langage direct. Ils marcheront d'autant mieux que je marcherai en tête, prêt à payer de ma personne pour donner l'exemple. Pourtant, avec beaucoup d'humilité, je sais que demain je peux échouer. Mais le patron ne peut laisser transpirer ses doutes.

Je parcours du regard ces quarante gars dont chacun espère à présent faire partie de l'équipe. Désormais, il y a entre nous un contrat moral que nous nous engageons à respecter coûte que coûte. La peur fait partie de l'homme. Elle est naturelle. Quand elle s'empare de quelqu'un, il n'y peut rien. Je la pardonne. En revanche, je ne pardonne pas de ne pas avouer qu'on a peur. Cette attitude absurde compromet l'équilibre d'une équipe sur le terrain. Elle introduit dans le dispositif une pièce défectueuse qui risque de le détruire. S'il n'y a rien d'infamant à éprouver de la peur, il est criminel de ne pas le reconnaître. Je ne veux pas de gars qui ait la tête enflée ou qui joue les fanfarons. Dans le groupe, il n'y aura pas de place pour les rouleurs de mécaniques, ceux qui jouent un personnage. Nous ne tournons pas un film. Nous risquons notre peau pour de vrai. Je ne veux que des hommes sûrs.

– Le seul avantage dont vous pourrez vous prévaloir, dis-je, c'est d'avoir affronté tous les risques.

La grandeur et la servitude tiennent à cela.

CHAPITRE VII

La grande aventure du Groupe d'intervention de la Police nationale de Marseille commençait.

Je fis le maximum afin que mes hommes puissent faire face au danger, voire à la mort, psychologiquement et moralement. La condition physique ne suffit pas. Par d'incessantes luttes, j'arrachai à une administration réticente le matériel de pointe nécessaire. Dire qu'on ne m'aplanit pas les difficultés est un euphémisme…

Nous sommes allés au stand de tir. Mes volontaires ont subi des tests de rapidité et de précision. Nous avons fait ensuite quelques séances d'éducation physique: sprint, endurance, épreuves de force, agilité. Enfin, j'ai reçu chacun d'eux en tête à tête, pour un entretien à bâtons rompus.

– Pourquoi êtes-vous volontaire ?

J'appréciais les motivations profondes en fonction des réponses, des réactions à mes questions. Cela demandait du temps, de la réflexion, du discernement. Le choix des hommes garantirait ou non la pérennité du groupe.

Après avoir tout pesé et repesé, j'ai opté pour une ossature de moniteurs de tir doublés de moniteurs gradués en sports de combat. La moyenne d'âge était de trente ans. Je voulais m'appuyer sur des hommes ayant une expérience de la voie publique. Il fallait éviter que se glissât parmi eux quelque tête brûlée ou quelque novice peu responsable, quelle que soit son ardeur. Le groupe ne serait jamais le tremplin ou le refuge des casse-cou, cascadeurs et autres kamikazes.

L'affaire m'occupa une semaine. Les sélectionnés continueraient d'abord de servir dans leurs unités respectives, tout en subissant un entraînement très rude. Il leur faudrait concilier cette double appartenance. Je le faisais moi-même.

J'étais fort de l'expérience militaire acquise à Tours puis en Algérie, rodé par dix mois d'activité sur le terrain. J'ai fait la synthèse de cet enseignement pour l'adapter au groupe. Un entraînement n'est vraiment efficace que si ceux qui le subissent prennent conscience de son importance et de sa valeur. Sur le plan de la force et de l'équilibre physiques comme sur le plan de la force et de l'équilibre moraux. Un garçon sachant tirer est quelqu'un qui, après de nombreuses années de travail, a appris à dominer son arme. Une formule à l'emporte-pièce l'exprime : on devient un vrai tireur lorsqu'on sait ne pas tirer quand il ne faut pas.

La plupart des gens sont d'instinct fascinés par une arme de poing. Lorsqu'un homme porte son arme individuelle, il ressent très fortement qu'il détient un objet redoutable. Cet objet lui sauvera la vie mais il peut aussi donner la mort. Savoir tirer, c'est être détenteur d'un pouvoir.

Jour après jour, chacun de mes tireurs a acquis la capacité d'aller à la rencontre d'un adversaire avec la conviction d'avoir les moyens de faire face. Cette assurance est infiniment précieuse. Voilà pourquoi j'attache une très grande importance à l'entraînement au tir instinctif. Il suppose une permanente remise en cause de soi-même. Nul ne peut transiger avec cette discipline.

Mon groupe devait être opérationnel dans les quatre mois à venir. Il le fut. Mais, au bout de ces quatre mois, nous avions tiré plus de trente mille cartouches.

J'amenais mes quinze gars au stand de tir de la CRS 53, à Sainte-Marthe, dans la banlieue nord de Marseille. Selon la tradition, la sainte, abandonnant pour un temps la chasse à la Tarasque sur les bords du Rhône, serait passée par là afin d'y retrouver sa sœur Madeleine. Nous n'étions pas des saints, mais, par-delà les siècles, la chasse à la Tarasque continuait. Le monstre avait connu seulement de nouveaux avatars.

Notre première arme a été le MAC 50, un pistolet de très grande diffusion muni d'un chargeur de dix cartouches de 9 mm. Pour préserver le ressort élévateur, il était préférable de n'en mettre que huit. Chaque gars avait deux chargeurs en réserve. Quoique considéré à l'heure actuelle comme une arme assez rudimentaire, le MAC 50 reste pour moi un bon pistolet. Aussi ai-je vu sa disparition avec étonnement. Je suis, en effet, partisan des armes de gros calibre, plus performantes, sous réserve de les confier aux mains d'unités bien entraînées.

Je suis d'un pragmatisme viscéral. Je déteste le gaspillage. Une arme chère doit être entretenue et utilisée. Il faut la nettoyer soigneusement après chaque tir, ce qui suppose un réel attachement de la part de son propriétaire. Or, l'amour de son arme personnelle n'existe que chez les vrais tireurs, ceux qui s'entraînent régulièrement, mus par une passion rigoureuse. Le respect s'acquiert au fur et à mesure des exercices. Au bout d'un certain temps, le tireur et son arme ne font plus qu'un. Après des milliers d'heures d'entraînement, ils constituent physiquement un tout. L'homme sait que son arme le protège. Elle est devenue garante de sa vie.

Chacun de mes tireurs a subi un entraînement intensif débutant par la sortie de l'arme. Dans notre jargon, nous appelons cela « la prière ». Cette « prière », il la fait des milliers et des milliers de fois, imprimant en lui ce geste rituel et sacré pour l'exécuter le plus vite possible. Ensuite viennent le basculement et le pointage de l'arme, en même temps que l'arrachage de l'avant-bras, le coude légèrement rentré vers le corps pour mieux absorber le recul du coup. La position doit être stable, les deux pieds au sol, les jambes fléchies sur les genoux, l'équilibre étant assuré par l'autre bras qui sert de balancier. Chaque tireur doit s'adapter à sa morphologie et à sa manière propre de dégainer.

La cible est placée à sept mètres. Elle représente la silhouette d'un tireur adverse et correspond à la surface d'un enfant de six ans. La « prière » faite, on tire d'abord dix cartouches au coup par coup. Le tireur doit adapter sa vitesse de tir, améliorer son pointage et sa tenue d'arme en fonction de ses résultats. Le tir instinctif est un tir rapide, sans visée. C'est par excellence un tir de défense. Subjectivement, le tireur doit se mettre dans les conditions de celui qui, menacé par un adversaire, doit être le plus rapide. Après cette série, on tire cinq fois deux cartouches, puis deux fois cinq cartouches, chaque tir étant soumis à la critique d'un moniteur.

Avec le MAC 50, dix-huit secondes suffisaient à mes tireurs pour tirer les cinq premières cartouches, retirer le chargeur, l'approvisionner de cinq autres cartouches, le remettre en place, réarmer et tirer de nouveau. Les dix cartouches devaient être dans la cible.

Lorsque nous avons été dotés du 38 Special Military Police Smith & Wesson, la technique de tir a changé. L'arme tirait bas. La crosse, trop petite, nécessitait l'adjonction d'un *pachmair*, pièce de caoutchouc vissée, qui permet de mieux la tenir. D'un brusque mouvement du bras, il fallait éjecter les douilles des cinq premières cartouches, regarnir le barillet et tirer. Mon record personnel dans cet exercice est de quinze secondes.

Un jour, je regardais la séance d'entraînement d'un autre groupe. Les gars me prenaient pour un observateur. Ils se livrèrent sous mes yeux à une exhibition qui m'exaspéra. Ils tiraient uniquement pour faire le point, et ce en trente secondes. Je regardais sans rien dire. Je n'aime pas les flingueurs fanfarons. Au bout d'un moment, histoire de remettre les pendules à l'heure, je lâchai :

– Dans un face-à-face avec mes gars, en deux séries, vous êtes tous morts !

Mes hommes subissaient un entraînement impressionnant. Un professeur, titulaire du record d'Europe du tir en rapidité au pistolet automatique et cinq fois détenteur du prestigieux trophée du Vase de Sèvres du président de la République, dirigeait les séances de tir. Le moniteur qui l'assistait était champion de France de tir en précision et avait fait partie de l'équipe de police récemment sacrée championne d'Europe. Au tir instinctif, tous les membres du groupe tiraient dans toutes les positions possibles sur quatre cibles. Rares étaient les balles qui manquaient leur but.

L'entraînement au tir à la carabine de précision était également capital, puisque la carabine était le seul moyen de résoudre à distance des affaires très dures. Cette sorte de tir nécessite un matériel de précision irréprochable. Il faut choisir le meilleur pour être vraiment efficace. Nous fûmes d'abord dotés du légendaire FRF 1 de l'Armée française, qui équipait les tireurs d'élite de nos commandos. Ces armes ont permis d'abattre les preneurs d'otages de trente enfants français à Djibouti grâce à l'action menée par le lieutenant Doucet, de la Légion étrangère, blessé lors de l'assaut final. Pour ce fait d'arme, exécuté avec l'appui du GIGN, il reçut la Légion d'honneur.

Nous allions nous entraîner au camp de Carpiagne, au milieu des collines pelées dominant la baie de Cassis. Le préfet de police Camille Michel, grand connaisseur en la matière, nous accompagnait volontiers.

Avec le FRF 1 nous obtenions d'excellents résultats. À deux cents mètres, je mêlais des ballons de couleurs différentes, de la grosseur d'une tête, pour constituer la cible. Le courant d'air changeait sans cesse les ballons de place. À la même fraction de seconde, mes quatre tireurs faisaient sauter les ballons de la même couleur. Le rouge ou le bleu, le jaune ou le blanc, selon la consigne. Un tireur qui se respecte tire une seule cartouche pour atteindre son objectif. Il n'a pas droit à l'erreur. Dans la réalité, les choses peuvent se passer autrement. En présence d'un preneur d'otage, voire de deux, on peut aligner deux tireurs sur un seul objectif. À Valence, je placerai quatre tireurs en fonction de différentes positions, et de différents angles de tir.

Il me semblait indispensable d'avoir le meilleur matériel. Hélas ! pour des raisons financières, nos FRF 1 furent supprimés : nous n'avions même plus les moyens de les louer à l'Armée. La chose est à peine croyable mais elle est vraie. En réponse à mes protestations, je reçus la promesse qu'on les remplacerait par une arme équivalente. À ma grande stupéfaction, on nous attribua une carabine BAR belge semi-automatique, à canon court. Nos essais furent désastreux. À deux cents mètres, dans les mêmes conditions de tir qu'avec les FRF 1, il y avait un écart d'environ cinquante centimètres par rapport au point visé. Impossible d'accepter.

J'ai rédigé un rapport très sévère, refusant catégoriquement cette carabine que je nommais « une arme à bavures ». Malheureusement, une fois de plus, je me suis retrouvé seul. Même ceux qui étaient de mon avis se taisaient. J'ai dû me battre pied à pied avec un état-major parisien obstiné à nier l'évidence. Jusqu'aux techniciens, pourtant convaincus de l'erreur de ce choix, qui n'osaient pas aller à l'encontre de certains directeurs responsables de la décision.

J'ai maintenu fermement ma position. Quand j'ai raison, je ne suis pas homme à en démordre. À la longue, j'ai obtenu gain de cause. Je me suis sans doute attiré de solides inimitiés, mais je n'ai jamais transigé sur la fiabilité des armes. Au bout du compte, c'était la sécurité même de mes gars qui en dépendait.

Non seulement j'ai gagné la partie mais j'ai pu imposer, comme arme de remplacement, la fameuse carabine Steyr-Mannlicher, utilisée par les Autrichiens dans les championnats olympiques de tir. Cette arme, aussi performante que la Mauser allemande, avait, de plus, l'avantage de coûter deux fois moins cher car elle ne possédait pas de canon interchangeable.

Avec leur nouvelle carabine, mes gars firent honneur à leur groupe dans les divers stages auxquels ils ont participé, aussi bien à Paris qu'à Fontainebleau ou à Nîmes, en se classant parmi les meilleurs.

Ma philosophie de l'entraînement physique me conduisit à rassembler mes gars sur un dojo, à les faire transpirer, lutter entre eux et se mesurer, de telle sorte que, peu à peu, sous mon regard critique, ils révélèrent leur vraie personnalité. Sans en avoir l'air, les épreuves physiques édifient progressivement la base virile où ils puiseront plus tard, quand ils seront arrivés à maturité, le contrôle de soi et le sang-froid nécessaires à l'action. C'est de l'équilibre qui se crée entre un individu et son groupe que naît la véritable cohésion de ce groupe.

Quelles que soient les qualités physiques initiales d'un individu faisant partie d'un groupe, il lui faut apprendre à se programmer, non pas pour devenir un robot répondant mécaniquement aux ordres mais, au contraire, un être sûr de ses moyens, capable de s'adapter, d'improviser, de prendre au moment opportun des responsabilités adaptées à la stratégie d'ensemble conçue par les soins du patron de ce groupe. Cette conduite n'est possible que dans la mesure où chaque homme sait que le patron, quelle que soit l'issue, assumera la responsabilité de ses actes. L'efficacité optimale est atteinte lorsqu'il se sent compris, soutenu, défendu et couvert. Considérer ses gars comme des hommes fait qu'ils sont obligés de se conduire comme des hommes. Chacun y trouve son compte. Je le pense profondément.

J'ai puisé la cohésion de mon groupe dans la fraternité de l'action, en partageant tout avec mes gars. Ils peuvent en attester. Même si ma fonction de patron m'a mis en avant, je n'ai jamais sollicité cette publicité. Aucun journaliste ne peut se prévaloir d'avoir reçu de ma part des informations grossies ou déformées à mon profit. Une telle exploitation des faits serait contraire à mes convictions et à ma nature. Elle est à l'opposé de la haute idée que je me fais de ma mission.

La cohésion entre les gars d'une équipe et la cohésion des équipes entre elles sont, à mon sens, plus importantes que tout le reste. Une équipe rassemble en opération sept ou huit gars qui doivent se compléter absolument. Il fallait que chacun oublie ses différences pour se fondre dans l'ensemble et partager la volonté commune de gagner. Sans cohésion, vous n'avez dans la main que du sable qui glisse et vous échappe. Sans cohésion, le moindre pépin suffit pour que ripe le plan d'action le mieux élaboré. Sans cohésion vient l'hésitation fatale débouchant sur l'échec ou la bavure. De quoi détruire l'équipe et le groupe.

Je me suis efforcé d'entretenir, au-delà des rapports de service, le sens des responsabilités dans l'intérêt général. Dans l'absolu, rien n'est parfait, et des décisions douloureuses s'imposent.

X était un excellent élément. Un garçon de vingt-sept ans, taillé en athlète, intelligent, bon tireur. Malheureusement, il manquait d'esprit d'équipe. Je le voyais faire cavalier seul. Il se liait difficilement. Je compris qu'il ne s'intégrerait jamais. Je décidai de m'en séparer.

Y, c'était autre chose. L'ambition le dévorait. Il cherchait sans cesse à tirer la couverture à lui, à grignoter des avantages. Il en oubliait ses obligations et ses devoirs. Il agissait mû par son seul intérêt. Pour obtenir de l'avancement, il serait passé sur le ventre de n'importe qui. Je décidai de m'en séparer aussi, malgré ses qualités exceptionnelles.

J'ai dû me séparer de judokas, de karatékas, d'excellents tireurs qui, au pied du mur, hésitaient devant le danger. Je pense avoir agi justement.

Quand, sans autres atouts que la force physique, le mépris de la loi conçue pour les caves, la cruauté sans états d'âme, la volonté de réussir ou de crever, un garnement de Marseille devient un caïd dans sa ville, il ne redoute rien. Ses preuves parlent pour lui. Il n'a qu'à se présenter : on sait qui il est.

Avant d'accéder au gratin du Milieu, il faut cependant payer sur pièce. Nul ne fait ici crédit sur la bonne mine et les belles paroles. Le sang sur les mains, cela ne se voit pas. En revanche, cela se sait. Quand un gros requin traverse les eaux troubles, le menu fretin s'écarte. Seuls ses pairs nagent de conserve. Mais de requins, on connaît plusieurs espèces.

Proxénète ou porte-flingue, gros bonnet de la drogue ou trafiquant de fausse monnaie, gangster en col blanc ou malfrat virtuose des casses, tous font leurs classes à la même école et se reconnaissent pour condisciples. Leurs diplômes ne sont pas des parchemins estampillés par l'Université. Ils se gagnent dans la rue, au contact d'aussi durs que soi. Avec les poings ou un feu. Apprenti, docteur honoris causa *du crime, c'est du pareil au même. On respecte les mêmes valeurs, qui ne sont pas celles des « braves gens ». D'ailleurs, à Marseille, « brave » est synonyme de naïf, de pauvre type dont on n'a rien à attendre.*

Face à pareille engeance, il est indispensable de faire le poids, c'est-à-dire de justifier de qualités viriles identiques. Si le Milieu a toujours respecté le Chinois, c'est parce qu'il se reconnaissait en lui de quelque manière. Il le savait capable de dureté, intransigeant, inflexible. Les ruses, il les éventait parce que depuis l'enfance elles lui étaient familières. Les ressorts psychologiques de ses adversaires, il les perçait à jour : beaucoup de ses amis leur obéissaient. Et lui-même, parfois...

Georges N'Guyen, frotté au monde des truands, imprégné de ses règles, rompu à ses tactiques, connaissant son histoire, a certainement eu beaucoup de mal à s'adapter à l'administration de la Police nationale. Il représente un cas particulier. Un corps étranger que le grand organisme tendra à rejeter dès le début. La contrepartie de l'estime des truands, c'est l'hostilité jalouse de plusieurs de ses pairs, l'incompréhension et l'irritation d'une hiérarchie braquée par une personnalité hors du commun, refusant d'entrer dans le rang, c'est-à-dire dans le moule.

Il n'est pas inconvenant de poser la question : le Chinois appartient-il vraiment à la police ? Oui, si l'on considère qu'il a servi la loi de toutes ses forces et qu'il lui a consacré sa vie avec abnégation. Non, si l'on examine dans quelles conditions et de quelle façon il a assumé sa mission. Son champ d'action est un terrain vague entre l'ordre et ceux qui le bafouent. Les limites sont délicates à fixer. Car Georges saura s'insurger contre les injustices et les passe-droits au sein de l'institution avec la même violence froide qu'il mettra à neutraliser les gangsters. Voilà des choses qui se digèrent mal. Les gens en place n'admettent pas qui s'autorise de sa propre exigence morale pour les mettre abruptement face à leurs responsabilités, ou le nez dans la boue.

Il n'est donc pas fortuit que Georges N'Guyen ait pu donner sa vraie mesure à partir du moment où il a créé et dirigé un groupe autonome modelé selon son cœur. Il l'a conçu comme un corps, avec une tête et des membres. Il s'est dévoué sans compter. Il a exigé de ses gars le même dévouement. Il a insufflé un esprit, donné un style, une liberté, que symbolise ce bel écusson, dessiné par ses soins, et que les hommes du GIPN arborent sur l'épaule de leur uniforme. Comme une distinction.

Troisième partie

LES AFFAIRES

CHAPITRE VIII

AFFAIRE TCHALIAN – NICE
3 SEPTEMBRE 1975

Chantal Colombo contrôlait une liasse de bordereaux, apportant un soin méticuleux à sa tâche. Depuis qu'elle travaillait au Crédit lyonnais, elle occupait le poste de caissière au service des changes. Un emploi de confiance, qu'elle exerçait avec sérieux et compétence.

C'était une jolie brune d'une trentaine d'années, aux cheveux coupés court, aux yeux noisette, habillée avec une sobre élégance. Les tenues tapageuses ou sophistiquées ne convenaient pas à sa beauté simple et naturelle. Au surplus, cela eût été mal interprété à la banque, et du plus mauvais effet.

Le temps pluvieux de ce 2 septembre ne perturbait pas son humeur. Les orages obéissaient à l'ordre des saisons. Comme les autres années, la Côte jouirait encore de belles journées avant que ne s'installe l'hiver.

Dans le milieu de la matinée, un monsieur bien mis, portant des lunettes de soleil cerclées d'or, s'approcha de la caisse. Il était grand, brun, impeccablement vêtu d'une veste sport prince-de-Galles beige et d'un pantalon tête-de-nègre. Il pouvait avoir la trentaine. Ses joues étaient hâlées, rasées de près. La bouche ferme, bien dessinée, esquissait un sourire avenant. Il portait une valise de cuir assez lourde.

– Je voudrais ouvrir un compte en échangeant des francs suisses, dit-il avec un accent méridional prononcé. Mais pas n'importe quelle somme : quatre millions de francs suisses.

Chantal Colombo sursauta. C'était énorme. Elle ne pouvait assumer seule la responsabilité d'un change de cette importance.

L'homme sourit de nouveau, l'air engageant, comme s'il comprenait son embarras.

– Voulez-vous me suivre ? dit-elle. Ce ne sera pas long.

Il hocha la tête, l'accompagna jusqu'au bureau du chef de service. Chantal introduisit le client et expliqua brièvement de quoi il s'agissait. L'opération était sur le point de se faire quand l'inconnu annonça brusquement la couleur.

– C'est un hold-up. Ne bougez pas. Ne criez pas. Tout se passera bien.

L'homme brandissait un automatique. Il paraissait très calme, d'une décontraction déconcertante.

– Vous, enjoignit-il à la caissière, sortez. Allez prévenir le directeur. Je garde votre collègue en otage.

Le collègue n'en menait pas large. Tassé sur sa chaise, les épaules tombantes, il était livide.

Les jambes flageolantes, Chantal Colombo obtempéra. Elle marchait, tête bourdonnante, comme assommée. Jamais elle n'aurait pensé être un jour victime d'un braquage.

Quand les responsables de la banque, M. Briot et M. Dulot, arrivèrent sur les lieux, l'inconnu annonça ses exigences : une rançon de six millions de francs lourds. L'homme s'exprimait sans hésiter, d'une voix nette, à la manière de quelqu'un qui sait ce qu'il fait.

Les nouveaux venus, stupéfaits, écarquillaient les yeux. Inutile de protester, fût-ce pour la forme, ou d'esquisser la moindre résistance. Le petit œil noir du canon les fixait froidement.

Les deux hommes constituaient une meilleure monnaie d'échange. Ils devinrent les otages.

– Deux prisonniers me suffisent, dit le braqueur en libérant Chantal Colombo et son chef de service.

Il brandit un Thermos enveloppé d'un linge.

– Si on n'exécute pas toutes mes volontés, je fais tout sauter.

Le Thermos, disait-il, contenait de la nitroglycérine, un explosif puissant, sensible au moindre choc. Chantal Colombo se souvint d'un vieux film en noir et blanc avec Montand et Vanel... *Le Salaire de la peur.* Des camions transformés en bombes roulantes...

La même angoisse étreignait sa poitrine. À cette différence près : elle n'était pas au cinéma. Tout était réel dans la scène atroce qu'elle tournait, et elle figurait au générique bien malgré elle. Le mécanisme l'avait happée par surprise, puis rejetée. Mais elle était là, moite de frousse. Derrière la mince cloison, un bandit jouait pour de l'argent la vie de deux hommes innocents. Beaucoup plus, si la bombe explosait. Jamais Chantal Colombo n'avait espéré avec une telle anxiété l'inscription du mot FIN.

Sirènes hurlantes, les motards fonçaient, nous guidant vers le lieu du drame. La promenade des Anglais s'effaçait à une allure vertigineuse. La masse des voitures se fendait devant nous. On s'enfonçait en elle. Comme un coin.

Depuis 10 heures du matin, les flics de Nice étaient sur les dents. Déjà 15 heures 30 ! Le temps filait, nous luttions contre la mort.

Le truand exigeait une rançon de six millions de francs lourds. Le prix fort. Mais la vie ne s'évalue pas en argent.

Gallet écrasait le champignon, collant aux motards. Nous avions perdu de précieuses minutes sur l'autoroute, à la sortie de Marseille, à cause d'un ennui mécanique. L'intendance ne suivait pas. Notre parc se limitait à deux véhicules bons pour la réforme : une vieille Renault 12 et un break 404, noirs comme la poisse. Mieux vaut choisir son cognac hors d'âge. Les bagnoles, non. Mais il fallait faire avec. L'administration dosait ses largesses : aux Parisiens de la BAC[1] le beau matériel flambant neuf, au GIPN de Marseille les rossignols à bout de souffle. Nous ne figurions pas dans la colonne noble. On nous rognait les ailes et les ergots, comme si

1. BAC : Brigade anticommando.

nous constituions je ne sais quelle gêne ou quelle menace dans la Maison. Mais nous avions une volonté de fer, l'ambition d'être les meilleurs. Contre ça, même avec des dents longues, personne ne pouvait rien.

Bernabeu, un ancien des commandos de la marine, m'avait cueilli à domicile, au vol, au moment du départ en vacances. Je tournais la clé dans la serrure quand le téléphone avait sonné.

– Patron, il y a une prise d'otages à Nice, on nous demande d'y aller.

– C'est bon. Prépare l'équipe d'alerte, les voitures, le matériel. Venez me chercher. Je demande confirmation.

Mon épouse comprit : les vacances seraient pour plus tard.

Un coup de fil au commissaire principal Hannot confirma : l'ordre de mission émanait de la Direction centrale de la Sécurité publique. Pour une fois, on ne refilait pas le gros gibier à la capitale. Il s'agissait de ne pas nous manquer. Nous jouions notre réputation, l'avenir du groupe. J'éprouvais une grande sensation de calme. Je suis ainsi fait que les circonstances exceptionnelles, au lieu d'annihiler mes ressources, leur confèrent plus d'acuité. Elles me permettent d'atteindre le plein accord avec moi-même, une lucidité supérieure inaccessible dans le quotidien. Pour l'heure, le problème de Nice mobilisait toute mon énergie. Tout ce qui ne le concernait pas s'abolissait.

Plusieurs communications avec le réseau « Pétanque[1] » m'avaient apporté de précieuses informations au long du trajet. Je connaissais à présent les principales données. Un seul ravisseur, non encore identifié, retenait deux otages, des cadres de la banque, dans le bureau directorial du rez-de-chaussée. Il disposait d'un armement redoutable et n'agissait pas par impulsion. Il semblait déterminé à aller jusqu'au bout. La menace, lancée dès le premier contact au chef de la police judiciaire Mourey, le prouvait :

1. Relais radio inter-police.

– Vous avez intérêt à ne rien tenter. J'ai sur moi une bouteille Thermos pleine de nitroglycérine et je suis prêt à tout faire sauter.

La présence de la nitroglycérine m'inquiétait. Je réfléchissais en silence, tournant et retournant tous les détails dans ma tête et mes gars, habitués à mes manières, respectaient mon mutisme. Je communiquais les renseignements utiles au fur et à mesure qu'ils me parvenaient. Dans l'action, pas de bavardage, l'essentiel. Chaque mot compte. Moins on en dit, mieux ça vaut. Une règle simple, à appliquer sans transiger.

Une chose était sûre. Je pouvais compter sans réserve sur mes hommes. Caparos, Bernabeu, Gallet, Rolando, Battesti : une des trois équipes de fer du GIPN de Marseille.

Située en plein cœur de Nice, l'agence du Crédit lyonnais constituait un îlot balisé par l'avenue Jean-Médecin, où s'ouvrait l'entrée principale, les rues Maréchal-Joffre et Joseph-Brès, le passage Émile-Négrin, enfin la traverse Longchamp, lieu névralgique où se trouvait le local occupé par le gangster et les otages. Étrange ironie du sort, la rue de la Liberté était à quelques mètres.

D'importantes forces de police avaient pris position autour de l'immeuble, bouclant le pâté de maisons. Les autorités avaient ordonné l'évacuation des immeubles et magasins avoisinants. Un cordon de sécurité retenait les curieux. La nitroglycérine risquant d'exploser à chaque instant, personne ne traversait plus l'impasse Longchamp, à part quelques policiers en service.

Le siège s'éternisait. Depuis plus de trois heures, Claude Briot, sous-directeur de la caisse centrale, et Francis Dulot, chef du personnel, se trouvaient à la merci du forcené. Comment réagissaient-ils ? Un reporter de *Nice-Matin*, posté de l'autre côté de l'impasse, avait réussi à les apercevoir. Les deux hommes, apparemment calmes, feuilletaient des journaux. Rien ne bougeait autour d'eux. Mais l'on ignorait ce qui pouvait se passer dans leur for intérieur. Ce calme oppressant pouvait préluder à la tempête.

Un indescriptible bordel régnait dans le grand hall de la banque. Trop de monde encombrait la place. Des flics, des journalistes, des officiels ou des employés allaient et venaient, en toute inconscience. Chacun donnait sa version des faits, avançait des pronostics. La gravité de l'affaire décontenançait les responsables niçois, et l'absence de directives précises provoquait dans leurs troupes un flottement inquiétant. On ne sentait pas la présence d'une poigne ferme. Un drôle de stratège avait réparti les tireurs à droite et à gauche du hall. Au premier coup de feu, ils s'entre-tueraient. Avec un tel dispositif, ce n'est pas une bavure que l'on risquait, mais une énorme flaque.

Un coup d'œil me révéla les dangereuses faiblesses de la mise en place. J'avais recommandé de laisser pourrir la situation jusqu'à mon arrivée, j'étais servi au-delà de mes espérances. C'était tellement pourri que ça pouvait craquer de partout, à n'importe quel moment. Il était urgent de reprendre les choses en main.

Cheymol, adjoint au commissaire central de Nice, me présenta aux autorités. Je serrai la main du secrétaire général de la préfecture, Costa, du directeur du cabinet du préfet, Gros, du procureur de la République, Champeil, du directeur régional du Crédit lyonnais, avec l'étrange impression de sacrifier aux civilités quand tout près, à l'extrémité du couloir, la vie de deux hommes tenait à un fil. Il était temps de revenir sur terre. La mort, je la sentais, présente. Elle rôdait. Elle guettait.

– Dégagez immédiatement le hall de tous les incompétents et des gens inutiles pas concernés par cette affaire, ordonnai-je.

Il fallait établir très vite le vide entre le truand et moi. Mes gars s'isoleraient dans une pièce pour attendre mes instructions, après avoir vérifié la sécurité rapprochée et éloignée. Ils n'obéissaient qu'à moi. Nous formions le seul organisme autonome, cohérent, au sein du flottement général.

Avec Cheymol, nous fîmes une synthèse minutieuse et approfondie : la fenêtre de la traverse Longchamp, munie de larges barreaux ouvragés, s'ouvrait à environ deux mètres du sol. Les transmissions avaient installé sur la façade une ligne téléphonique directe, afin qu'on pût communiquer sans difficultés avec le preneur d'otages. Sitôt la demande de rançon formulée, des contacts avaient été pris avec Paris. Le siège du Crédit lyonnais avait débloqué une somme d'argent qualifiée par un mandataire de « bien moindre que celle réclamée par le gangster ». Les banquiers croyaient-ils arranger les choses en lésinant et en jouant au plus fin ? Arrivée dans un gros sac, la rançon avait été déposée dans le hall de l'agence. Mais le gangster l'avait refusée pour une raison inconnue. Sans doute flairait-il quelque piège. Ces types possèdent un sixième sens. Celui-ci ferait monter les enchères. Il savait ce qu'il voulait et le prix à payer pour l'obtenir. On ne le mènerait pas en bateau.

Après vérification, il se révéla impossible de l'atteindre de l'intérieur. Mes tireurs d'élite, munis de fusils à lunette, étaient montés dans l'immeuble d'en face pour évaluer l'angle de tir. Ils avaient examiné en vain tous les cas de figures, puis étaient redescendus, impuissants. Le truand était inaccessible à cause des barreaux protégeant la pièce. On ne distinguait pratiquement rien à l'intérieur, et le gibier se terrait dans un angle mort.

Après avoir pesé toutes les phases de mon plan d'action, je le soumis à l'approbation du préfet et du procureur de la République. Il s'agissait d'épargner en priorité la vie des otages. Le brigadier Bernabeu et moi prendrions leur place, l'échange ayant lieu avant le versement de la rançon. Cela fait, j'aurais ma liberté de manœuvre.

Pour parer à une éventuelle bavure, je fis évacuer sur-le-champ l'intérieur de la banque, puis je demandai aux autorités de s'enfermer à clé dans une pièce et de n'en pas sortir, même si elles entendaient des coups de feu. Mon intention était de les épargner en les éloignant du théâtre des opérations où leur présence constituait pour nous une gêne aux conséquences redoutables.

Je plaçai ensuite mes hommes de telle sorte que la souricière ne laissât aucune chance au ravisseur. Caparos, mon meilleur tireur, se posta à l'extérieur, avec ordre de l'abattre si je l'amenais à se découvrir. On opérerait à la nuit tombée, après coupure de l'éclairage axial, afin que la cible se découpât avec netteté dans le périmètre de la fenêtre. Les inspecteurs Battesti et Rolando resteraient dans le hall, à l'abri des piliers. Gallet et l'inspecteur principal Tridon s'embusqueraient sans donner l'éveil dans un petit bureau contigu à la pièce des otages, prêts à intervenir au premier coup de feu. Si, pour une raison quelconque, Caparos ratait sa cible, Bernabeu et moi serions à la merci du truand. Seuls et sans armes. Les conditions de la légitime défense se trouvaient donc remplies. Le problème se réduisait à une équation simple : lui ou nous.

Pour le cas où il nous contraindrait à le suivre dans le véhicule livré avec la rançon, j'avais prévu que le réservoir de la voiture ne contienne que quatre litres d'essence, à peine de quoi rouler une trentaine de kilomètres. Le truand s'installerait vraisemblablement sur la banquette arrière et nous ferait monter à l'avant pour pouvoir nous tenir en respect. Le volant reviendrait à Bernabeu ou à moi. L'un et l'autre, nous savions comment nous sortir d'une telle situation. Dans la ligne droite, guetter l'instant propice, puis un brusque coup de frein pour déséquilibrer l'adversaire, arm-lock et strangulation. Nos collègues de la Sûreté urbaine et du SRPJ de Nice nous intercepteraient et concluraient.

Dernier détail : au moment choisi pour l'action, Cheymol me téléphonerait et prononcerait cette phrase anodine : « Tout est prêt pour la rançon. » Je comprendrais.

Vers 18 heures, le dispositif était en place. Des camions-grues étaient venus dégager les autos stationnant dans la rue afin de libérer la voie. Le jour déclinait rapidement. Avec ses lampadaires nimbés d'un halo, ses trottoirs luisants le long des façades aveugles, la traverse Longchamp présentait l'image d'un film noir. Tout à l'heure, tout s'éteindrait et deviendrait plus sinistre encore.

Le truand avait lui-même demandé qu'on échange ses otages contre deux policiers. Sans doute estimait-il qu'il serait mieux protégé ainsi, que les forces de l'ordre répugneraient à tirer si la vie de deux des leurs était en danger. Mais ce calcul obéissait à de plus subtils mobiles. Un détail surtout m'incitait à le penser. Le matin, il avait libéré sans contrepartie Chantal Colombo, la caissière du service des changes. Ensuite, il avait manifesté le souci constant de faire évacuer les femmes de la banque. Sans doute l'homme respectait-il certaines règles.

C'était trop tentant, trop flatteur pour son orgueil, de tenir deux « super-flics » au bout de son revolver, de les avoir à sa merci, de rivaliser avec les hommes précisément chargés de l'empêcher de nuire.

Cheymol poursuivit les transactions avec diplomatie. Elles aboutirent. Le truand mettait une condition impérative : nous devions nous présenter uniquement vêtus d'un T-shirt, d'un short et de baskets. Impossible ainsi de dissimuler une arme. Il ne négligeait aucun détail. Nous n'affrontions pas un forcené mû par la seule violence, mais un homme intelligent et déterminé, capable de réflexion.

Sur le plan tactique, nous venions de remporter la première manche. Tout se passait maintenant entre un truand et deux flics. Les risques restaient énormes, Bernabeu et moi en étions conscients, mais il importait à tout prix de sauver la vie des otages. Bernabeu s'était porté volontaire. C'était un dur. Un fidèle. Je le savais, celui-là ne flancherait pas.

En short, au milieu du grand hall luxueux du Crédit lyonnais, Bernabeu et moi offrions le plus insolite des spectacles. En d'autres circonstances, nous aurions provoqué l'hilarité générale. Mais en cet instant, personne ne songeait à rire.

Nous nous sommes regardés.

– On y va.

Nous avons suivi le petit couloir. L'immense bâtiment était plongé dans un silence total. On n'entendait même pas le bruit de nos pas glissant sur les dalles de marbre.

La peur ne m'effleurait pas plus que Bernabeu. Il fallait gagner ou mourir dans ce face-à-face. Nous en étions conscients.

MM. Briot et Dulot s'étaient levés de leurs fauteuils. L'inquiétude et l'impatience tiraient leurs visages cireux. Plusieurs heures de tension leur avaient modelé des masques pathétiques. Ils avaient hâte de déguerpir. Le chemin de la liberté était là, juste derrière la porte : le petit corridor que Bernabeu et moi venions de franchir. Un sas de trois mètres ouvert entre deux bureaux vides.

Les banquiers redoutaient une volte-face du ravisseur, mais celui-ci, après avoir examiné notre tenue, leur fit signe de sortir. Ils filèrent sans un mot, en évitant même de nous regarder, conscients de ce qu'impliquait le fait de les remplacer. Leur calvaire s'achevait. Notre interminable huis clos débutait.

Le rideau de l'unique fenêtre donnant sur la rue était maintenant tiré. La pluie martelait les vitres. Entre ces murs anonymes régnait une atmosphère lourde, tendue. À couper au couteau.

Le truand se tenait assis dans un angle mort, proche de la fenêtre, où il ne pouvait être atteint de l'extérieur. Un imposant bureau, placé en biais, nous séparait de lui. Il avait enlevé du plateau tout ce qui le gênait et posé sa valise dessus. Nous étions assis en face, moi du côté gauche, Bernabeu à ma droite, près de la porte.

Le truand nous braquait avec un Herstal à sept coups, une balle engagée dans le canon. Sa main gauche serrait la bouteille Thermos.

Dès le premier contact, j'ai su que la partie serait dure. Très dure. Ce type ne frimait pas. Intuitif, il a immédiatement annoncé la couleur.

– Vous n'êtes pas n'importe quels flics...

Il constatait cela d'un air satisfait, avec une parfaite maîtrise. Nous ajoutions du piment à sa sauce. Puisqu'il se mesurait à nous, le bras de fer devenait plus intéressant. Nous valorisions son acte.

– Toi, ajouta-t-il en s'adressant à moi, tu es le plus dangereux. Tu resteras ici. Si je dois partir, je partirai avec ton gars. S'il bronche, je le saigne.

Ma réponse fusa.

– Si tu saignes mon gars, où que tu sois, je t'en mettrai deux dans la tête. Tu peux aussi me tuer. Tu peux tuer mon gars. Mais alors tu ne sortiras pas vivant de cette pièce.

Il répliqua sèchement :

– Si vous tentez quoi que ce soit, le sang coulera !

La première passe d'armes donnait le ton. Il esquissa un sourire. Dès qu'il avait franchi le seuil de la banque, il avait su que ce serait tout ou rien.

J'aurais voulu voir ses yeux, que les verres fumés de ses lunettes me cachaient. Dommage. Les yeux parlent beaucoup dans ces cas-là. Cependant, en lui faisant clairement comprendre que notre vie était le pendant de la sienne, je l'avais bloqué. Cela s'imposait avec la force de l'évidence : il ne gagnerait rien à nous tuer.

Je notai son élégance stricte. Au premier abord, il ressemblait aux employés de la banque. Un garçon propre, bien mis. Il aurait pu aussi bien se trouver derrière un guichet. Les gens du Milieu manifestent d'habitude des préférences vestimentaires propres à les trahir aux yeux d'un expert. Par exemple, cette coupe de cheveux assez spéciale, de type hollywoodien... d'infimes détails qui ne trompent pas.

Il me brava, montrant sa bouteille Thermos.

– Si elle tombe, tu sautes.

– Non, petit : nous sautons, rectifiai-je.

Le dialogue de fous continuait. Ses attaques successives pour m'ébranler échouaient contre mon impassibilité. Il ne m'effrayait pas. Il le savait. Sans doute l'avait-il pressenti dès que nous étions entrés. Il essayait seulement, pour voir.

– Comme moi, tu as l'accent marseillais, remarquai-je afin d'établir un vague rapprochement.

– Oui.

– Nous avons le même accent et le même langage. Comme moi, tu dois être du pays.

Il ne démentit pas.

À Marseille, je jouissais d'une solide réputation. Si le Milieu me surnommait « le Chinois », ce n'était pas seulement à cause de mes origines asiatiques.

Celui-ci me connaissait. Même si nous nous rencontrions pour la première fois, le doute n'était pas permis. Il jouait la plus formidable partie de poker jamais tentée, avec six cents briques sur le tapis et, pour voir, sa vie ou la mienne.

J'aurais eu affaire à un gros truand déjà identifié, l'affaire aurait été simple. Une fois pris, ce gibier se rend sans casse inutile. Il sait jusqu'où il peut aller trop loin. Il a son code. Il en respecte les règles. Mais neutraliser un voyou inconnu, comme celui qui nous braquait, est beaucoup plus dangereux. Celui-ci voulait « monter », émerger de l'anonymat par un coup d'éclat. Les manchettes des journaux, c'était le visa pour la gloire.

Un loup solitaire qui ambitionnait de réussir le plus gros hold-up avec rançon. Pour se faire un nom. De ceux qui marquent la mémoire de ses semblables. Il réclamait six cents millions de francs lourds. Pourquoi pas un milliard ? Il aurait pu. Au point où il en était, il n'y avait plus de limites. Mais il ne s'agissait pas d'une sorte de desperado narguant la mort. L'homme avait choisi l'agence de Nice parce qu'il était inconnu dans cette ville. Le coup était préparé de longue date. Il irait jusqu'au bout.

Il avait pris la précaution d'amener dans sa valise un poste de radio. Grâce à lui, il sut vraiment qui j'étais. Il écoutait les bulletins d'information régulièrement diffusés par France-Inter. Quand le présentateur avait parlé du changement d'otages, il n'avait manifesté aucun sentiment. De temps en temps, quand il en avait assez, il tournait le bouton.

Comme s'il poursuivait le fil de sa pensée, il ajouta avec une fière assurance :

– Je veux six cents briques et je les aurai.

Sa motivation était bien le fric, la grande vie facile des caïds du Milieu. Tous ces rêves qui meurent en taule. Ou dans la tombe.

J'extirpais des renseignements méthodiquement, par petites touches, sans éveiller sa suspicion. Je commençais à mieux cerner la personnalité de mon adversaire, à connaître ses ressorts psychologiques. Mais je devais être régulier. Je lui tendis une perche.

– Écoute, petit. Tu as dans les vingt-cinq ou trente ans. Si tu te rends, tu sauves ta peau et tu ne feras pas pleurer ta mère.

Une brusque rougeur colora ses pommettes. J'avais touché juste. Je poussai l'avantage.

– Est-ce que tu fais ça pour une gonzesse ?

Nouvelle rougeur, plus prononcée. Ses lèvres frémirent imperceptiblement.

– Arrête tes conneries ! gronda-t-il avec colère.

Je me tus. L'afflux sanguin trahissait son trouble. J'avais encore touché juste. Mes paroles feraient leur chemin. Malgré son calme apparent, il gambergeait. Et quand un type commence à gamberger, Dieu seul sait où ça peut le conduire.

Calé dans son fauteuil, Bernabeu se taisait et observait. L'initiative m'appartenait. Pas un muscle de son visage ne bougeait. Impassible. Comme si rien de cela ne le concernait. Il ressemblait à une statue dont la seule présence arbitrait notre combat singulier. Mais je le savais attentif, prêt à bondir. Je voyais son profil perdu. Bernabeu ne s'embarrassait pas de philosophie. C'était un fauve aux réflexes puissants et sûrs, un auxiliaire précieux dans les coups durs. Au moment d'agir, il agirait. S'il fallait tuer, il tuerait.

Le truand imaginait-il sortir gagnant de ce banco tragique ? Par quelle aberration de l'esprit pouvait-il penser un seul instant pouvoir fuir le pays en dépit du déploiement des forces de police, muni de son pactole, et couler ensuite des jours paisibles dans l'impunité ?

– Je n'irai pas en prison, répéta-t-il. Je partirai avec le fric.

Le leitmotiv ne laissait pas d'être inquiétant. Ce refus obstiné de la prison conduisait au jusqu'au-boutisme.

Je n'aimais pas ça. Je multipliais les efforts pour l'inciter à réfléchir, à revenir sur un entêtement absurde.

– L'incarcération n'est pas la perspective la plus grave, commençai-je.

Mes arguments se brisaient contre un mur.

– Pour moi, trancha-t-il péremptoire, il ne peut être question de me rendre !

J'ai vraiment tenté l'impossible pour lui donner sa chance. Il fallait le persuader que la partie était perdue d'avance, qu'il devait renoncer. Le véritable échec consistait à persévérer dans l'erreur. Mais il s'enfonçait dans sa dérive malgré mes efforts pour le retenir. Il ne m'entendait pas.

– Non, dit-il encore, comme s'il se parlait à lui-même, je n'irai pas en prison.

L'engrenage enclenché par sa volonté le happait. Les petites roues dentées se mouvaient inexorablement. Lui seul pouvait encore en arrêter le mécanisme. Lui seul. Ou la mort.

La certitude qu'il n'en n'irait pas autrement s'imprimait peu à peu dans mon esprit. Cette affaire se terminerait dans le sang. Plusieurs fois, sous des prétextes divers, supputant une baisse de sa vigilance, j'avais essayé de me rapprocher dans le dessein de le désarmer. Chaque fois, il avait éventé le piège.

– Reste à ta place, compris ?

Il ne plaisantait pas. La main serrant le revolver ne tremblait pas. Il aurait tiré au moindre geste suspect.

Bernabeu et moi restions dans nos fauteuils, non résignés, guettant l'éventuelle défaillance. Je caressais l'espoir de voir le truand se fatiguer à la longue, misais sur l'usure des nerfs. Mais il ne bronchait pas, revolver au poing, bouteille Thermos sur les genoux.

J'en avais acquis la conviction, celle-ci ne contenait certainement pas de la nitroglycérine. L'artificier de Nice se trompait. À voir la façon dont il la manipulait devant nous, nous aurions déjà dû sauter. Lui avec.

Je m'étais familiarisé avec les explosifs durant la guerre d'Algérie, et je pouvais me référer à mes connaissances et à mon expérience en la matière. La nitroglycérine n'existait pas. Depuis le début, le truand essayait de nous épouvanter avec un péril imaginaire. Je me gardai toutefois d'en faire état. Il devait absolument ignorer que je ne croyais pas à son stratagème.

Nous étions là, enfermés tous les trois depuis bientôt deux heures. Deux longues heures vainement employées à parlementer sous la menace d'un revolver prêt à cracher le feu.

Un épais silence nous enveloppait. Un silence palpable. Dehors, la pluie avait cessé. À la faveur des lourds nuages noirs amoncelés dans le ciel, la nuit s'installait plus tôt sur la ville. De larges bandes de ténèbres bordaient à présent le rideau. Des courants de chaleur humide gonflaient le tissu, soufflant jusqu'à nous leur haleine.

À l'intérieur, la lumière changeait d'éclat. Plus crue, plus violente, luisant sur la peau mate du truand, sur le métal du revolver. Nous ignorions ce qui se tramait alentour, coupés du monde, comme en une nacelle close, au-dessus de l'incertitude. Du gouffre.

Il faisait chaud. L'air oppressait. L'atmosphère pesante, chargée d'électricité, agissait sur les nerfs du truand. Pas sur les nôtres. Le temps jouait en notre faveur. Il était notre allié. Je manœuvrais à l'intérieur d'un dispositif dont je connaissais bien les rouages. Lui non. Tout au plus pouvait-il supputer et attendre. Je guettais sur son visage les signes d'une évolution, mais il se contrôlait encore. Au moment de l'échange, j'envisageais de prolonger tactiquement notre face-à-face jusqu'à la nuit. Nous y étions. La pluie recommença de tomber. On entendait rouler par instants le tonnerre, tantôt proche, tantôt lointain. Je patientais, la tête pleine du crépitement des gouttes. Il finirait bien par se découvrir.

Soudain, la lumière s'éteignit. Une panne de courant ! Instinctivement, je me levai, m'approchai de la fenêtre. Un bref éclair illumina la pièce. Je vis avec netteté le doigt se crisper sur la queue de détente. L'image s'imprima avec force sur ma rétine. Puis, tout retomba dans l'obscurité. J'en profitai pour tirer le rideau sur la gauche.

La lumière se rétablit. La panne avait été de courte durée. Son doigt se relâcha.

– Recule ! m'apostropha-t-il rudement. Fais gaffe !

J'obéis et retournai sans rechigner à ma place.

Il ne se leva pas pour refermer le rideau, sans doute parce qu'il redoutait de se découvrir. Je marquais un point. L'absence de cet écran faciliterait le travail des tireurs.

À la faveur d'un nouvel éclair, j'aperçus le mien, Caparos, à l'affût. Il était placé sous l'allège. Dans son angle mort, le truand ne pouvait pas le repérer. Tout s'agençait selon mes plans.

– J'ai envie de pisser, dis-je pour faire diversion.

Il accepta qu'on m'apporte un seau. J'urinai sous la menace du Herstal. Le récipient était troué. Ça giclait de partout sur la moquette. La scène, digne d'un vrai vaudeville, l'amusa. Il plaisanta sur la pingrerie des banquiers, incapables de fournir un pot de chambre en bon état de fonctionnement. S'ils ne satisfaisaient pas les petits besoins, comment satisferaient-ils les gros ?

Ainsi, par moments, le dialogue se détendait. Notre adversaire devenait presque amical. Le mot est juste. Nous étions prêts à nous tuer, mais le courant passait entre nous.

– Vous êtes sympas, fit-il. J'ai bien envie de changer d'otages.

– Non, petit. Nous sommes sur la même galère. Nous devons faire le voyage ensemble. Jusqu'au bout.

Il n'insista pas. C'était l'évidence. Il ne pouvait plus sortir de ma nasse. J'ai tout de même voulu encore le sauver malgré lui, reprenant l'argument classique :

– Tu es jeune. Si tu abandonnes, tu prends quinze ans et dans dix tu es dehors.

J'étais allé trop loin.

– Tu commences à m'emmerder, aboya-t-il. Tais-toi ! Ferme-la ! Je veux plus t'entendre !

Son visage blêmissait. Les muscles de ses mâchoires se contractaient. Ses joues ressemblaient à deux plaques de bois dur.

20 heures. Nous avions faim et soif. Je demandai des sandwiches et des boissons, espérant que mes collègues seraient assez astucieux pour coller un revolver extra-plat sous le plateau. En le prenant des mains de l'agent, j'arracherais l'arme et tirerais à bout portant.

On apporta le plateau. Je tâtai dessous : rien.

Nous mangeâmes les sandwiches et bûmes en silence. L'atmosphère étouffante ne me coupait pas l'appétit. Bernabeu arrachait de grosses bouchées qu'il mastiquait consciencieusement.

Vers 22 heures, la nervosité du truand s'accrut d'un cran. Son ton devint plus brutal. Nous touchions au seuil. Le point de non-retour.

– Tes amis me prennent pour un con ! Je veux le fric rapidement. Maintenant ! Sinon, je fais un carnage !

Il avait les nerfs à fleur de peau. L'épreuve de force durait pour lui depuis douze heures. C'était trop long. Pour temporiser, j'ai téléphoné à Cheymol. La rançon arrivait de Paris par avion. Cette réponse parut satisfaire le truand, qui se remit à plaisanter.

– Je te parie vingt sacs que je partirai avec les six cents briques.

Je haussai le sourcil.

– Je tiens le pari, mais montre ton fric. Moi, je suis comme saint Thomas.

Je supposais qu'il aurait le portefeuille dans la poche gauche de la veste. Pour le prendre, il serait obligé de passer l'arme de la main droite à la gauche.

L'occasion de lui sauter dessus pour le désarmer. Hélas ! le portefeuille était dans la poche droite, et le Herstal ne changea pas de main.

Il me tendit le portefeuille en similicuir marron. Je l'ouvris, vérifiai le contenu : il possédait à peine le montant du pari.

Le truand s'efforçait de rester maître de lui, mais je le sentais en proie à une grande agitation, il devint même narquois à mon égard.

– Quand le fric sera là, tu le compteras, jubila-t-il.

– Je regrette, dis-je, je ne suis le larbin de personne. Si je le compte, je te prends cent briques.

– Hé là ! Cent briques pour compter !

Il se mit à rigoler tout seul, comme d'une bonne blague. Cent briques ! Merde, je n'y allais pas avec le dos de la cuiller !

Cette euphorie ne dura guère. Au bout de trois heures, l'atmosphère, déjà pesante, s'alourdit au point de devenir irrespirable. Une odeur de mort envahissait la pièce, comme un fluide se répandant insidieusement. Rien n'avait changé en apparence, pourtant je la respirais, je la sentais par tous mes pores. Cette fois, le dénouement était proche.

Bernabeu le comprenait aussi, quoi qu'il ne remuât pas d'un pouce. Je perçus sa brusque tension. Félin attentif, muscles en éveil, il se rassemblait avant l'assaut.

– Bon Dieu ! gronda le truand, mâchoires serrées. Fais venir le fric, et vite, sinon je fais un massacre !

Limite du dialogue. Je n'en tirerais rien de plus. Dès cet instant, il fallait l'abattre. Il n'y avait pas d'autre solution. C'était lui ou nous.

À 22 heures 10, j'ai de nouveau appelé Cheymol. Il a répondu comme convenu :

– La rançon est prête.

Tout est allé très vite.

Bernabeu et moi nous étions levés pour attendre Cheymol, porteur de la rançon. Le magnétisme du fric s'empara alors du truand. Les six cents briques, elles étaient là, à portée de sa main !

Il s'est dressé à son tour, fasciné par le but si proche. Il partirait avec le fric ! Il s'est légèrement déplacé vers la fenêtre, mouvement qui le sortait fatalement de l'angle mort.

Un coup de feu claqua de l'extérieur. Caparos avait tiré. Le truand resta debout devant moi, médusé, braquant toujours son arme. Mais il ne tira pas.

Dans la même fraction de seconde, Gallet lança un revolver par la porte entrouverte. Bernabeu le saisit au vol et fit mouche en pleine tête. Rolando se propulsa à son tour dans la pièce et le fusilla à bout portant. Gallet, Battesti, Tridon déboulaient déjà sur ses talons.

C'était fini. Tout s'était déroulé selon mes instructions. Pendant trois heures, nous lui avions donné sa chance. Il ne l'avait pas saisie. Il ne voulait pas entendre parler de prison. Je ne pouvais rien lui proposer d'autre. Dès lors, il se condamnait au succès ou à la mort.

Je considérai avec tristesse la dépouille sanglante étendue sur la moquette. Celle d'un homme jeune qui aurait pu avoir un autre destin. Ces paroles me sont alors montées aux lèvres :

– Tu as parié, petit. Tu as perdu.

Le truand, d'origine arménienne, se nommait Guy Patrick Tchalian. Il était âgé de vingt-quatre ans et demeurait à Marseille, dans ce quartier du Vieux-Port qui m'était si familier.

Ses poches contenaient deux chargeurs, de quoi vendre chèrement sa peau. Bernabeu et moi aurions pu nous trouver étendus à sa place, criblés de plomb. La balle tirée de l'extérieur par Caparos avait traversé le chambranle de la fenêtre. Un centimètre plus à droite, elle ricochait et loupait sa cible. Un centimètre plus à gauche, elle s'écrasait dans le béton, et le truand m'arrosait à bout portant. Ce jour-là, la chance fut avec moi.

À propos de la nitro, mon intuition avait été bonne. Tchalian s'était livré à un énorme bluff. Les policiers niçois chargés d'examiner le liquide contenu dans la bouteille Thermos découvrirent une substance qui se révéla n'être que du sirop d'orgeat !

Après le drame, les brancardiers emportèrent le corps pour le déposer à la morgue de l'hôpital Saint-Roch. Restait une pénible formalité. Le père de Patrick Tchalian vint le lendemain pour l'identification. Je n'assistai pas à la scène. Je ne vis pas la douleur du vieil homme.

L'affaire fit grand bruit, survenant en pleine controverse sur les bavures policières. Moi, j'avais fait ce que je devais faire. Ma conscience ne me reprochait rien. Si Tchalian s'était rendu, comme je l'en avais pressé, il serait encore vivant.

Depuis le début de l'affaire, tous les regards étaient restés fixés sur nous.

En haut lieu, les autorités se tenaient informées au fur et à mesure de l'évolution de la situation. La réaction ne se fit pas attendre. Le soir même, Michel Poniatovski, ministre de l'Intérieur, adressait au préfet des Alpes-Maritimes le télégramme suivant :

Je vous adresse mes vives félicitations pour l'issue de la prise d'otages avec demande de rançon du Crédit lyonnais de Nice, et vous prie de transmettre au commissaire N'Guyen Van Loc et au sous-brigadier Bernabeu le message suivant :

En acceptant le risque de vous substituer aux otages retenus depuis onze heures par le criminel, vous avez donné le plus bel exemple de courage et de dévouement au sein de la Police nationale. Je vous en félicite et vous remettrai moi-même, lundi matin à Nice, la Médaille d'or pour acte de courage et de dévouement, que je vous décerne.

Vous remercierez de ma part tout le personnel de la Police nationale qui a été engagé dans cette opération délicate et périlleuse.

Le public est friand de faits divers, et les grands quotidiens avaient dépêché leurs envoyés spéciaux. Je dus me plier aux interviews, mais je m'abstins du moindre commentaire. Je respectai les faits et m'en tins à eux, espérant que mes interlocuteurs auraient à cœur de restituer mes propos avec fidélité.

Deux points m'importaient particulièrement dans la relation des événements.

Le premier répondait à la réserve formulée à mi-mots par un correspondant local : l'homme abattu était un forcené, certes, mais c'était d'abord un homme. Sans doute. Je fis valoir qu'on ne m'appelait que pour les cas les plus difficiles. Lorsque le GIPN se déplaçait, c'était toujours une question de vie ou de mort. Notre souci numéro un était alors de sauver la vie des otages.

La vie des otages contre celle des truands. À cette équation simple répondait un choix simple. Voilà pourquoi nous avions tout fait pour procéder à l'échange. Celui-ci réalisé, ça devenait une affaire entre le forcené et nous.

Le second point touchait à mon propre rôle. N'eût-il pas été préférable de me tenir à l'écart pour diriger les opérations de l'extérieur ? Ma réponse ne laissait ici aucune place au doute. J'étais le patron. En conséquence, je devais donner l'exemple. Le plus important, pour le groupe, c'est la cohésion, l'esprit d'équipe. Il est fait de confiance et d'estime réciproques, d'une juste répartition des rôles et des compétences, du respect des consignes données. Le patron doit être maître de la manœuvre et, pour cela, disposer de tous les atouts. Le préfet avait accepté mon plan.

Le lendemain, l'affaire Tchalian faisait les manchettes des quotidiens. Je lisais cette prose avec un sentiment mitigé. C'était ça et ce n'était pas ça. Je découvrais ce que l'acte perd à se transformer en récit. Le compte rendu journalistique le banalise. Il y avait eu d'interminables heures de tension. De la patience, de l'angoisse, du sang. Qu'en restait-il à présent ? Juste un peu d'encre séchée sur du papier journal et, tout au fond de moi, cette conscience de mon humilité devant la mort, qui ne me quitte jamais.

*

* *

Bernabeu et moi, nous nous tenions côte à côte, figés au garde-à-vous au milieu de la vaste cour. Un soleil automnal dardait d'obliques rayons à travers les arbres.

Il faisait doux. Un beau temps d'arrière-saison. Je regardais droit devant moi. Immobile, face aux autorités.

La troupe, alignée en bon ordre, ne bougeait pas. Seul un crissement de pas sur le gravier troublait par moments le silence.

Le télégramme officiel m'avait averti : la remise de décoration aurait lieu ce lundi 8 septembre, à 10 heures, dans la cour d'honneur de la caserne Auvare. J'avais rassemblé tous les gars ayant participé à l'affaire, et nous étions partis pour Nice, refaisant la route dans un état d'esprit fort différent de celui qui nous avait animés quelques jours plus tôt.

– On aurait dû y aller en petite tenue, fit Bernabeu.

– C'est ça, ajouta Gallet. En uniforme d'otages !

Derrière les plaisanteries faciles se cachaient des pensées plus graves, détournant une émotion que nous refusions de voir s'installer entre nous.

Le ministre de l'Intérieur était accompagné de son directeur de cabinet, le préfet Michel Aurillac. Au nombre des personnalités figuraient Pierre Lambertin, préfet des Alpes-Maritimes, les députés Aubert et Sauvaigo, le procureur général Champeil, mon contrôleur général Constant, devenu depuis un ami et le DPPU[1] Asso, des autorités municipales. Mme Médecin représentait le maire de Nice, qui se trouvait en déplacement.

Je ne connaissais le ministre que de réputation, et pour l'avoir vu, comme tout le monde, à la télévision ou dans les journaux. C'était un homme imposant, de grande taille. Une impression de solidité émanait de sa personne. Il avait autrefois servi dans les Corps francs, et savait donc ce que risquer sa vie veut dire.

Dans le silence, Michel Poniatovski se pencha vers moi. Il épingla la Médaille d'or au revers de ma veste, me félicita au nom du président de la République française, me donna l'accolade, puis fit de même avec le sous-brigadier Bernabeu.

La troupe rendait les honneurs.

---

1. Directeur départemental des polices urbaines de Nice.

Cette décoration, qui ornait maintenant ma poitrine, je l'avais gagnée au feu. Je pouvais légitimement la porter. Mon éthique m'impose de ne jamais solliciter quoi que ce soit. Je n'avais rien sollicité. Mon action l'avait fait pour moi. J'étais en règle.

Tout le monde s'est retrouvé pour un pot dans une vaste pièce. Des officiels, des collègues de la région de Nice, des représentants du Crédit lyonnais, ceux de la municipalité, des civils inconnus se pressèrent autour de moi pour me congratuler. Ma photo avait paru dans les journaux. On avait beaucoup parlé de moi et du GIPN ces temps derniers.

Fendant la cohue, Michel Poniatovski vint vers moi.

– Je suis heureux de vous avoir décoré, dit-il.

– Monsieur le ministre, je suis encore plus heureux que vous, car vous m'avez décoré à titre vivant et non pas à titre posthume.

Il a souri.

Ce n'était pas une boutade. Je le pensais réellement. La Médaille d'or pour acte de courage et de dévouement est rarement décernée, et ceux qui l'obtiennent ne sont souvent plus là pour la recevoir.

Cette réflexion avait mis de bonne humeur Michel Poniatovski.

– Comment ça va ? demanda-t-il.

Bien entendu, il voulait parler de mon groupe. Cédant à mon tempérament, j'ai saisi la balle au bond.

– Ça ne va pas, monsieur le ministre.

Autour de lui, les gens se figèrent dans un silence réprobateur. Je venais de jeter une bombe au milieu de la fête. Mais je continuai. L'occasion était trop belle. Je dirais ce que j'avais à dire.

– Je n'ai ni les voitures ni les armes. Je n'ai pas la liberté totale d'entraîner mes hommes comme il le faudrait. Je ne dispose pas non plus de tous les matériels techniques...

En vérité, nous manquions de tout. Nous avions un besoin urgent de voitures, de revolvers, de pistolets-mitrailleurs, de poignards, de harnachements d'alpinistes, de survêtements, de treillis. Longue était la liste de mes récriminations. De plus, mes gars étaient dispersés aux quatre coins de la police marseillaise. Certains patrons refusaient même de les lâcher, et je devais sans cesse me battre pour les obtenir. Cette situation de pénurie, fortement préjudiciable à notre action, ne pouvait durer.

– Monsieur le ministre, nous avons donné des ordres, s'empressa de glisser Michel Aurillac à l'oreille de Poniatovski.

Je ne doutais pas de sa sincérité. Ma réponse fusa pourtant.

– Je vous crois. Malheureusement, vos ordres n'ont pas été suivis d'effets.

– C'est bon, laissa tomber Michel Poniatovski en se tournant vers son directeur de cabinet. Prenez note.

Les représentants de la banque s'empressaient autour de moi.

– Vous avez été formidable !

– Sans l'intervention de votre groupe, tout cela aurait pu mal finir !

J'accueillais ces louanges avec un plaisir mêlé de gêne. Je n'avais fait que mon boulot. Mais ils rivalisaient d'attention, excités de côtoyer le « héros du jour ». Nous vivions sur des planètes tellement différentes et lointaines ! M'imaginaient-ils fabriqué d'une autre matière qu'eux ? MM. Briot et Dulot, Chantal Colombo, revivaient les événements, répondaient aux questions, me prenaient à témoin. Je serrais la main d'hommes de finance que je voyais pour la première et sans doute la dernière fois.

– Ce type, tout de même, il était très bien mis, sympathique, je ne me suis pas méfiée, disait Chantal Colombo. Jamais je n'aurais pensé qu'il allait faire une chose pareille ! Quand je le revois, avec son revolver braqué sur moi, j'en ai encore froid dans le dos...

Le cauchemar appartenait déjà au passé. Personne ne risquait plus rien.

– Un beau jour, patron, dit Bernabeu.

– Oui, tu peux le dire, car c'en est un. Profite.

Il fila chercher un autre verre.

Je promenais sur la foule des invités un regard chargé de sympathie, mais ces compliments, ces félicitations, me plongeaient dans un état ambigu. Je percevais, quelque part en moi, une gêne absurde, indéfinissable.

Des collègues niçois s'approchaient :

– Bravo, Georges. Un beau coup.

Je serrais les mains tendues, nous échangions de rapides impressions. Je restais sur ma faim. J'aurais aimé aller plus loin, parler des problèmes techniques, tirer les leçons. L'ambiance ne permettait rien de tel, bien sûr, mais personne n'avait prévu la réunion entre professionnels que j'espérais. Mieux, il me semblait qu'on l'évitait.

Un homme vêtu d'un costume bleu marine très strict s'est approché, l'air embarrassé. On me l'avait présenté tout à l'heure. C'était un représentant de la Ville de Nice.

– Venez, m'a-t-il dit en me tirant un peu à l'écart. Je dois vous parler.

Il hésitait. Les mots ne sortaient pas de sa gorge. Je l'encourageai, intrigué par son attitude :

– Rien de grave ?

Il se jeta à l'eau.

– Commissaire, nous regrettons beaucoup, mais vous devez nous rendre la médaille que le ministre vous a décernée.

Je haussai le sourcil, stupéfait.

– Quoi ?

– Rassurez-vous, s'empressa-t-il d'ajouter, vous allez en recevoir une autre. Celle-ci, nous ne pouvons malheureusement pas vous la laisser… euh… nous l'avons empruntée.

Je n'en croyais pas mes oreilles. Mais la Médaille d'or pour acte de courage et de dévouement est certainement fort rare.

– Voilà, dis-je en la décrochant aussitôt de ma veste. Reprenez-la.

Il la remit dans un écrin et s'éclipsa. Pas fier.

Nous sommes remontés dans nos voitures. La journée était claire, un beau soleil d'arrière-saison nimbait la promenade des Anglais. Je luttais contre cette impression bizarre que je ne parvenais toujours pas à définir. La route se dévidait devant la mer étonnamment plate, d'un bleu intense, mais je ne retenais rien de ces belles images. Ma pensée cheminait loin du panorama.

Une évidence s'imposait à moi, une de ces idées qui poussent leurs racines dans un terreau inconsistant, mais qu'on ne peut arracher de son esprit une fois qu'elles y ont germé. Je serais toujours un homme seul. Avec mes gars, nous formions une cellule à part. Une sorte de corps étranger. On ne nous passerait rien.

J'étais condamné à gagner.

CHAPITRE IX

AFFAIRE CHEZAIEL – VALENCE
9 et 10 DÉCEMBRE 1975

Le froid mordait vif en ce mardi de décembre. Depuis plusieurs jours, le thermomètre chutait. La nuit tombait plus tôt. Le soleil se levait plus tard, ou pas du tout. Sale saison pour les chiens errants.

Michel Chezaiel réprima un frisson. Il n'était pas assez couvert. Il regrettait la chaleur du compartiment.

Cette permission de quatre jours, octroyée pour bonne conduite, il l'espérait depuis longtemps. Il s'était tenu à carreau pour l'obtenir. Chezaiel avait vingt et un ans et purgeait une peine de cinq ans pour vol qualifié. Sa jeunesse était foutue. Cinq ans de détention criminelle, lorsqu'on a son âge, un caractère comme le sien et la vie bouillant dans les veines, on ne s'y fait pas. Avant de passer aux assises de l'Isère, il avait essayé de se pendre, mais les matons avaient coupé la corde à temps. Restait à tenter la belle.

23 heures. Il arrivait de Paris. Les voyageurs ne s'éternisaient pas sur les quais qu'un souffle glacial balayait. Eux savaient où aller. Lui, non.

Sa folle équipée, commencée le 21 octobre, durait depuis deux mois. Un tour de force. On le recherchait, mais on le recherchait sans ébruiter la chose, car il bénéficiait d'une permission de bonne conduite et le public eût mal réagi. Chezaiel s'était fondu dans la foule anonyme de la capitale où il était né, le 29 septembre 1954, puis il avait pris le train pour Grenoble où résidaient ses parents.

Des nappes de brouillards dérivaient au-dessus de l'Isère. Les immeubles les plus proches s'y perdaient confusément. La lumière des lampadaires ponctuait la rue de halos très pâles.

Des taxis stationnaient devant la gare. Il monta dans le premier.

– Où allons-nous ? demande le chauffeur.

– À Domène, répondit-il, 41, rue Charles-Marluis.

C'était chez lui. Il aurait pu aussi bien donner l'adresse de ses vieux. Redoutait-il des reproches ? Ce n'étaient que des braves gens sans histoire qui n'avaient guère prise sur lui.

Une quinzaine de kilomètres séparent Grenoble de Domène. Ils roulèrent en silence à travers les ténèbres brumeuses. La silhouette massive du chauffeur se profilait dans l'ombre.

Michel fouilla dans ses poches. Il n'avait pas l'argent de la course, mais il sentit le contact rassurant de la crosse du revolver. Avec ça, il était paré.

Aux premières maisons du bourg, il guida le taxi.

Ils empruntèrent une route déserte, en rase campagne. Aucune lueur aux alentours. La nuit semblait plus épaisse, plus lourde.

Michel sortit son revolver, le braqua sur le chauffeur.

– Tu t'arrêtes là.

L'homme obtempéra.

L'obscurité les cernait de toute part. Aucune voiture à l'horizon. Aucun bruit, si ce n'est celui du moteur tournant au ralenti.

Michel Chezaiel appuya sur la queue de détente et logea une balle dans la tête du chauffeur. Il sortit le corps, le balança sur le bas-côté, puis s'installa au volant.

De Domène, on monte vers la Savoie. Le tueur rebroussa chemin vers Valence. Il éviterait l'autoroute, trop dangereuse, pour continuer par la nationale.

Chezaiel respectait scrupuleusement le code, soucieux de ne pas attirer l'attention. À cette heure, la police avait dû retrouver le corps et mettre en place un dispositif de recherche.

Il abandonna le taxi et jeta son dévolu sur une Simca 1100. Avec ça, il pourrait continuer tranquille.

Le froid mordait toujours autant. Le brouillard, dissipé, se limitait maintenant à la cuvette grenobloise, et s'effaçait à l'approche de la Drôme.

Le lendemain, vers 17 heures, Chezaiel entra dans Valence. Cette ville est un carrefour. Soumise à plusieurs influences, elle incline selon l'humeur pour le Dauphiné, la Provence, ou Lyon la septentrionale. Les gens du Sud y voient une frontière. Au-delà commencent des terres étrangères.

À l'intersection de la RN 92 et du boulevard Winston-Churchill, le feu tricolore passa au rouge. Dans l'instant, Michel vit les deux motards en faction. Pris de panique, il accéléra, grilla le feu.

Les gardiens Claude Torrente et François Gimenez enfourchèrent aussitôt leurs engins et se lancèrent à la poursuite du contrevenant.

La frousse au ventre, il les regardait se rapprocher dans le rétroviseur, leurs sirènes déchirant l'air. Il fonça dans l'avenue de Romans et le faubourg Saint-Jacques, conduisant comme un dingue, évitant les obstacles par miracle.

En déboulant sur le boulevard d'Alsace, à hauteur du cinéma Palace, il percuta. Le choc l'ébranla mais il était indemne. Abandonnant la Simca, il saisit son sac de sport et s'enfuit à toutes jambes.

Des bruits de course résonnèrent sur ses talons : un motard et deux civils le prenaient en chasse.

Chezaiel s'affola. Où fuir ? Il s'engagea dans la rue Henry-Turin, au milieu des blocs de HLM, cherchant une issue. Il s'engouffra au numéro 9, se précipita vers la cage d'escalier. Les deux civils déboulaient sur ses talons. Il les menaça de son revolver, hors de lui, et ils battirent en retraite. Alors il grimpa au deuxième étage, cogna à la première porte. Une femme ouvrit. Chezaiel la bouscula, pointa son revolver.

Marguerite Vignon n'opposa pas de résistance. Elle barricada la porte selon ses exigences. Puis ses jambes se dérobèrent et elle s'effondra dans un fauteuil. Rien ne la préparait à une pareille situation. Retraitée des P et T, elle avait mené pendant soixante et un ans une existence paisible. Aujourd'hui, le danger faisait irruption dans sa modeste demeure sous les traits d'un jeune voyou.

À cette époque, je remplissais encore la double fonction de commissaire principal du 7e arrondissement de Marseille et de chef de GIPN. Deux servitudes très lourdes, qui me faisaient mener une vie de galérien. À cause de cette contradiction de service, on n'avait pu me joindre : j'étais de repos avant une permanence de nuit au commissariat central. Mon équipe d'alerte était partie avant moi, sous la responsabilité de mon collègue Georges Boëri. Il amenait quatre hommes avec lui : Sévieri, Brunes, Bertrand et Bozzo.

Boëri était un poète. Beau gosse, brave type, toujours régulier. Il acceptait sans contrepartie les permanences du GIPN pour m'aider à souffler. Boëri devait quitter le groupe un peu plus tard pour terminer sa carrière à Saint-Tropez où il jouirait de l'estime des habitants.

Il était 18 heures quand, enfin alerté, je montai dans le break 404 du groupe, sous le regard de mon patron, l'inspecteur général Constant, à la fois amical et bougon. Le temps pressait. Valence, ce n'était pas la porte à côté !

Mon équipe était partie dans les véhicules neufs. Moi, je roulais dans le vieux break auquel tant de souvenirs m'attachaient. Le sachant usé jusqu'à la corde, je tempérais l'ardeur du chauffeur.

– Ne roule pas trop vite...

S'il forçait, nous étions à la merci d'une tuile : joint de culasse, pignons, embrayage, tout pouvait arriver à cette haridelle bonne pour l'équarrissage. Et puis le temps n'était pas totalement perdu. En route, entre Marseille et Valence, le réseau « Pétanque » me communiqua les éléments utiles sur l'affaire.

À 16 heures 20, le PC des transmissions du commissariat central de Valence avait reçu un appel téléphonique d'un inconnu, qui exigeait qu'un commissaire le rappelle au numéro 43 60 01. Le chef de la Sûreté l'avait aussitôt composé. L'individu déclarait se nommer Michel Chezaiel. Il détenait une femme en otage et réclamait une Alfa Romeo avec le plein d'essence. Le délai expirait à 19 heures 30.

Le dispositif de bouclage avait été mis en place sur-le-champ. Le chef de la Sûreté et le chef du SRPJ se trouvaient sur les lieux, avec plusieurs inspecteurs.

On connaissait à présent l'identité du voyou et celle de l'otage, Mlle Marguerite Vignon, âgée de soixante et un ans, retraitée des P. et T. demeurant 9, rue Henry-Turin. On savait également que Chezaiel s'était rendu coupable, la nuit précédente, d'une tentative d'homicide à Domène, sur la personne d'un chauffeur de taxi, Maurice Masson, âgé de quarante-quatre ans.

Laissé pour mort sur le bord de la route, Masson s'en était tiré par miracle, mais restait dans le coma à l'hôpital de Grenoble. Les médecins refusaient de se prononcer. Impossible en tout cas de l'interroger[1].

À 17 heures 16, Chezaiel avait appelé pour exprimer de nouvelles exigences. Il voulait la libération de deux de ses amis, Eddie Mistral et Michel Mongioni, incarcérés à la prison centrale de Varces (Isère), et la mise à sa disposition d'une BMW, dans laquelle il prendrait place avec ses amis et Marguerite Vignon. Il libérerait l'otage plus tard.

Les ordres du ministre de l'Intérieur, Michel Poniatovski, étaient sans appel : le truand ne devait pas quitter Valence.

– Attendez mon arrivée, dis-je. J'aviserai sur place.

À 20 heures, j'étais à Valence.

Il régnait une agitation fébrile. Les cordons de police tenaient à distance des curieux emmitouflés. Il faisait un froid sibérien. Parti sans vêtements chauds, je grelottais. Valence, c'est déjà le Nord.

---

1. M. Masson a finalement survécu. Handicapé physique, condamné à la chaise roulante, il a attaqué l'État et obtenu un million de dommages et intérêts.

Je pris contact avec les collègues déjà à pied d'œuvre : le commissaire Biler, de la SU[1], les commissaires Vangioni et Verne, les inspecteurs Bel, Stiassi, Algapiedi, Armand, Mérandon de la PJ de Lyon, Charpentier, Prouté, Neuts, Trouban, de la PJ de Valence. L'affaire mobilisait du beau monde. Les autorités étaient sur les dents. Il existait alors une psychose d'insécurité, renforcée par de récents événements. En haut lieu, on mettait le paquet pour la juguler, et on exigeait des réussites exemplaires.

Mon collègue Fouartès me présenta à M. Roche, préfet de la Drôme, et au procureur de la République. Avant de faire le point avec eux, j'entraînai mes gars dans une pièce, en compagnie de Boëri.

– Examen minutieux des lieux, ordonnai-je. Plan de l'appartement, plan des lieux plus éloignés, emplacement des tireurs à la carabine de précision, protection rapprochée et protection élargie. Allez. Exécution.

L'action repose, en général, sur des données précises et complètes. L'élaboration et la réalisation d'un plan en dépendent. On ne peut éliminer totalement le hasard, mais il faut néanmoins en réduire la part. Mes gars connaissaient leur boulot. Je pouvais compter sur eux.

Deux blocs d'immeubles identiques se dressaient face à face dans la nuit hivernale. Deux longs parallélépipèdes sans grâce, percés des mêmes portes et des mêmes fenêtres, à intervalles réguliers, jusqu'à une égale hauteur. Des locataires semblables y abritaient de frileuses existences. À part le numéro, rien ne distinguait vraiment un bloc d'un autre. Pourtant, en quelques heures, depuis que les aléas d'une course-poursuite avaient poussé un jeune voyou dans l'entrée du numéro 9, tout avait basculé : d'un côté, l'angoisse, peut-être l'horreur, de l'autre la stupeur, la curiosité ou une quasi-indifférence.

L'appartement de Mlle Vignon se trouvait au deuxième étage, et possédait un petit balcon fermé d'une plaque

1. Sécurité urbaine.

frontale en béton, avec armature tubulaire métallique, encadré de fenêtres aux volets clos. On avait fait évacuer les voisins, et l'otage et son ravisseur se trouvaient isolés au milieu d'une enceinte déserte, silencieuse. Une sorte de sas infranchissable.

Michel Chezaiel ne quitterait pas Valence ni cette enceinte où le destin l'avait enfermé. La fermeté du ministre correspondait à ma conviction profonde. Je mettrais tout en œuvre pour qu'il en soit ainsi.

Mon dispositif de sécurité rapprochée était en place. Trois de mes gars se tenaient sur le palier, prêts à enfoncer la porte. Quatre tireurs d'élite équipés de FRF 1 étaient postés face à l'appartement, mais la nuit était d'une noirceur d'encre. Par les fenêtres closes, aucune lumière ne filtrait. Il était impossible de tirer.

Devant les difficultés soulevées par la réalisation de ses exigences, Chezaiel avait reporté son ultimatum à zéro heure. Nous bénéficiions d'un délai à exploiter. Je devais entrer en contact avec lui, entamer le dialogue. J'étais prêt à prendre les risques nécessaires pour sauver la vie de Marguerite Vignon. Cette femme aurait pu être ma mère. J'y songeais. Et cette idée, je ne la supportais pas.

Je suis allé seul sous les fenêtres de l'appartement. Ma veste de demi-saison me protégeait mal du froid, mais l'affaire m'accaparait tellement que je n'en ressentais pas la morsure.

J'ai crié assez fort pour qu'il m'entende :

– Chezaiel, tu es un homme. Un homme ne touche pas à une vieille dame !

Il fallait qu'il se manifeste, que nous échangions des paroles. Rompre le mur du silence.

Une fenêtre s'est ouverte à demi. J'ai vu apparaître l'otage, une femme brune, au visage blafard. Le truand se tenait en retrait, dans les ténèbres. Il brandissait une arme de la main gauche, canon tourné vers le menton de l'otage, et la ceinturait de l'autre bras pour s'en servir de bouclier.

Il ne réagit pas à mes propos.

– Donnez-moi un pistolet-mitrailleur avec un chargeur de cinquante cartouches, dit-il. Libérez mes deux amis. Je veux aussi une bagnole pour partir.

– Jamais tu n'auras de PM ni de cartouches, répondis-je sèchement. Mais je te propose de remplacer la femme que tu retiens en otage.

S'il acceptait l'échange, l'otage était libéré. C'était toujours ça de gagné. Mais il se méfiait.

J'étais placé de façon à l'obliger à se pencher s'il voulait tirer sur moi. Dans ce cas, il se découvrirait assez pour offrir une cible aux tireurs. Mais Chezaiel ne donna pas dans le panneau. Il refusa ma proposition et, sans ajouter une parole, il fit fermer la fenêtre. Le silence retomba sur le pâté de maisons. Tout était à refaire.

Je l'avais à peine vu. Il était légèrement plus grand que Marguerite Vignon. Peut-être pourrait-on jouer sur cette différence de taille. Je connaissais sa voix, sa détermination. Peu de chose à ajouter aux renseignements fournis. Il réitérait ses exigences. Mais, en refusant l'échange, il me privait du moyen de mieux cerner son personnage et de trouver la faille.

Il changeait souvent d'idée, comme l'indiquaient les exigences successives de l'Alfa Roméo et de la BMW, la brusque demande de libération de Mangioni et Mistral, le report des délais. Il voulait les voitures rapides que les jeunes aiment pour frimer. Nous étions en présence d'un être instable, versatile, peu fixé sur ses intentions. D'autant plus dangereux.

La Sécurité publique de Grenoble avait réussi à joindre entre-temps la mère de Chezaiel, espérant qu'elle saurait le fléchir. Elle avait téléphoné à son fils sans résultat et l'avait informé de sa venue à Valence. Sur place, elle aurait un contact direct et du temps pour le convaincre. Dans des cas semblables, faire jouer la fibre maternelle pouvait avoir des résultats. En général, les truands respectent leur mère. L'amour filial engendre parfois des revirements que nulle argumentation n'aurait pu obtenir.

À 21 heures, la mère de Chezaiel arriva.

Je suis allé l'accueillir. Une femme terne s'avança vers moi. L'habitude de la pauvreté plaquait sur son visage cet air de résignation que nul fard ne parviendrait à gommer. Ses cheveux, tirés en arrière sur la nuque, découvraient le front déjà griffé de rides. Elle subissait sa pauvre existence avec passivité. Sans doute n'avait-elle pas dû connaître beaucoup de joies dans sa vie. Et voilà qu'aujourd'hui son fils faisait encore des siennes. Elle bravait la distance, la nuit, le froid, pour tenter de sauver ce qui pouvait l'être. Je réprimai un élan de pitié. Elle désirait vraiment nous aider.

J'établis le contact téléphonique avec son fils.

– Michel, mon fils, je suis là…

L'angoisse altérait sa voix. C'était pathétique. Une sorte d'appel au secours. À l'autre bout du fil, le voyou accusait le coup. Elle s'exprimait dans un langage simple, direct, familier. Son cœur parlait.

– Je t'en prie, Michel, abandonne. Libère cette pauvre femme. Il ne te sera fait aucun mal. Je te le promets.

– Tu parles ! avec tous ces flics à côté !

– Le commissaire m'a assuré qu'il est encore temps de te ressaisir. Ne fais pas de bêtises. C'est ta mère qui te le demande.

Chezaiel était sensible à cette voix, à ce qu'elle disait. Il semblait plus ouvert au dialogue. Je pris l'appareil.

– Écoute, dis-je, ici le commissaire N'Guyen. C'est moi qui t'ai parlé tout à l'heure, sous la fenêtre.

– Oui. Et alors ?

– Ta mère a raison. Je te donne ma parole. Je serai le garant de ta vie en cas de reddition.

Il ne répondit pas.

– Quand tu le souhaiteras, repris-je, j'irai te chercher sans arme, avec ta mère. Les forces de police seront évacuées. Alors ? Qu'est-ce que tu décides ?

Il hésitait.

– Je veux d'abord voir ma mère seule.

Elle inclina affirmativement la tête et souffla :

– Laissez-moi le voir, monsieur le commissaire. Il m'écoutera. Je suis sûre de le convaincre d'abandonner.

Je devais tenter le coup.
– C'est bon, dis-je. Elle vient.

Depuis 18 heures 15, les liaisons téléphoniques avec le poste de Mlle Vignon étaient directement relayées sur le standard de l'hôtel de Police de Valence. Personne ne pouvait le joindre, à l'exception de nos services, chargés de maintenir un contact permanent avec le truand et sa mère.

Je regardai celle-ci traverser la rue déserte, courbée, frileusement serrée dans son ample manteau couleur de nuit. Elle allait d'un pas alerte. Avant d'y entrer, elle leva la tête vers le balcon, comme pour évaluer les difficultés qui l'attendaient là-haut, puis elle disparut dans la cage d'escalier.

– Ta mère arrive, dis-je.

– Oui, je l'entends. C'est bon.

Il raccrocha.

J'imaginais son entrée dans l'appartement transformé en camp retranché, la rencontre avec son fils, le regard de Mlle Vignon posé sur elle, un regard chargé d'anxiété mais où devait briller une lueur d'espoir. Que se disaient-ils ? De quels arguments autres que son amour maternel disposait-elle pour inverser le cours du destin ?

Notre dialogue avait échoué. Il opposait d'abrupts refus ou adoptait une attitude fuyante, déjouant nos plans sans que cela obéisse à une véritable stratégie. Quoique mû par une détermination comparable à celle de Tchalian, il ne se rangeait pas dans la même catégorie. L'un réalisait un coup préparé de longue date, l'autre réagissait impulsivement aux événements.

Heure par heure, Chezaiel changeait d'humeur. On estimait l'avoir ébranlé, on espérait une prompte reddition, et il se murait de nouveau dans le silence ou s'obstinait dans des revendications impossibles à satisfaire. Une seule constante se dessinait : sa volonté de ne plus retourner en prison.

Dans ce type de situation, le temps travaille en ma faveur. Chezaiel était seul, cerné par des dizaines de policiers à l'affût. La présence momentanée de sa mère n'y changeait rien.

Il vivait un épisode exceptionnel, moi j'accomplissais mon métier. Ce que je faisais s'intégrait à ma vie. Je l'avais choisi en acceptant mon poste. J'y étais préparé. Je réduisais le rôle du hasard. Lui, c'était le hasard qui l'avait conduit là. Pourtant, de part et d'autre de cette impalpable frontière, chacun risquait sa peau.

Je ne pouvais concevoir ce qui agitait son esprit au long de ce siège. Je pressentais seulement qu'il modifierait ses exigences au gré de ses impulsions. Sans doute remuait-il des tas d'idées dans sa tête. Traqué, cerné, prisonnier d'une nasse dont aucun subterfuge ne le libérerait, il ne disposait plus que des armes terribles et dérisoires des desperados : le chantage et la violence.

Je ne me trompais pas. Avant 23 heures, Chezaiel parut faiblir. Il abandonna sa prétention d'obtenir la libération de ses copains de la prison de Varces.

Je maintenais avec lui des échanges téléphoniques permanents, qui me confirmaient l'image d'un individu très dangereux en raison de son instabilité maladive. Passant brusquement d'un extrême à l'autre, il réagissait de façon imprévisible et disproportionnée, ce qu'avait tragiquement prouvé la tentative de meurtre du chauffeur de taxi. Un fossé séparait la cause de l'effet.

En parlant, j'acquis pourtant la conviction d'une certaine complicité entre nous, d'une communauté de langage, d'un climat nous rendant plus réceptifs l'un à l'autre. Cela ne m'affectait en rien. Au contraire, cette relative confiance me renforçait. L'atmosphère se détendant, il devenait plus aisé de manœuvrer. Je croyais toucher au but. Il semblait résigné à subir son sort, à comprendre qu'il n'existait pas d'autre issue que de se rendre. Hormis la mort.

– Commissaire, je demande encore un délai de dix minutes. Après, je descends me rendre.

– D'accord, petit. Tu as ces dix minutes.

Le délai s'écoula sans que Chezaiel donnât suite à ses intentions. La douche froide en plein hiver ! Ces revirements incessants mettaient les nerfs à rude épreuve. Mais l'alternance d'exaltation et d'abattement, de promesses et de reniements l'affectait probablement aussi. Sa volonté s'épuisait en efforts désordonnés, prisonnière de son crâne, guêpe enfermée sous un verre. On distinguait le cheminement, ses tentatives, ses virevoltes. Mais la paroi transparente l'empêchait de rejoindre le monde.

Sa mère ne risquait rien, sans quoi je ne l'aurais pas autorisée à le rejoindre. Néanmoins, son séjour dans l'appartement se prolongeait. Il portait à deux le nombre de personnes innocentes enfermées avec lui. Déloger cet énergumène par la force se révélait impossible. Et puis je m'étais fixé comme règle de n'utiliser celle-ci qu'après avoir épuisé tous les moyens, et seulement lorsque sont en jeu des policiers et des truands.

Je téléphonai à nouveau.

– Je ne descendrai pas ! lança-t-il d'une voix rogue.

Une fois de plus, le ton avait changé. Que s'était-il produit pendant ces dix minutes ? J'évitai les supputations. Je préfère me fonder sur les faits, sur des prises solides.

– Commissaire, je veux encore réfléchir. Laissez-moi.

– À ta guise, petit. Réfléchis.

Il voulait un nouveau délai. Pourquoi refuser ? L'issue dépendait de lui.

Jusqu'à 3 heures du matin, je communiquai en vain avec Chezaiel et sa mère, épuisant tous les arguments, exploitant le moindre signe favorable. La situation restait bloquée.

Nous nous enfoncions dans le temps. La nuit digérait lentement nos forces. Moi, je ne voulais pas le lâcher. Je m'ingéniais à le fatiguer, comme on le fait d'un gros poisson une fois ferré. Le fil du téléphone était la ligne au bout de laquelle il se débattait, tantôt bondissant à la surface, tantôt plongeant au sein des profondeurs enténébrées où il pouvait se perdre. Je donnais du mou, laissais filer la ligne. Puis je la reprenais. Parole après parole, je le ramenais à moi sans qu'il s'en aperçoive.

À 3 heures, il exprima une nouvelle exigence.

– Je veux parler à mon père. Voici son numéro.

– Bien, petit. On s'en occupe,ne t'en fais pas. Il sera bientôt là. Et ta mère ?

– Elle reste avec moi.

J'évitai de le contrer. La présence de sa mère là-haut durait beaucoup trop à mon gré. Il la transformait en atout supplémentaire. Je doutais qu'il osât s'en prendre à elle. Cependant, avec un être aussi fantasque, je ne jurais de rien.

Le standard téléphonique de l'hôtel de Police mit Chezaiel en communication avec son père. Celui-ci ne mâcha pas ses mots.

– Michel, tu dois te rendre à la police.

Il s'exprimait avec une rude simplicité. C'était la voix d'un homme honnête, frappé dans sa dignité par les méfaits de son enfant, qu'il s'attachait à remettre dans le droit chemin. Il trébuchait parfois sur un mot, une tournure de phrase, mais la sincérité importait plus que la syntaxe.

Michel, braqué, refusait tout compromis. Le fossé se creusait. Il ne s'agissait pas seulement d'un écart de générations, mais d'un ressentiment plus sourd dont l'origine m'échappait. Que Michel ait franchi de bonne heure les limites de la légalité pour devenir un marginal au lieu d'accepter le lot des humbles n'expliquait pas tout. Pour vague qu'elle fût, cette impression m'avertissait que je ne disposais pas d'un allié efficace. Dans le souci de ne négliger aucun moyen en mon pouvoir, je décidai de jouer malgré tout cette carte. Une entrevue directe entre les deux hommes pouvait porter ses fruits.

La mère de Chezaiel prit l'appareil. Elle recommanda plus de souplesse, de compréhension. La brutalité aggravait les choses au lieu de les arranger.

– Je t'en prie, ne brusque pas Michel. Il a fait une grosse bêtise. Il est assez à plaindre comme ça. Il faut l'aider. Petit à petit, il comprendra où est son intérêt et que nous ne voulons que son bien.

– Comment vas-tu ?

– Ne t'inquiète pas pour moi. Je suis très lasse.

Michel aussi. Nous allons nous reposer un peu. Après, ça ira mieux. On verra plus clair. J'en suis sûre.

Toutes ses forces s'accrochaient à cet espoir.

Moi, je ne voulais surtout pas que le truand restaure ses forces. S'il se reposait, j'aurais plus de mal à le déloger. Je me trouvais sur la brèche à Valence depuis déjà huit heures d'affilée, et rien ne permettait d'envisager un dénouement rapide.

Je repris contact.

– Ma mère dort, grogna Chezaiel de mauvaise grâce. Qu'est-ce qu'il y a encore ?

– Rien. Je veux seulement te parler.

– Commissaire, on a assez parlé. J'ai sommeil.

Il raccrocha. Peu importait. Il fallait soutenir la pression coûte que coûte.

– Je veux qu'on le rappelle systématiquement tous les quarts d'heure et qu'on laisse sonner un moment pour l'empêcher de dormir, ordonnai-je.

Jusqu'à 6 heures du matin, il ne répondit plus.

L'appartement du deuxième étage baignait dans le noir, fenêtres fermées. Sans doute la porte d'entrée était-elle barricadée. L'otage et la mère dormaient-elles ? Et lui, comment s'arrangeait-il pour s'assoupir sans leur laisser le champ libre ?

Tenter un assaut débouchait sur une action violente, probablement meurtrière. Je rongeais mon frein. Le truand nous entraînait dans une dérive sans fin. Nous tournions à vide dans l'impalpable chute du temps, solidaires d'une commune aventure.

Dans ces cas-là, il faut être capable de contrôler ses nerfs, de résister au vertige insidieux du désenchantement, à la lassitude, à la tentation d'en finir un bon coup par un éclat, en précipitant les choses. Mon métier exige une patience à toute épreuve, la sagesse de ne rien hâter, de laisser les événements suivre leur cours, s'enchaîner selon leur logique. Il faut une lucidité intacte dans l'attente la plus tendue afin de saisir la seconde favorable. Rien d'autre à faire.

J'accusais aussi la fatigue. Pas facile d'être frais avec vingt heures de boulot dans les pattes ! Je me suis retiré dans une chambre mise à ma disposition par le préfet. Je me suis abattu sur le lit comme une masse, j'ai fermé les yeux, mais je n'ai pas dormi. Je détendais mon corps, mes muscles, tandis que mon esprit restait en éveil.

Je pris un bain très chaud. L'eau mousseuse diffusait dans mes membres un délicieux bien-être. Je laissais flotter mon corps et mon esprit.

Dehors, le froid persistait, plus aigu à l'approche de l'aube. Mes gars et leurs collègues se relayaient. La garde n'en finissait pas. Ils surveillaient un immense navire de béton enlisé dans la nuit, à l'intérieur duquel il ne se passait rien.

J'allai à la fenêtre, essuyai la buée des vitres glacées. Je regardai la gare nimbée de lueurs beiges, les toits noirs dont le moutonnement géométrique se brouillait dans une confusion d'encre. De fines traînées de fumée s'élevaient, étrécies par le gel. Un paysage fantasmagorique de brumes et de pâles clartés poissait le regard. Il en émanait une poésie diffuse, une atmosphère de pauvreté et de banalité transfigurées par l'éclairage.

Le préfet Roche me prêta un manteau. Le jour commençait à poindre, un vent glacial soufflait. Des papiers, des feuilles mortes glissaient sporadiquement au ras de la chaussée, s'élevaient en brusques tourbillons.

Je demandai à M. Chezaiel père, toujours à Grenoble, de se mettre une fois encore en communication avec son fils pour l'inciter à se rendre. La nuit porte conseil, affirme le proverbe. Michel Chezaiel ne l'entendait pas ainsi.

– Je prends le train à Valence. J'arrive, dit Abdelkader Chezaiel, à bout d'arguments.

Le truand n'accepta ni ne refusa, incapable de régler sa conduite. Une lourde apathie s'emparait de lui. Les événements s'enchaînaient sans qu'il pût influer sur eux, comme s'il eût été étranger à l'affaire.

M. Chezaiel arriva à 8 heures 50. C'était un homme mince, aux cheveux bouclés et grisonnants. Il portait ses vêtements de travail, pantalon et veste de toile bleue, avec un gros chandail dessous. Émigré de Tunisie, il s'était installé en France depuis de nombreuses années, puis avait épousé une Française avec laquelle il avait eu un fils, Michel. Digne et gêné, il souffrait en silence. Quelque chose d'énorme tombait sur ses épaules. Il me réaffirma, dans un français maladroit, qu'il m'apportait son appui. Son unique objectif était de sauvegarder la vie de son fils en respectant la justice.

Je le mis en relation téléphonique avec Michel.

– Tout ça finira mal, dit-il. Il faut que tu sois raisonnable. Rends-toi à la police.

– Pas question. Je ne retournerai jamais en prison.

– Réfléchis, mon fils. Tu ne peux pas t'en sortir comme ça !

– Je m'en fous !

– Laisse au moins partir ta mère et l'otage. Libère-les. Tente ta chance seul, comme un homme.

– Pas question.

– Écoute, je vais monter. Nous parlerons. On trouvera une solution.

– Non. Reste où tu es.

– Michel…

– Je veux pas te voir, compris ? Fous-moi la paix. Tout ce que je veux, c'est une bagnole pour filer d'ici. J'amènerai l'otage et ma mère. Je les relâcherai plus tard. C'est ça que je veux. Rien d'autre.

Sa nervosité croissait. Mlle Vignon intervint.

– Prenez ma Simca 1100. Elle est garée à proximité de l'immeuble. À droite.

Elle me supplia d'accéder à sa demande afin de préserver sa vie.

– Il est à bout de nerfs, capable du pire.

Ces accents remuaient le cœur. C'était un appel au secours déchirant auquel, dans l'immédiat, je ne pouvais répondre. Je percevais l'effroi, la panique de la pauvre femme. Rien, dans sa paisible vie de fonctionnaire, ne l'avait préparée à subir cette épreuve. Elle s'accrochait à ma voix, à mon invisible présence. Son unique réconfort était de me savoir là, à proximité de son appartement devenu sa geôle, et d'espérer que je viendrais à bout du forcené. Je trouvai des paroles lui insufflant la force de tenir encore. Que faire d'autre ? Chezaiel était à bout de nerfs, elle à bout de courage.

Abdelkader Chezaiel reprit l'appareil pour une ultime tentative. Cet homme rude et fier flanchait. Il implorait son fils.

– Michel, laisse tomber. Ta mère est fatiguée. Tu n'as pas le droit de te servir de ces deux femmes. Rends-toi, mon fils. La police ne te fera aucun mal.

La réponse arriva, froide, rageuse.

– Je ne veux plus retourner en prison ! Je veux partir, sinon je tue ma mère, je tue la vieille, je me suicide et je fais sauter la maison !

– Petit, fais attention ! dis-je. Reprends-toi. Conduis-toi en homme. Un homme ne touche pas à des vieilles dames. Ne leur fais pas de mal.

– Commissaire, je veux une voiture et du fric pour partir. Je relâcherai Mlle Vignon après mon départ.

J'entendis la voix de l'otage, suppliante, pathétique.

– Commissaire, sauvez-moi la vie ! Donnez-lui ce qu'il demande. Donnez-lui ma voiture. S'il s'en va, il ne me fera aucun mal. Je vous en supplie, sauvez-moi !

Chezaiel réclama des cigarettes. J'acceptai. Cela ferait baisser la tension. Sa mère vint au balcon. Elle déroula une corde jusqu'au rez-de-chaussée. J'allai moi-même attacher le paquet de cigarettes qu'elle remonta.

Le jour s'était levé. Un jour maussade, étouffé sous un ciel bas et gris. Le froid mordait toujours autant. Dans la clarté brouillée, les blocs de la rue de Turin prenaient un aspect plus sinistre encore. Des coulées de suie s'accumulaient dans les recoins. Les persiennes étaient partout ouvertes, à l'exception de celles du deuxième étage. Mais, derrière les vitres couvertes de buée, on distinguait de vagues taches se mouvant. La plupart des habitants étaient partis au travail. Quelques badauds se heurtaient au cordon de police.

À 9 heures, grâce au procureur général de Grenoble, nous prîmes contact avec deux éducateurs en relation étroite avec Chezaiel : M. Morey et Mme Michalon, institutrice. L'un des deux avait déjà téléphoné au preneur d'otage sans résultat. Une affaire de cette importance ne pouvait s'infléchir à distance. Ces gens nous aideraient mieux sur place. J'étais d'avis de ne rien négliger. Leur mission permet aux éducateurs de mieux connaître les ressorts psychologiques des délinquants. Ils ne mènent pas une action répressive à leur encontre. Dans certains cas, la confiance s'établit.

J'eus de nouveau Michel Chezaiel au bout du fil.

– Commissaire, je ne veux pas me rendre. Je ne veux pas retourner en prison.

Cette idée l'obsédait.

– Je ne peux pas te promettre de te libérer si tu te rends. J'ai toujours été régulier. Je t'assure seulement la vie sauve.

– Commissaire, je préfère me faire tuer plutôt que de retourner en taule.

– Tu connais M. Morey et Mme Michelon ?

– Oui.

– Ils veulent te parler. Ils vont venir.

L'annonce le plongea dans une grande perplexité. Il marqua un temps d'hésitation. Comment, en si peu de temps, étions-nous parvenus à dénicher ces deux-là ? Quel piège cachait leur intervention ? S'il n'avait pas été touché, il m'aurait tout de suite envoyé sur les roses. En l'occurrence, il tenait assez à l'estime de ces gens pour ne pas perdre la face devant eux. Certains délinquants entretiennent avec leurs éducateurs des liens plus sincères et plus forts qu'avec leurs parents eux-mêmes.

Chezaiel accepta.

– Ils peuvent venir.

À son ton, je compris que ça ne changerait rien, mais il fallait essayer.

Il reporta le délai à 12 heures pour permettre aux éducateurs de se rendre à Valence. Quant au reste, il exprima la même intransigeance. Il ne fléchirait pas.

Je jouais, sans y croire, l'ultime carte de la négociation. Comme avec tous les truands, j'avais usé de patience et de psychologie. J'épuisais, selon mes habitudes, le peu de marge de manœuvre dont je disposais avant de recourir à la force. La force reste le moyen dont j'use à la dernière extrémité, en désespoir de cause. À ce moment-là, j'affirme que le truand a lui-même choisi sa fin et son destin en repoussant les issues que je lui ai offertes. Ma conviction est que la peine de mort doit s'appliquer chaque fois que le crime conduit à l'appliquer.

Je n'avais plus le choix. Le nouveau délai me permit de mettre en place mon plan d'action et de neutralisation. Je disposai mes deux tireurs, Bertrand et Sévieri, armés de deux fusils FRF 1. Deux hommes efficaces, précis, maîtres de leurs nerfs. Ils prirent position dans deux appartements d'un immeuble perpendiculaire à la rue de Turin. Environ quatre-vingts mètres les séparaient du domicile de Mlle Vignon. On voyait très distinctement dans le jour gris ses balcons vides et ses volets fermés.

Deux autres tireurs d'élite du SRPJ de Lyon se placèrent en embuscade dans un appartement du premier étage, connexe à celui de l'otage. Je repoussai l'idée d'interpeller le malfaiteur à l'intérieur. C'était trop dangereux pour les deux femmes. On neutraliserait Chezaiel durant le trajet de l'appartement au véhicule. Il faudrait guetter l'instant propice et agir vite.

Une partie très difficile. Chezaiel était armé d'un revolver. Il faudrait attendre qu'il le détourne de l'otage, ne fût-ce que légèrement. Puis pour éviter la moindre pression sur la queue de détente, le toucher à la tête afin de paralyser le système nerveux.

Il importait de gagner du temps, d'endormir sa suspicion. Je fis mine de le tenir au courant.

– Encore un peu de patience, petit. On s'occupe de la mise en état de la voiture de Mlle Vignon. Il n'y en a plus pour longtemps.

– Grouillez-vous !... Et mon fric ?

– À midi, les banques sont fermées. On ne pourra

pas te donner satisfaction avant l'ouverture.

– Débrouillez-vous. Je veux mes dix mille balles pour partir.

– Tu les auras. Après 14 heures.

– Ne me menez pas en bateau, commissaire, gronda-t-il.

– Mais non, petit, tu auras ce que tu veux.

Quel truand, dans sa situation, ne se berce pas d'illusions ? Il tenait deux otages, possédait une arme et des munitions, il venait même de se reposer. À cet instant, Chezaiel croyait s'en sortir. Moi, je laissais filer la ligne.

Le garçon mesurait environ 1,74 m et portait des chaussures à talonnettes. Mlle Vignon, elle, mesurait 1,63 m. S'ils descendaient l'escalier, la dénivellation ferait que la tête de Chezaiel serait bien au-dessus de l'otage. Éventuellement, on pouvait l'abattre de dos, dans le hall d'entrée, par la porte donnant accès aux caves. Il faudrait alors choisir des cartouches avec une balle de plomb pour éviter de blesser l'otage. Je marchais sur une corde raide. On placerait la voiture de manière à pouvoir abattre le truand de face ou de dos, suivant sa position dans le véhicule au moment où il accéderait au volant. Quoi qu'il en soit, mes ordres étaient stricts : il ne devait pas quitter les lieux.

À midi, les éducateurs arrivèrent à l'hôtel de police de Valence. L'institutrice, Mme Michalon, avait appris à lire à Chezaiel. Elle le suivait depuis sa prime enfance. Elle l'appela la première. Ils échangèrent quelques souvenirs, quelques banalités. Il se détendit, se montra amical. Mais, sitôt qu'il entendit parler d'abandon, son revirement fut total. Il refusa d'aller plus loin et maintint ses exigences.

À son tour, M. Morey renoua le contact. Il échoua, mais obtint pourtant d'aller chercher la mère de Chezaiel. Nous l'amenâmes rapidement sur les lieux. C'était un homme décidé et de bon sens, qui connaissait son métier. De la rue, il avertit le truand de son arrivée puis se tint au bas de l'escalier pour récupérer la mère. Celle-ci descendit les marches avec une pesante lassitude.

– Commissaire, me dit-elle avec désespoir, il ne veut pas se rendre.

Elle transmit le message : une fois la rançon remise, Michel Chezaiel, protégé par le corps de Mlle Vignon, descendrait dans la rue, et monterait dans la Simca 1100 mise à sa disposition.

Il avait choisi la voie la plus dure. Il jouait son va-tout. Je ne pouvais plus rien pour lui. Nous allions droit à l'épreuve de force. Il fallait vite éloigner de là les parents de Chezaiel. Surtout sa mère. Je les confiai à deux gardiens de la paix qui les amenèrent en lieu sûr. Puis j'appelai le directeur général de la Police, M. Robert Pandraud, pour lui faire part de ma décision.

– Monsieur le directeur général, j'assume l'entière responsabilité de l'affaire. J'ai donné l'ordre de l'abattre, mais il y a des risques de blesser ou de tuer aussi l'otage.

Il n'hésita pas une seconde.

– Allez-y, N'Guyen. Je vous couvre.

Je n'oublierai jamais cette réponse. C'était, à cette époque, celle d'un grand patron. Robert Pandraud savait ce qu'impliquent les opérations de police et ne se dérobait pas. Ayant les mains libres, je concentrai mes efforts et mon attention sur les ultimes préparatifs. Lorsqu'on approche du dénouement, cela se flaire. Il se produit comme un frémissement de l'air, quelque chose de comparable à l'agitation des feuillages avant l'orage, que les nerfs tendus perçoivent au-delà du seuil naturel. La mort est là qui rôde, mais elle a pris place dans le décor comme un animal familier. On n'y pense plus.

Vers 14 heures, on apporta la rançon de dix mille francs. Je la remis personnellement à Chezaiel en la fixant, comme pour nos précédents échanges, au bout d'une corde lancée depuis le balcon et remontée par Mlle Vignon.

– Commissaire, dit Chezaiel au téléphone, je vais partir. Je veux que vous fassiez entrer la voiture dans le couloir en marche arrière sur des planches. Je veux aussi un parapluie.

Je n'étais plus d'humeur à satisfaire ses quatre volontés. Ma réponse fut brutale.

– Ça suffit ! J'ai tenu parole. Maintenant démerde-toi.

Je raccrochai. Il rappela aussitôt. Il ne jouait plus les matamores. La voix était sourde.

– Commissaire, vous avez été régulier avec moi.

– Petit, tu peux encore renoncer.

– Non. Je ne veux plus retourner en prison. Vous avez été régulier. Si vous avez le trou, vous pouvez m'y abattre. Commissaire, mektoub !

– Inch Allah !

Il avait scellé son destin. La mort rôdait maintenant autour de nous. Chezaiel apparut sur le petit balcon, tenant Mlle Vignon comme bouclier et lui appuyant le canon de son revolver sur sa tempe. Mes tireurs, dans l'impossibilité de tirer, étaient en attente depuis plus de quatre heures. J'imaginais leur état d'esprit en voyant surgir le truand. Collé à l'otage, celui-ci regarda la position de la voiture avant de reculer dans l'ombre.

Mes hommes restaient à l'affût. Chacun connaissait son rôle. Les minutes s'écoulaient lentement. Nous nous enfonçions dans un temps poisseux et nous luttions contre cet enlisement mental. La tension était extrême.

Soudain, Mlle Vignon apparut à une fenêtre. À celle d'à côté, derrière les rideaux, se profila la tête de Chezaiel. L'instant attendu. La faute… Bertrand ajusta son tir, visa entre les deux yeux.

Dès que le coup de feu claqua, je bondis dans l'escalier, grimpai à toute allure les deux étages. La porte s'ouvrit. Une voix de femme affolée cria. J'écartai Mlle Vignon. L'arme au poing, je plongeai dans l'obscurité, suivi de Brunes et de Bozzo. Aucune réaction. Je compris.

Le corps de Chezaiel gisait sur le parquet. Je soulevai légèrement sa tête. Il avait pris la balle entre les deux yeux et se vidait de son sang. Mort sur le coup. J'avais fait ce que j'avais pu pour lui sauver Ia mise.

J'ai récupéré les liasses de billets de la rançon. Dans sa précipitation, le banquier avait remis dix mille neuf cents francs. Une sorte de prime *post mortem*. Je fourrai le tout dans un sac et le confiai à un inspecteur pour qu'il le rende à ses propriétaires. Il y avait du sang sur les billets. Dans quelques jours, demain peut-être, des doigts anonymes les manipuleraient, les échangeraient, les froisseraient sans savoir ce qu'ils avaient représenté. Le drame s'effacerait. On ne se souviendrait plus ni de Chezaiel ni des affres de Mlle Vignon.

Mes gars et moi sommes descendus avec Mlle Vignon. Les journalistes étaient déjà là. Elle était encore sous le coup de l'émotion. Son cauchemar venait de finir mais elle ne réalisait pas. Elle marchait d'un pas de somnambule, touchante et frêle, avec son chemisier noir boutonné jusqu'au cou sous le mince cardigan beige. Son visage aux traits tirés, pâle, trahissait sa fatigue et son désarroi. Elle répondit aux questions des journalistes, étonnée d'être le centre d'intérêt de tous ces inconnus, de voir ces appareils braqués vers elle, ces flashes qui l'aveuglaient.

– Oui, j'ai eu peur ! Souvent peur ! Je me suis vite rendu compte que ce jeune homme était un peu fou. C'était un déséquilibré. Mais il a toujours été gentil et correct avec moi.

Elle passa la main sur son front.

– Il ne m'a pas fait de mal. Il ne m'a pas brutalisée. Mais je suis très fatiguée.

La séance avait assez duré. Les journalistes devaient se montrer compréhensifs. Ils n'en tireraient rien de plus. Des policiers la prirent en charge pour la conduire à l'examen médical et aux interrogatoires nécessaires à la procédure.

Pendant ce temps, le corps du truand avait été déposé dans un fourgon.

Mes gars et moi sommes remontés dans nos voitures. Les gens du quartier se pressaient autour de nous. Alors s'est produit un événement que je n'oublierai pas. Pour la première fois de ma vie, j'ai entendu crier sur notre passage : « Vive la police marseillaise ! Vive la police marseillaise ! »

Ces acclamations me payaient de mes incertitudes, de mes fatigues. C'était le cri de la majorité silencieuse, heureuse de voir le crime puni. Il me justifiait, me confortait. Ce mouvement spontané valait pour moi toutes les félicitations officielles. Je l'emportai avec moi, dans cette journée glaciale dont le crépuscule s'annonçait déjà. L'écho me réchauffait le cœur. Pour une fois, je me sentais moins seul.

CHAPITRE X

Chaque fois que le groupe réussissait une affaire, le ministère de l'Intérieur envoyait une prime. Lorsque nous reçûmes celle de Valence, j'opérai selon mon habitude en partageant en parts égales, sans distinction de grades. Cette pratique n'avait pas cours ailleurs. On répartit d'ordinaire en fonction de la hiérarchie. Moi, j'estimais honnête de partager équitablement les avantages après avoir partagé les risques.

Question d'éthique personnelle.

Le 19 janvier 1976, un télégramme m'avisait de me présenter à Paris, le 27 janvier à 11 heures, dans la cour d'honneur du ministère de l'Intérieur, place Beauvau, pour recevoir la croix de chevalier de l'ordre national du Mérite des mains de M. Michel Poniatovski. La même année, j'étais nommé commissaire divisionnaire, sur proposition du ministre et de mon directeur général. Une partie de mes collègues marseillais appartenant au syndicat des commissaires s'était opposée à cette promotion. Cette attitude m'a révolté. Je ne continuerais plus d'appartenir à une association me témoignant si peu d'amitié. J'ai téléphoné à M. Pandraud.

– Monsieur le ministre, j'ai décidé de démissionner du syndicat.

– Pourquoi ?

Je ne mâchai pas mes mots.

– Parce qu'il y a trop de putes.

Mon préfet de police, M. Bussière, fut aussi avisé. J'exposai mes raisons sans rien déguiser.

On manifestait à mon égard une attitude injuste et une intolérance coupable. Aimant les situations nettes, je tirais la conclusion qui s'imposait. Je ne voulais plus avoir affaire avec de tels individus. Il serait facile d'en brosser un portrait plus noir, de jeter des noms sur la place publique. Je m'y refuse. Ce serait entrer dans un jeu qui me répugne.

Ma lettre de démission est partie. Elle est sans doute arrivée à destination. Pourtant, dans ses bulletins mensuels, le syndicat des commissaires ne l'a jamais mentionnée. Il n'a manifesté aucune réaction. J'étais prêt à fournir tous les justificatifs nécessaires, à désigner les responsables. On ne me l'a pas permis. Ainsi vont les rouages. Mon isolement au sein de la police se confirmait par la force des choses. Je continuai seul mon chemin sur la voie périlleuse qui m'était tracée. Cette solitude était ma marque, mon signe de reconnaissance.

Je peux paraître excessif, mais c'est dans mon caractère. J'ai toujours pris les plus hauts risques pour l'honneur de mes gars et de la police. La force et l'éclairage de l'action, je les puisais dans ce sentiment. Il constitue mon armature spirituelle, mon éthique. Sans lui, le courage n'a plus de sens. Je ne tolère pas d'être jugé par ceux qui aimeraient être capables d'accomplir ce que je fais sans jamais le pouvoir, handicap qui ne les empêche pas de mener de très brillantes carrières. Par la grâce d'une carte de parti politique, de quelque docile appartenance maçonnique, ou simplement du vil esprit courtisan.

Moi, hormis le GIPN, je n'appartiens à aucun groupe, aucune coterie. Je n'adhère à aucun parti. Je ne peux me prévaloir de l'appui occulte d'aucune société secrète. Je n'aime ni les manœuvres ni les compromis. Quand j'ai raison, j'ai raison. La tête sur le billot, je n'en démords pas. Pour tout dire, la diplomatie n'est pas mon fort. Si, pour se faire entendre, il faut gueuler et frapper du poing sur la table, je gueule et je frappe du poing. Je me sens plus à l'aise sur le terrain, avec mes gars, que dans les antichambres et les couloirs où l'on complote pour se propulser en avant.

La ville frissonne. Le vent soulève des escadrilles de papiers sur les quais du Vieux-Port. Dans la nuit claire, Notre-Dame-de-la-Garde, l'abbaye de Saint-Victor et le fort Saint-Nicolas se silhouettent en masses noires. Un formidable entassement de blocs dominés par la Vierge. C'est ça Marseille.

J'ai garé la 505 devant Chez Papa. Autrefois, les vieux quartiers commençaient là. Sans doute est-ce pour cela que je viens si volontiers de ce côté-ci du port. Tout a changé, mais mon enfance hante encore ces lieux. Il m'arrive de la croiser dans les yeux d'un gamin.

Je néglige Le Gondolier où l'on rencontrait les plus belles têtes d'affiche du banditisme marseillais, et le Comptoir de Paris où mes parents prenaient autrefois leur apéritif.

J'entre boire un coup chez Paul. L'établissement, étroit et tout en longueur, traverse l'immeuble de part en part. Tous les bistrots sont comme ça dans le coin. Des sortes de couloirs prolongés de terrasses exploitées en été. À la morte-saison viennent les habitués, les piliers, une faune interlope composée de noctambules désœuvrés, de navigateurs retraités qui poursuivent des rêves d'escale en reniflant l'air du large, de petits voyous en quête d'un mauvais coup, d'égarés que les hasards de la nuit ont déposés là. J'ai besoin de me replonger dans cette atmosphère, de la respirer. Quand je manque d'air, je sais où trouver mon oxygène. J'ai quitté le quartier depuis des lustres, je mène une autre existence, mais je n'ai pas changé. Je lui appartiens toujours. Il suffit que mes pas me ramènent vers la butte des Carmes.

Depuis le bas du fort Saint-Nicolas, j'ai la vue sur la mer et le port. Un tableau vivant dont je ne me lasse pas. Des dossiers s'entassent sur mon bureau. Je dois prévoir l'équipe d'alerte, mettre des hommes au repos, remplacer Bernabeu, indisponible pour quelques jours. J'ai un regard maussade vers la liasse de circulaires en instance. La paperasserie ne m'excite pas, mais constitue pourtant le quotidien d'un commissaire, fût-il placé à la tête d'un corps d'élite formé pour les coups durs. On frappe à la porte du bureau. C'est Sévieri.

– On est prêts, patron.

– C'est bon.

Je prends mon arme et je me lève. Il est l'heure d'aller au pas de tir.

Je n'exerce pas mon métier avec un esprit de fonctionnaire. La conscience professionnelle n'y suffit pas, pour la raison évidente qu'il engage l'être dans sa totalité en le plaçant devant l'éventualité de sa mort brutale. Je m'en fais une idée plus haute. Plus noble. Non que je sois guidé par l'amour du risque ou l'esprit de bravade. Au quotidien, je suis au contraire un homme sensible et paisible, épris des plaisirs de la vie, heureux dans la compagnie de sa famille, de ses gars, de ses amis. Rien d'un casse-cou ni d'un suicidaire. Mais, à mes yeux, de la grandeur s'attache aux sacrifices consentis, aux défis remportés sur le seul absolu contre lequel on puisse buter durant sa vie : la mort. La mort, donnée ou reçue, révèle un homme. Elle désigne la limite à ne pas franchir. Par suite, elle pose l'épreuve du dépassement de soi qui transforme une existence en destin. Cela traduit un certain romantisme, une confiance en son étoile. J'y consens. Au-delà de la rudesse des apparences, il est des mouvements du cœur que je ne refuse pas.

Ce n'est pas un hasard si, à notre époque de crise des valeurs, le romantisme a trouvé refuge dans les romans et les films où s'opposent flics et voyous. Plus sordide est la réalité, certes. Pourtant, en allant au fond des choses, en fouillant jusqu'au secret de l'être, on rencontrerait quelque chose qui ressemble à cela.

*

* *

Après les réussites successives des affaires de Nice et de Valence, le préfet de police, M. Claude Bussière, a installé le GIPN au bas-fort Saint-Nicolas. Nous y étions regroupés comme je l'avais demandé. Nous étions enfin chez nous. Nos nouveaux bureaux, installés dans une des ailes du casernement, étaient repeints de frais, simples et clairs, assez spacieux pour abriter l'activité du groupe. Une grande salle pouvait être utilisée aussi bien pour des séances d'information que pour l'entraînement physique. Dans le prolongement se trouvaient mon bureau, ainsi que ceux de mon petit état-major et du secrétariat.

Nous jouissions d'un très beau panorama sur le fort Saint-Jean et l'entrée du Vieux-Port. Marseille s'étageait le long des pentes des collines blanches, on respirait la mer, on sentait battre le pouls de la ville. Que rêver de plus ? Devant moi s'étendait ce quartier de mon enfance, le Panier, auquel m'attachaient tant de souvenirs…

Le préfet Bussière a profité de l'inauguration, au mois de juin 1976, pour me remettre la médaille d'honneur de la Police nationale, à titre exceptionnel, en soulignant l'utilité pour une ville comme Marseille, où la délinquance est particulièrement développée, de posséder un corps de spécialistes pour les missions délicates. Un aréopage de généraux, d'officiers, de personnalités marseillaises, assistait à la cérémonie. Je n'oublierai jamais ce que le préfet Bussière a fait pour mes hommes et pour moi. Nous avions enfin la possibilité de travailler convenablement, et je bénéficiais de l'appui total de ma hiérarchie. Aujourd'hui, je le constate, les choses ne sont plus les mêmes.

En écrivant ces lignes, je me souviens des paroles prononcées par ce patron attentif et compétent avant qu'il ne quitte Marseille pour assumer les fonctions de directeur de cabinet de Gaston Defferre, alors ministre d'État, ministre de l'Intérieur. C'était au terme d'une séance de culture physique intensive. Je ruisselais encore de sueur lorsqu'il me prit à part.

– N'Guyen, me dit-il, je m'en vais. Je sais que vous êtes un homme seul. Très seul. Mais je suis confiant parce que je sais aussi que vous êtes de taille à faire face. Vous avez les épaules et les moyens de vous défendre.

Ces paroles, je ne les ai jamais oubliées. J'en mesure aujourd'hui la justesse.

Seul, en effet, j'ai toujours dû faire face à la malveillance, à l'injustice, à l'envie, voire à la haine secrètement couvée dans les cœurs. Sans doute n'avais-je pas droit à l'échec. Mais gagner, c'est aussi attirer sur soi, consciemment ou non, la jalousie rentrée de ceux qui, sur le terrain, ont eu besoin de mon groupe. Je les comprends. Il doit être difficile de déléguer ses responsabilités, surtout devant ses propres hommes. Mais je n'en ai pourtant jamais tiré vanité. Les choses se sont présentées ainsi. J'ai dû pallier l'incompétence de certains. J'ai pris mes risques et souvent ils étaient grands.

Cet affrontement silencieux à l'intérieur même du corps de police se révélait plus pénible à vivre que ceux m'opposant aux gangsters et aux terroristes. Plus insidieux. Après chaque succès, ceux-là mêmes qui me félicitaient dissimulaient souvent une rancœur tenace. J'étais l'embarrassant témoin de leur manque de savoir-faire ou de leur fuite devant les responsabilités, imputable à la peur de la bavure. Une peur qui, dans le feu de l'action, les paralysait. Ils tergiversaient, ne décidaient rien et la situation pourrissait. Venait alors le moment où l'on appelait le GIPN à la rescousse. Puis d'une manière ou d'une autre, tôt ou tard, leur propre faiblesse, ils entendaient me la faire payer. Si possible avec intérêts.

J'ai pourtant toujours été régulier. Au Panier, à la rude école des enfants de la rue, chacun mettait sa fierté à ne pas se conduire comme une pute. Cette fierté de ma jeunesse, je l'ai maintenue au long de ma vie, quel qu'en fût le prix.

J'ai tout de suite exigé de mes gars la plus grande rigueur au tir, dans les arts martiaux, et dans la réflexion permettant d'appréhender globalement une affaire. On n'applique pas le même plan avec des truands chevronnés, un père de famille devenu forcené ou un drogué en état de manque. Il convient de distinguer entre une affaire de droit commun, dont le ressort est l'argent, et une affaire de terrorisme, dont le ressort met en jeu une idéologie révolutionnaire pouvant transformer un homme en kamikaze. Cela s'apprend en étudiant chaque cas et en tirant les leçons de l'expérience.

Je n'ai pas seulement exigé cette rigueur pour satisfaire à la qualité et à l'efficacité du groupe. Je l'ai voulue parce que j'avais avec moi des fonctionnaires mariés, pères de famille dont j'avais la vie en charge.

– Soyez excellents au tir pour défendre d'abord votre vie, disais-je. Soyez excellents en sports de combat pour éviter les coups mortels.

Je le répète, je ne crois pas au superflic. Je crois au policier qui travaille dur, à celui qui s'assume, qui veut faire partie d'une équipe sans faille. J'ai appris à mes gars à ne pas prétendre atteindre l'impossible, mais à accomplir leur tâche, chacun selon ses moyens, en donnant le maximum.

– Si je quitte notre groupe sans morts, leur ai-je dit, j'aurai la plus belle décoration de ma carrière.

Suite à une note ministérielle du 10 octobre 1975, mon groupe pouvait intervenir dans les trois zones de défense de Bordeaux, Lyon et Marseille. Soit la moitié sud de la France. Mes fonctionnaires voyaient enfin leur temps de service entièrement consacré à l'entraînement physique, au tir et à l'étude des cas concrets. Nous devenions autonomes, dégagés des unités traditionnelles. Nous étions déchargés des tâches courantes de police générale. Notre mission était de combattre les actes de terrorisme ou de banditisme, les prises d'otages relevant du droit commun ou à caractère politique. Nous pouvions aussi être utilisés dans des circonstances particulières, comme les mutineries dans les établissements pénitentiaires et la protection de hautes personnalités à l'occasion de leurs déplacements.

Je fus déchargé du commissariat du 7e arrondissement. Le groupe restait placé sous mon seul commandement, doté enfin d'un équipement individuel et d'un équipement collectif, d'un armement et de moyens de transport. J'avais arraché ces décisions à la force du poignet, en donnant à mon groupe sa crédibilité. Donner à un groupe sa véritable force, c'est le former aux applications, c'est-à-dire aux divers plans d'action à élaborer en fonction de l'adversaire, de son armement, de ses exigences, de l'endroit où il se trouve, de son propre état physique et moral, enfin de son environnement sur le terrain. La prise en compte de tant de paramètres repose sur la formation et la pratique.

Dans l'ensemble, les affaires que j'ai traitées pouvaient se terminer dans un bain de sang. Prenant toutes les responsabilités sur le terrain, je pouvais tout exiger. Toutefois, en cas d'échec, rien ne me serait pardonné. La moindre erreur me retomberait sur les épaules. J'en étais conscient. C'était dans l'ordre des choses. Aujourd'hui, j'arrive au bout du chemin. Je peux me prévaloir de 100 % de réussites lorsque, sur le terrain, j'étais le patron.

L'application d'un plan d'action ne laisse aucune part à l'improvisation. Je me suis efforcé de penser en me mettant dans la peau de mon adversaire. Si dure que soit l'évolution d'une affaire, j'ai eu à cœur de la régler en fonction de son profil humain. Au pied du mur, nul ne peut tricher. Il n'y a plus place pour le faux-semblant ni pour le bluff. Le roi est nu.

Je ne suis pas un moraliste. Mon travail n'est pas de juger. Je constate avec exactitude l'enchaînement des faits qui a conduit mon groupe face à un adversaire. Celui-ci doit connaître le prix à payer. Il n'y a pas d'équivoque. Je suis là pour assurer la sécurité et la tranquillité des honnêtes gens. Mon adversaire s'est lui-même enfermé dans le piège. En fin de compte, c'est à lui de décider du prix à payer : sa mort ou sa vie.

Lorsque l'intervention se déclenche, d'après ses réactions, je connais la fin du film. Je n'ai jamais méprisé mes adversaires, j'ai fait au contraire ce qu'il fallait pour leur donner leur chance, mais ma priorité, il est vrai, reste la vie des otages. Nous sommes là pour les sauver. Lorsque je sens que le type ira jusqu'au bout, qu'il ne veut, ne peut rien entendre de ce que je dis ou propose, lorsque je suis certain qu'il va tuer un innocent ou un de mes hommes, alors je sais que cet homme va mourir, et je n'en ai pas de remords.

Sans doute ai-je gagné parce que j'avais la baraka. Mais aussi parce que mon éthique d'homme plongeait ses racines dans ma jeunesse au Panier. Cette rude école où l'on s'interdisait de sourire de la mort d'un adversaire, ou de sa défaite. Gagner tient à si peu de chose. J'ai parfaitement conscience d'être un rescapé, un survivant. Les Orientaux affirment que chaque fois qu'on échappe à la mort, une nouvelle vie commence. Moi je pense avoir vécu plusieurs vies. L'homme passe et le temps demeure.

Parce que je peux être rude ou très humain, on parle de mes contradictions. Mais en quoi est-ce contradictoire d'être à la fois pacifique et partisan de la peine capitale dans certains cas, tels le rapt et l'assassinat d'enfants, ou encore le meurtre de vieillards sans défense ? Combien de voyous condamnés à mort, ayant été graciés, ont recommencé à tuer sitôt libérés ? Ce sont des monstres irrécupérables. Ils méritent d'être exécutés, comme les marchands de drogue qui tuent, moralement et physiquement, des générations entières. Comme le méritent les terroristes responsables de la mort d'innocents.

Qu'on ne se méprenne pas sur le sens du combat. À ceux qui me montreront du doigt, je dirai qu'il m'est insupportable de voir les honnêtes gens réduits à se faire justice eux-mêmes parce que leur pays s'est révélé incapable de la rendre. Le vrai scandale est là. Pour l'exemple, je citerai simplement le cas de ce jeune ouvrier qui a tué l'assassin de son père lors d'une reconstitution. Sur les lieux du crime, en mimant les gestes, l'assassin se gaussait de sa victime et riait. Le jeune ouvrier a sorti un poignard et l'a tué. Aux assises, le jury populaire devant lequel il a comparu a condamné ce justicier à une peine de prison avec sursis. Les vrais responsables sont ceux qui, l'ayant plongé dans le désespoir, ont armé son bras faute d'avoir rempli leur office.

Ma position est celle d'un homme de terrain ayant approché des monstres irrécupérables. Je peux affirmer que la suppression de la peine de mort a vu proliférer les candidats à la profession de tueur. Je connais des fauves condamnés à la réclusion à perpétuité, en particulier un qui s'est distingué en devenant le meneur de l'incendie d'une prison. Ce sinistre va coûter des milliards de centimes, pris dans la poche du contribuable. Ce tueur n'a plus rien à perdre. Soyons-en sûrs, il fera tout pour s'évader. S'il le faut, il tuera encore. Je pose la question : s'il s'évadait et tuait, qui serait responsable ?

Quoi qu'on prétende, aux États-Unis, on note une diminution sensible des meurtres dans les États où la peine de mort a été rétablie. Pourtant, je l'affirme encore sans équivoque, chaque fois que j'ai dû faire abattre un preneur d'otage, c'est lui qui, en fait, avait décidé de sa propre vie.

CHAPITRE XI

AFFAIRE GIORDANENGO – CAGNES-SUR-MER
5 ET 6 SEPTEMBRE 1981

Le chemin Sainte-Colombe, sur les hauts de Cagnes-sur-Mer, traverse un quartier tranquille. Ce n'est pas encore la ville, mais ce n'est plus tout à fait la campagne. Depuis plusieurs années pourtant, les habitants du chemin Sainte-Colombe vivaient dans l'angoisse à cause des Giordanengo. Une bien étrange famille que celle-ci. Madeleine, la mère, une Italienne septuagénaire, était atteinte de gâtisme. La fille, Virginie, âgée de quarante-huit ans, était faible d'esprit. Son gros visage plat encadré de bandeaux noirs était parfaitement dénué d'expression, et la malheureuse semblait plus à plaindre qu'à redouter. Les deux femmes avaient effectué plusieurs séjours à l'hôpital psychiatrique Sainte-Marie de Nice.

Elles vivaient avec le fils, Joseph, un colosse barbu de 1,85 m qui venait d'avoir trente-cinq ans. Il avait travaillé jusqu'en 1978 comme comptable chez Jean César, un transporteur de Saint-Laurent-du-Var, mais avait dû quitter son emploi à cause d'accès de folie et se trouvait au chômage.

Les signes de déséquilibre remontaient à 1976, date à laquelle il avait exercé des violences sur sa mère et sa sœur. Malgré la peur des représailles, les deux femmes s'étaient plaintes. On avait essayé de le raisonner. Sans émotion ni remords, il avait répondu :

– J'ai frappé ma mère et ma sœur parce qu'elles ne me laissent pas dormir.

Un peu court comme explication. On en était resté là. Il semblait calmé. Au mois d'août 1978, son état empira brusquement. Un conflit imaginaire l'opposa au propriétaire d'une villa proche de la sienne, M. René Barre. Joseph Giordanengo s'empara de son fusil de guerre, un Springfield resté en sa possession, et tira sur le mur du voisin. Puis, proférant sans raison des menaces, il tira en l'air, surexcité. Tout le quartier était en émoi. Il avait fallu l'intervention de la police pour ramener le calme.

Quelques jours plus tard, dans une auberge de Levens, Joseph recommençait à faire des siennes en causant du scandale et en menaçant les gens avec un pistolet automatique 6,35 mm. Devant son état de démence manifeste, on l'interna à l'hôpital psychiatrique Pasteur de Nice, où il séjourna du 31 août au 20 octobre 1978. Au bout de cette période, les médecins le laissèrent rentrer chez lui, sous réserve de le suivre en consultation. Il s'y plia jusqu'au 21 mars de l'année suivante, date à laquelle il ne s'y présenta plus et refusa de recevoir les médecins psychiatres qui tentaient de le visiter. Giordanengo prétendait être soigné et entretenu par sa sœur, mais ne sortait plus de chez lui, se terrait comme une bête, refusant tous les soins et ne voulant voir personne. Sa schizophrénie empirait. Il s'enfonçait inexorablement dans son mal, sans autres contacts avec le monde que les deux débiles mentales vivant avec lui.

Au retour de l'hôpital psychiatrique, il avait menacé, sans raison aucune, de tuer la mère de Mme Terrones, dont la famille habitait une villa mitoyenne, séparée du pavillon des Giordanengo par une murette aisément franchissable, et une dérisoire clôture de fil de fer. Ces gens vivaient dans la peur constante de le voir passer aux actes. D'autant que son état mental se détériorait et qu'il portait à nouveau son arme et sa cartouchière.

Quelquefois, lorsque la nuit tombait, le dément sortait de chez lui et se promenait autour de sa maison, souvent vêtu d'un simple pagne noué autour des reins.

Avec sa tignasse et sa barbe hirsutes, ses yeux fous, ses grognements de fauve, il terrorisait le voisinage. La tension montait. Le drame couvait.

Il était 10 heures, ce matin du 5 septembre 1981, quand M. et Mme Terrones entendirent les appels au secours de Mme Giordanengo et de sa fille. Depuis une semaine, Joseph les séquestrait. Il avait barricadé les portes et les fenêtres de la demeure et menaçait de les tuer. Étant donné ses antécédents, et la crainte qu'ils ressentaient depuis de longs mois, les voisins prirent l'affaire au sérieux. Ils prévinrent le commissariat de Cagnes-sur-Mer, qui était déjà intervenu plusieurs fois pour ramener Joseph au calme.

La maison des Giordanengo était bâtie en retrait du chemin Sainte-Colombe. C'était une bâtisse d'un étage, sans style, tout en longueur avec, sur un côté, un garage. On y accédait par une allée fermée d'un portail. Les ronces et les herbes envahissaient le jardin. Depuis longtemps, le maître des lieux ne s'en occupait plus. La nature reprenait ses droits. Devant la façade sud s'étendait un vaste terrain, également couvert d'une végétation désordonnée. Au nord se trouvait la villa des Terrones. À l'ouest, la bâtisse s'adossait à une colline abrupte, revêtue d'épaisses broussailles et de bosquets. Tout paraissait voué à l'abandon et à la sauvagerie. Un cadre convenant parfaitement au remake de *Fort-Chabrol* qui allait s'y dérouler.

Lorsque je pris en main l'affaire de Cagnes-sur-Mer, elle avait un caractère irréversible et s'annonçait d'une exceptionnelle dureté. Mon collègue et ami, Pierre Cohet, dépêché sur les lieux depuis 18 heures 30, m'attendait avec impatience :

– Georges, je suis dans la merde. J'ai deux blessés sur les bras avec un fou furieux qui tire et qu'on n'arrive pas à situer dans la villa.

L'inspecteur principal de la Torre et l'inspecteur Ceriani, du commissariat de police de Cagnes-sur-Mer, avaient tenté en vain de dialoguer avec le forcené. Le

Groupe d'intervention de Nice était arrivé en renfort, emmené par le commissaire divisionnaire Cohet, mais les tentatives pour parlementer avec Joseph Giordanengo avaient encore échoué. Celui-ci refusait obstinément de répondre. À 19 heures 40, Cohet avait ordonné l'assaut. Des policiers munis de gilets pare-balles avaient démoli plusieurs issues et lancé des gaz lacrymogènes. Ils avaient réussi à monter au premier étage et à faire irruption dans la salle de séjour où se tenaient les trois membres de la famille Giordanengo. Joseph, surpris, était cependant parvenu à se réfugier dans une chambre contiguë, cependant que sa mère et sa sœur s'enfuyaient.

Les policiers progressaient en lançant des gaz lorsque le dément, surgissant d'une fenêtre, tira un coup de fusil de chasse à bout portant. Le gardien Benassa s'effondra, atteint en pleine poitrine. Le gilet avait heureusement arrêté le projectile, et Benassa s'en tirait avec une fracture des côtes. Plus tard, c'était au tour du brigadier Viano d'essuyer un coup de feu en plein visage, causant une effroyable blessure[1]. Le dément répondait en tirant dans toutes les directions, et résistait inexplicablement à l'arrosage intensif de gaz lacrymogènes. La situation empirait d'heure en heure. Si on n'arrivait pas à neutraliser Giordanengo au plus tôt, il causerait une véritable hécatombe. L'homme ne se maîtrisait plus et n'avait rien à perdre.

Vers 23 heures 30, sur la demande du préfet des Alpes-Maritimes, mon préfet délégué pour la police m'ordonna d'intervenir. Cossul, Giancarli, Quiriconi et Rius composaient l'équipe d'alerte. Des gens sûrs, bons pour les coups très durs. Nous partîmes pour Cagnes-sur-Mer à bord de deux Peugeot. Il était minuit passé. Une R 5, du CU de Nice, attendait pour nous guider dans la nuit jusqu'au chemin Sainte-Colombe.

Vision dantesque. Des projecteurs éclairaient la villa en proie aux flammes. Une très forte odeur de gaz lacrymogène prenait à la gorge. Des gardiens de la

1. À la suite de cette blessure, le brigadier Viano perdit définitivement la vue.

paix, des CRS et des gendarmes, embusqués dans les fourrés, l'arme pointée, cernaient l'édifice. Les journalistes, à l'affût, m'aveuglaient de flashes, et une foule de curieux s'agglutinait autour de la ceinture de sécurité pour ne rien perdre du drame.

J'ordonnai de faire le vide en éloignant ceux qui n'avaient rien à faire là, puis je pris contact avec mon collègue Cohet, M. Dalex, directeur de cabinet du préfet des Alpes-Maritimes, et le sous-préfet Vial, pour faire le point. Joseph Giordanengo se trouvait toujours à l'intérieur de la maison, puissamment armé d'un fusil de chasse et d'un Magnum 357 Manurhin, pris à un fonctionnaire du groupe d'intervention de Nice au cours de l'assaut. On supposait qu'il avait aussi un semi-automatique 7,65 appartenant à un autre policier. Le forcené, déterminé à aller jusqu'au bout, n'accepterait jamais de se rendre.

Il fallait agir rapidement, investir la maison avec mes quatre gars, la fouiller minutieusement pièce par pièce. Joseph pouvait s'enfuir à la faveur de la nuit, profiter de l'obscurité et de la confusion pour tirer dans le tas. D'autant que les policiers chargés de surveiller la maison semblaient cloués sur place, sachant maintenant qu'ils risquaient leur peau. Il n'y avait pas une seconde à perdre. Il fallait y aller.

Dix minutes à peine après notre arrivée, munis de gilets pare-balles et de boucliers, suivis d'un maître-chien de la gendarmerie, mes hommes et moi avons mis à profit un angle mort pour atteindre sans être vus l'escalier conduisant à la villa. Le terrain était accidenté, malaisé, avec ses herbes et ses branches craquantes. Nous sommes cependant arrivés au but sans être repérés.

Il y avait, à gauche du garage, une petite porte fermée. Au-dessus, la chambre du forcené dont les volets étaient clos. Une épaisse fumée s'échappait des jalousies. Le feu avait pris après le tir groupé d'une cinquantaine de grenades lacrymogènes, et s'était déclaré dans la chambre même de l'assiégé. En toute logique, il aurait dû succomber à un tel traitement. Or, il résistait toujours.

En raison du profil mental de Giordanengo, nous voulions le prendre vivant. Nous appliquerions nos techniques strictes de progression. Toute avancée devrait se faire avec une couverture de protection, en utilisant les angles morts. Nous visiterions la villa pièce par pièce, en silence. J'ai pénétré le premier dans la villa, avec le chien d'attaque de la gendarmerie, suivi de Cossul et Quiriconi. Giancarli et Rius devaient passer par le garage, monter le petit escalier, et pénétrer dans la pièce principale pour le prendre en tenaille. Les gaz lacrymogènes ne s'étaient pas encore dilués et nous incommodaient terriblement. Comment ce type tenait-il le coup depuis des heures dans une telle atmosphère ?

Depuis l'entrée, j'ai crié à Giordanengo :

– Rends-toi. Sors rapidement, le feu se propage. Tu auras la vie sauve !

J'ai répété mon appel plusieurs fois. Pas de réponse.

J'ai demandé au maître-chien d'envoyer son animal mais le chien, en pénétrant dans la pièce, se mit à tourner sur lui-même, refusant d'obéir. Avec les gaz, son flair ne servait à rien.

Protégé par Cossul et Quiriconi, je me suis engagé dans la pièce principale, assez vaste, garnie de meubles médiocres. Je fouillai du regard tous les recoins : personne. S'il avait été là, Giordanengo aurait déjà réagi comme il l'avait fait au cours de cette folle journée.

L'appartement se composait de quatre pièces : le séjour où je me trouvais, deux chambres à ma gauche, celles de la mère et de la sœur, à ma droite celle du forcené, située juste après la salle d'eau et les W.-C. Je fis signe à Giancarli et à Rius de pénétrer dans le séjour. Cossul et Quiriconi investirent la pièce côté gauche en entrant : personne. Dans l'autre non plus. Restait le côté droit. Un petit hall conduisait à la chambre de Giordanengo. Sur sa gauche, un autre menait à la salle d'eau, fermé par une porte en bois. Giordanengo se cachait quelque part par là. Il fallait redoubler de prudence. Quand le fauve se sent pressé dans ses ultimes retranchements, il devient plus redoutable.

L'hypothèse de sa mort avait été avancée. Après tout, il n'avait plus donné signe de vie depuis le lancement des grenades. Mais son silence ne signifiait rien. Nous appliquerions rigoureusement notre technique de progression et de protection.

Je fis un signe. Giancarli et Rius s'engagèrent en silence dans la salle d'eau. Il fallait à présent ouvrir la porte. Giancarli se posta à gauche, Rius à droite, légèrement en retrait dans le hall central. Cossul et Quiriconi assuraient une deuxième protection. Alors Giancarli ouvrit brusquement la porte.

Le forcené qui se trouvait à l'intérieur des W.-C. a pivoté sur sa gauche. Rius a vu le canon du fusil de chasse apparaître dans l'entrebâillement. Instinctivement, il a saisi le canon pour détourner le tir. Mais Giordanengo venait d'appuyer sur la détente. Rius s'écroula, l'avant-bras gauche arraché. Un hurlement de douleur accompagna la détonation. Cossul, qui se trouvait à proximité, s'effondra à son tour, atteint aux genoux. Quoique blessé, il eut le courage et la présence d'esprit de tirer. À la seconde, Giancarli, Quiriconi et moi, nous nous jetions vers le forcené, le fusillant à bout portant.

Joseph Giordanengo, touché en pleine poitrine, s'écroula sur le parquet, lâchant ses armes, un fusil de chasse et un pistolet. Du sang coulait de sa chemise noire échancrée. Avec ses longs cheveux bruns, sa barbe en broussaille, son visage maculé de suie, sa bouche tordue par un rictus, le dément avait un aspect effrayant. Mais il paraissait encore en vie.

Nous avons appelé les pompiers pour qu'ils l'évacuent. Transporté d'urgence à l'hôpital d'Antibes, il succomba quelques heures plus tard.

Nous voulions le capturer vivant. En nous tirant délibérément dessus, il nous avait obligés à riposter. L'affaire s'achevait vingt minutes après notre arrivée. Le bilan était très lourd : quatre policiers blessés, dont deux grièvement. Cela aurait pu être pire si nous n'étions pas intervenus. L'homme était prêt à tout.

À la suite de cette affaire, M. Gaston Defferre, ministre de l'Intérieur, m'a téléphoné personnellement pour me féliciter et me demander quelle récompense je désirais pour mes gars. J'ai demandé la Médaille d'or du courage et du dévouement pour Rius et Cossul, qui avaient été blessés, celle d'argent pour Giancarli et Quiriconi.

Le 10 octobre 1981, dans la cour de l'Évêché, Gaston Defferre décorait mes quatre gars.

CHAPITRE XII

AFFAIRE ROUX – ARLES
2 NOVEMBRE 1983

L'après-midi de ce dimanche 1er novembre tirait à sa fin. Nous étions au milieu de l'automne. Le temps était frais, encore beau. Cette journée aurait dû épuiser lentement son calme dominical, immobile et paresseuse, comme la terre en repos, mais c'est à ce moment que tout a commencé. Le drame couvait déjà depuis quelque temps. L'orage n'éclate jamais dans un ciel serein.

Jacques Roux était chauffeur routier et gagnait correctement sa vie. À trente-cinq ans, ses traits conservaient encore un air d'adolescence. Brun, mince, de taille moyenne, plutôt joli garçon, il vivait en concubinage avec Elysabeth Chabert, son aînée d'un an. De leur union était née Stéphanie, une petite personne qui allait sur ses dix ans, et devant laquelle il fondait. Il y avait aussi Sophie, qu'Elysabeth avait eue d'une précédente liaison et que Jacques élevait comme sa propre enfant. La famille coulait des jours heureux, mais il avait fallu que le démon de midi s'en mêlât.

Jacques avait connu une autre femme. Elle lui avait donné l'envie de recommencer à zéro. Tout nouveau tout beau, il avait quitté sa concubine pour s'établir avec l'autre femme, espérant faire table rase du passé sans y laisser de plumes. En Provence, la sagesse populaire dit : On sait ce qu'on perd, on ne sait pas ce qu'on gagne. Au bout de quelques semaines, Jacques Roux déchanta. Avec sa nouvelle compagne, ça ne marchait pas tant que ça. Il rompit et prétendit reprendre la vie commune avec Elysabeth, mais celle-ci refusa net, n'étant pas femme à prendre les affronts pour des compliments. Elle bénéficiait de la garde des enfants mais sans transiger sur le refus de se remettre en ménage avec son ancien compagnon, elle lui accordait de voir les filles pendant le week-end.

Jacques Roux vivait dans la banlieue d'Arles, avenue de la Libération, sur la route de Tarascon. Là commençait la zone rurale. Il possédait une maison de plain-pied en forme de L, avec un toit de tuiles rouges et une cheminée où il aimait à brûler des sarments. Tout autour, sur la terrasse jaune, poussaient des arbustes. C'était simple, confortable. Un nid où Elysabeth et lui auraient pu mener l'existence sans histoire de tant de couples semblables au leur, si son écart n'avait pas tout gâché.

Les deux fillettes Sophie et Stéphanie étaient chez Jacques en ce dimanche 1er novembre. Le soir tombait. Elles devaient rejoindre leur mère. Quelle mouche piqua alors cet homme pour qu'il tentât un absurde coup de force ? Il renvoya l'aînée et retint la cadette. Pensait-il exercer ainsi un moyen de pression pour récupérer sa compagne ?

Elysabeth, inquiète de la tournure des événements, voulut aussitôt appeler les gendarmes. Sophie l'en dissuada. Elle proposa de retourner avenue de la Libération, de parlementer avec son beau-père, et de lui faire entendre raison. Ce n'était pas un méchant homme, il traversait une mauvaise passe, voilà tout. Elle trouverait les mots, les accents pour le fléchir. Il l'écouterait. L'adolescente ne doutait pas de réussir cette délicate mission. N'était-il pas un père pour elle ?

L'état mental de Jacques Roux était pourtant inquiétant. Il avait écrit sur un cahier son intention de se suicider. Il y a loin de l'intention à l'acte, mais il fallait quand même prendre ça au sérieux.

Sophie s'employa à le calmer. En vain. Au lieu de faire preuve de sagesse et de bon sens, il refusa catégoriquement de la laisser repartir avec sa sœur et se barricada pour soutenir un siège. La situation était bloquée.

Le temps passait. La nuit était maintenant tombée. Elysabeth Chabert, incapable de dominer plus longtemps son angoisse, avait prévenu les gendarmes. Sous les ordres du lieutenant-colonel Vin, ceux-ci avaient pris position autour de la maison, estimant qu'à la vue du dispositif, Roux accepterait de rendre les enfants et sortirait sans opposer de résistance.

Ils se trompaient. Leur présence ne fit qu'augmenter la tension. Jacques Roux refusait obstinément de parlementer et perdait de plus en plus le contrôle de lui-même. La nuit s'écoulait sans qu'on pût déceler le moindre indice d'amélioration.

Vers 3 heures 30, un coup de feu claqua. On savait l'assiégé armé d'un revolver 22 long rifle à un coup. Manœuvre d'intimidation ? Accident ? Personne n'imagina qu'il venait de tirer sur une des otages. Hélas ! c'était cela. Comme Sophie tentait de s'enfuir malgré ses injonctions, il avait appuyé sur la détente. La jeune fille, atteinte en pleine tête, s'était écroulée dans le hall d'entrée, inanimée, au milieu d'une mare de sang.

Cette vision dégrisa Jacques Roux. Hébété, il regarda sans y croire le corps inerte. Puis il se précipita sur le téléphone pour alerter les pompiers. Apeurée par le bruit, Stéphanie se réfugia contre lui. Elle ne comprenait pas. Pourquoi Sophie ne bougeait-elle plus ?

Les minutes succédaient aux minutes avec une désespérante lenteur. Des pensées contradictoires agitaient l'esprit de Jacques Roux. D'un côté, l'horreur d'avoir tiré sur cette innocente enfant qu'il aimait, de l'autre, le refus de lâcher prise. Incapable de réfléchir, il réagissait impulsivement aux événements, s'en tenant pour le reste à ce qu'il avait décidé. Comme un noyé s'accroche à la branche.

Les premiers secours trouvèrent Sophie dans un état désespéré. Elle avait perdu beaucoup de sang et portait au crâne une blessure très grave. Elle luttait contre la mort. Peut-être était-il déjà trop tard. Les pompiers la transportèrent d'urgence à l'hôpital d'Arles. Le forcené leur facilita même la tâche mais refusa de libérer Stéphanie. Après leur départ, il se barricada de nouveau, refusant d'entamer le dialogue avec les gendarmes.

L'attente recommença. La nuit enveloppait de torpeur la maison au milieu des terres. Elle s'enfonçait dans un épais silence que rien ne troublait. Alentour, les gendarmes poursuivaient leur veille. Impuissants.

4 heures 30. La sonnerie du téléphone me tira de mon sommeil. Je décrochai, sachant qu'il allait encore y avoir de l'action. On ne me dérangeait pas au milieu de la nuit pour une vétille. Au bout du fil, il y avait Daniel Chaze, le directeur de cabinet du préfet. En quelques mots, il me mit au courant : une prise d'otage avait eu lieu à Arles, sur la route de Tarascon, en zone rurale. Un différend familial qui avait mal tourné. L'homme s'était barricadé chez lui avec sa propre fille après avoir abattu celle de sa concubine, une adolescente de seize ans. Les gendarmes, qui suivaient cette affaire depuis le début, se trouvaient dans l'impasse. On redoutait que le forcené se livrât à de nouveaux excès. Je devais intervenir sans tarder.

Je fis procéder au rappel de l'équipe d'alerte, une dizaine d'hommes dont deux maîtres-chiens de la compagnie cynophile. Nous chargeâmes le matériel d'intervention dans nos véhicules et partîmes à toute allure pour Arles. J'avais avisé le PC radio de ce que les gendarmes devaient absolument laisser la situation en l'état. J'avais aussi informé de notre arrivée le sous-préfet Roncière et le substitut du procureur de la République Mombel. Je prendrais la direction des opérations sur place.

À 6 heures, nous y étions.

Ma conviction était faite. Il fallait agir rapidement pour sauver la petite Stéphanie de son père. En blessant grièvement sa demi-sœur, celui-ci avait montré qu'il était capable de tout. Des vies humaines étaient en danger. Selon le substitut, peu avant notre arrivée, trois coups de revolver avaient encore été tirés à l'intérieur de la villa. Depuis, le forcené ne donnait plus signe de vie.

– Il a dû tuer la petite avant de retourner l'arme contre lui, estima un gendarme.

– Si l'enfant n'est que blessée nous n 'avons plus de temps à perdre, dis-je, il faut y aller !

Nous avons enfoncé la porte. La fillette affolée s'est précipitée :

– Ne tirez pas sur mon papa ! Ne tirez pas sur mon papa ! Monsieur, ne le tuez pas !

Je me suis saisi d'elle, me retournant pour la protéger de mon corps. Bevilacqua et Bernabeu ont immédiatement fait le bouclier devant moi. Roux avait le visage d'un fou. Il tendit son arme et tira. Le coup ne partit pas.

Je me suis alors précipité à l'extérieur en serrant la petite. Je m'efforçais de la calmer, de la rassurer.

– N'aie pas peur. On ne lui fera pas de mal à ton papa.

Elle leva vers moi un regard bouleversé, noyé de larmes. Je l'ai confiée à un pompier puis je suis retourné dans la villa. Bevilacqua et Bernabeu s'étaient lancés sur Roux pour le désarmer, mais il avait réussi à leur échapper et à s'enfermer dans une chambre. Bevilacqua et Bernabeu enfoncèrent la porte. Roux, dans un geste désespéré, retourna le revolver contre lui et essaya de se tirer une balle dans la tête. Le coup, une fois encore, ne partit pas. Mes gars se jetèrent sur lui, le maîtrisèrent et récupérèrent son arme.

Il était 6 heures 55. Tout était terminé.

– Allez, dis-je, ça s'est bien passé. On rentre.

J'ai entraîné Jacques Roux vers ma voiture pour le conduire au commissariat. Il baissait la tête, essayait de dissimuler son visage aux curieux. C'était un homme abattu, dépassé par les événements. Il s'était enfoncé bêtement dans un engrenage passionnel qui l'avait happé, broyé. À présent, il avait tout perdu.

L'officier de gendarmerie voulait à tout prix l'embarquer dans son fourgon et voyait d'un très mauvais œil le gibier lui échapper et s'en aller dans ma 505, sous la protection de mon groupe. Sans doute estimait-il avoir des droits sur lui.

Dans cette affaire, où avec l'aide de mes gars j'ai sorti nos amis gendarmes d'un mauvais pas, j'ai eu droit, pour la première fois, aux récriminations du colonel qui y avait participé. J'ai même vu une note me mettant personnellement en cause. C'est tout dire. J'avais risqué gros et sauvé une fillette de dix ans. Peut-être ne me pardonnait-il pas de l'avoir tiré d'embarras...

CHAPITRE XIII

AFFAIRE BELKHIRI, MELLAH ET DIAFAT – AVIGNON 30 DÉCEMBRE 1981

– Georges, il faut que tu partes immédiatement pour Avignon. Trois tireurs fous canardent tout ce qui bouge et dans toutes les directions.

C'était Daniel Chaze, directeur de cabinet du préfet. Une fois encore, il me réveillait au milieu de la nuit. Je consultai ma montre : à peine 0 heure 45 !

Les gars avaient commencé à se manifester le vendredi. On avait laissé s'écouler la nuit et la journée du samedi avant de faire appel à moi. On me prévenait avec plus de trente-six heures de retard. Insensé ! Le temps de rassembler l'équipe d'alerte, composée de Cossul, Quiriconi, Steib, Casteldaccia, Sevilla et Scarcella, et quatre maîtres-chiens de la compagnie cynophile, Breart, Cuntzburger, Cianciolo, Suner, et nous grimpions dans la Renault 20 et le break Citroën CX pour foncer vers la cité des Papes où il s'en passait de belles. Un fourgon, contenant notre bouclier « sarcophage », nous suivait. Moins d'une heure plus tard, nous étions arrivés.

Au commissariat central nous attendaient le préfet Keller, Mme le substitut Giacometti, le commissaire de permanence Brachon et quelques autres responsables.

– Nous allons faire le point, dis-je aussitôt. Où est mon collègue, le directeur départemental ?

Mines embarrassées.

– Il est à Cannes.

– Où est son adjoint ?

Même embarras :

– Introuvable…

Tout était à l'avenant. Le commissaire de permanence Brachon était de Carpentras. Il connaissait mal Avignon. L'officier de paix Sacripanti attendait les ordres… J'ai compris que je devais me débrouiller seul. J'ai collecté moi-même les renseignements et j'ai effectué les reconnaissances en pleine nuit, sans l'aide de personne. Les gendarmes avaient établi un cordon de sécurité à l'entour du périmètre dangereux. À part les gens de la base qui me suivaient, je me heurtais partout au vide, au néant. Dans cette absence totale de responsabilité, j'ai tout pris sur moi.

Le quartier la Croix-des-Oiseaux, à proximité des remparts séculaires d'Avignon, était une cité HLM à forte densité d'immigrés d'origine maghrébine. Depuis longtemps, le quartier ne méritait plus son joli nom poétique. Il se résumait à une haie de platanes prise entre deux murs de béton : des bâtisses longues d'une centaine de mètres, hautes de dix étages. Mireille Mathieu a passé une partie de sa jeunesse à cet endroit. Depuis, les choses ont terriblement changé. La cité, réputée peu hospitalière, datait d'une trentaine d'années. Les incidents devenaient de plus en plus fréquents : vols à l'arraché, bagarres, dégradations de véhicules, cambriolages, etc.

– Que voulez-vous, grognait un riverain, les parents ne réagissent pas et la société HLM ne les met pas devant leurs responsabilités.

Quelques jours auparavant, des policiers avignonnais en mission dans ce quartier chaud avaient été pris pour cible par de mystérieux tireurs. On avait relevé trois impacts de balles dans la carrosserie de la voiture. Le vendredi, deux véhicules de police en intervention avaient été bombardés par une pluie de projectiles et sérieusement endommagés. Depuis les fenêtres tombaient sur eux des pierres, des pots de fleurs, divers projectiles. Les policiers avaient dû battre en retraite. Par chance, aucun d'eux n'avait été blessé. Ce même soir, les tireurs s'en prenaient aux immeubles avoisinants, canardant les appartements, arrosant de plomb les voitures, brisant les vitres, cassant les pare-brise, perforant les carrosseries, semant la terreur dans la cité. Sur une R 5, on avait relevé pas moins de dix-neuf impacts ! Un paisible habitant, M. Lautier, qui dînait en famille, avait échappé de justesse à une balle qui, après avoir fait voler en éclats la vitre de sa salle à manger, s'était logée dans un meuble juste à côté de lui.

Le samedi après-midi, deux Nord-Africains avaient arraché le sac d'une jeune femme puis avaient pris la fuite à bord d'une CX volée, avant de se réfugier dans un immeuble de la cité de la Croix-des-Oiseaux. Une fois encore, lorsque les policiers étaient arrivés sur les lieux pour appréhender les coupables, ils avaient été pris sous le feu des tireurs embusqués sur le toit. Impossible de mener à bien leur mission. Un automobiliste passant malencontreusement par là vit éclater sa lunette arrière. La balle traversa le siège passager. Il en fut quitte pour la peur.

Il n'y avait pas encore de victimes, mais depuis plus d'un jour toute une ZUP tremblait de terreur. Dans la seule soirée du samedi, des habitants prétendaient avoir entendu tirer soixante-dix-neuf coups de feu.

– On les entendait et on comptait, commenta plus tard une vieille femme encore sous l'emprise de l'émotion.

Ce n'était l'affaire que d'une poignée d'énergumènes. Les autres se tenaient tranquilles. Mais la Croix-des-Oiseaux ne devait pas dégénérer au point de ressembler aux Minguettes de Lyon. La situation ne pouvait s'éterniser.

– Monsieur le Préfet, Madame le Substitut, déclarai-je avec fermeté, dès 6 heures du matin, je ferai la perquisition qui s'impose dans les appartements occupés par ces trois jeunes. S'ils tirent sur nous, nous n'hésiterons pas à les abattre. Il n'y a aucun doute. Nous serons en état de légitime défense.

Je savais à présent que les tireurs fous étaient trois jeunes Maghrébins : Chérif Belkhiri, un mineur de seize ans, Larbi Diafat, âgé de vingt ans, et Marcel Mellah. Ils étaient armés de carabines 22 long rifle munies de silencieux et de lunettes, et semblaient vouloir transformer la cité en petit Beyrouth. Spontanément, j'avais reçu des renseignements de jeunes Algériens qui voulaient qu'on capture au plus tôt les trois tireurs, car ils portaient préjudice à l'ensemble de la communauté.

Le substitut garda le silence. Le préfet était blême. Il répondit :

– Attendez. Je vais prendre contact avec le ministre.

À cette époque, il s'agissait de Pierre Joxe.

– Monsieur le Préfet, dis-je, nous allons prendre les risques nécessaires pour éviter une effusion de sang inutile. Mais je ne permettrai jamais que mes gars soient tirés comme des lapins. Quoi qu'il m'en coûte.

Peu avant le lever du jour, le quartier de la Croix-des-Oiseaux était investi par mes gars. Depuis une tour de treize étages, j'avais constaté que le toit de l'immeuble qui nous intéressait était désert. Nous cheminerions par un immeuble voisin pour y accéder.

J'ai scindé mon équipe d'alerte en deux groupes renforcés de deux maîtres-chiens, l'un sous mes ordres, l'autre commandé par Cossul. À 5 heures 30, nous avons investi les toits et les paliers des appartements 20 et 16 où nous avions localisé les voyous. Une demi-heure plus tard, je fis des sommations :

– Allez ! Ouvrez cette porte…

Mes hommes obéirent, épaulés par deux gars d'Avignon. En quelques secondes, nous étions dans l'appartement. La brusque lumière tira de leur sommeil Belkhiri et Mellah. En petite tenue, entourés de flics de choc, ils ne frimaient pas. Le plus jeune a spontanément avoué qu'il avait caché deux carabines dans l'appartement voisin, inoccupé. Il y avait aussi un porte-documents appartenant à Mellah, contenant des cartouches de 22 long rifle. Des douilles jonchaient les marches de l'escalier menant au toit. C'était de là que les tireurs fous faisaient des cartons.

Restait à dénicher Diafat. Un rapide interrogatoire m'apprit qu'il se trouvait chez ses parents, 21, rue Georges-Clemenceau. Nous le cueillîmes au saut du lit. Quand il nous vit, il tenta de fuir. Plusieurs femmes d'origine maghrébine s'interposèrent en criant devant notre intrusion. L'appartement se trouvait au sixième étage. Diafat ne pouvait m'échapper. Il cassa une vitre en espérant se faufiler, mais ne réussit qu'à se blesser au coude. Mes gars le ceinturaient déjà.

Larbi Diafat, Marcel Mellah et Chérif Belkhiri étaient des délinquants connus des services de police. Ils seraient bientôt inculpés de tentative d'homicide volontaire par arme à feu, notamment sur des fonctionnaires de police dans l'exercice de leurs fonctions.

L'affaire se terminait bien. Elle aurait pu se transformer en bain de sang. Ia chance avait été de notre côté. Les jeunes Maghrébins avaient tiré sur les gens pendant deux jours et maintenant que nous les tenions, ils ne donnaient aucune explication à leur geste.

Le jour se levait sur Avignon. Le palais des Papes, le Rocher des Dom, les toits de tuiles de la vieille ville se profilaient sur le ciel encore sombre. La double muraille de béton de la Croix-des-Oiseaux restait plongée dans une grisaille noirâtre. Par endroits s'allumait le rectangle d'une fenêtre. Une nouvelle journée commençait, semblable à toutes celles qui l'avaient précédée et à toutes celles qui la suivraient.

Il était 6 heures 30.

La fermeté et le sang-froid avaient payé une fois de plus. Mais j'étais aussi seul qu'à mon arrivée. Aussi peu soutenu par ceux qui auraient dû me comprendre. Nous avions eu droit, mes gars et moi, à un seul moment de vraie détente lorsque le colonel Yoriron et le commandant Vavre, du corps des sapeurs-pompiers d'Avignon, nous avaient offert un petit-déjeuner cordial à leur casernement. De quoi réchauffer le cœur. Mais, rien n'est venu d'ailleurs.

En rentrant à Marseille, tandis que la Renault 20 avalait les kilomètres d'autoroute, j'eus loisir de méditer sur le sens des responsabilités et de la solitude du commandement. Je n'avais pas dormi de la nuit. J'avais envie d'un café bien noir.

Mais il se pouvait qu'en le buvant je lui trouvasse un goût plus amer que d'habitude.

CHAPITRE XIV

Une ou deux fois par semaine, avec l'accord du préfet, je faisais la tournée des boîtes du Vieux-Port, du quartier de l'Opéra, de la Corniche. J'aimais l'atmosphère frelatée de la nuit. C'était une odeur prenante que je retrouvais intacte à chaque étape.

Je n'ai rien d'un kamikaze. Ces tournées, je les préparais minutieusement. Quand on risque sa vie, la routine n'existe pas. Ou bien elle est fatale. Trois gars armés m'accompagnaient. Deux marchaient devant moi, un derrière. Toujours la même formation, un essaim paré de tous les côtés. Un œil non averti nous aurait pris pour de simples passants. Pas les truands.

J'étais très connu. Le téléphone arabe fonctionnait à plein tube. « Le Chinois vient de passer à La Salamandre. Il radine. » Les voyous rancardés s'empressaient de payer et filaient où ils ne risquaient pas de croiser mon chemin. Les boîtes se vidaient du gros gibier à mon approche.

Je m'octroyais volontiers une halte à La Commanderie, chez mon ami Maurice Schemama. J'écoutais une ou deux chansons. Puis, je reprenais ma ronde. Les boîtes ne manquent pas dans les rues de l'Opéra. Il y en a pour tous les goûts.

Quand j'entrais, j'étais reçu comme un seigneur. J'avais la réputation d'être régulier. Je ne venais pas pour me faire rincer gratis mais pour calmer le jeu. Je serrais quelques mains, échangeais quelques paroles. Le patron m'offrait un verre qu'il eût été désobligeant de refuser.

Mes gars, eux, ne buvaient pas. Ils devaient être sans cesse sur leurs gardes.

Il advenait qu'il y eût dans la salle un vieil ami de la rue Caisserie ou de la place de Lenche, de la rue Paradis, des Catalans. Une main me tapait sur l'épaule : « Jo. » L'étape durait alors plus longtemps. On avait toujours à se dire.

Le GIPN se consacrait chaque matin à un entraînement intensif. Je ne ménageais pas le groupe, convaincu que tout relâchement se retournerait contre lui. Rester au meilleur de notre forme pour répondre sur-le-champ à n'importe quelle intervention suppose une discipline de fer dans la conduite de l'exercice. Du temps s'écoule entre les affaires. La vigilance doit redoubler pour vaincre l'apathie. Au patron de maintenir la pression.

Certains nettoyaient les armes ou les véhicules. D'autres jouaient à la pétanque dans la cour du bas-fort Saint-Nicolas, bouquinaient ou écoutaient la radio. L'été, il y en avait qui s'allongeaient en petite tenue au soleil pour bronzer. Cela se déroulait dans une ambiance bon enfant. J'estimais ne pas devoir exercer une discipline tatillonne. Chercher les poux là où il n'y en avait pas n'était pas mon genre. Cette marge de liberté ménageait une soupape de sûreté. Elle entretenait le moral. Les hommes avaient le sentiment d'être considérés comme des hommes. Elle servait aussi à lier le groupe, à entretenir un état d'esprit. Tout se tient.

Un directeur départemental qui avait fait sa carrière avec son porte-plume et qui, de surcroît, me jalousait, prit ombrage de ces pratiques peu orthodoxes.

– Vos hommes ne doivent pas jouer aux boules pendant le service !

– Ils ont reçu mes ordres et ils ont mon autorisation, répondis-je.

Nous en restâmes là.

Contrairement aux apparences, rien n'est plus permissif que de faire semblant d'occuper des hommes en leur imposant des tâches absurdes sous prétexte d'utiliser le temps. Il suffisait que mon groupe fût opérationnel à tout instant. La liberté était beaucoup plus fructueuse et ne présentait aucun danger pour la discipline. « Céder sur l'accessoire pour rester ferme sur l'essentiel », préconise quelque part Montherlant. C'est exactement ça. Au bas-fort Saint-Nicolas, nous menions une vie vraie.

Le samedi matin, j'étais avec l'équipe d'alerte. Vers 9 heures, nous organisions des festins de rois. Plusieurs de mes gars adoraient cuisiner. Leca, Bernabeu, Migliori, Gallet, notamment, se débrouillaient comme des chefs. Ils allumaient un grand feu de bois et grillaient des côtelettes, des gambas, des merguez. À l'automne, on apportait des plateaux de coquillages. Leca, torse nu, surveillait la cuisson, Gallet alimentait le brasier avec de petits sarments de vigne ramenés de la campagne. Leca, de l'extrémité d'une longue fourchette, retournait les côtelettes au moment opportun. De la tranche brune striée de noir s'échappait une odorante fumée tandis que les gouttes de graisse grésillaient en coulant sur les braises.

– C'est prêt !

Le goût des grillades mangées avec mes hommes dans le cadre du fort Saint-Nicolas et du Lacydon, je ne l'ai retrouvé nulle part ailleurs...

Parfois, nous invitions les légionnaires cantonnés au fort à se joindre à nous. C'étaient des types bien, corrects, avec qui nous nous entendions. Il existait une parenté entre nous. Notre groupe avait, dans la Police nationale, une place singulière, une autonomie, comme leurs bataillons au sein de l'armée française. Nous mangions avec bonne humeur, dans une fraternité simple, directe. Cette convivialité, exceptionnelle dans un corps de police, a beaucoup fait pour souder le groupe. J'en suis sûr.

Dans les westerns, l'as de la détente trouve toujours sur sa route un jeune tireur qui le défie. Sa virtuosité ne le préserve pas, elle l'expose. À cause de sa réputation, il devient l'homme à abattre, celui à qui il faut se mesurer pour devenir quelqu'un. Pas dans la vie.

Il faut distinguer le vrai courage, digne d'estime, de l'outrecuidance, méprisable. Pour l'administration, j'étais le commissaire divisionnaire N'Guyen Van Loc. Malgré mon indépendance, j'obéissais au statut de la fonction publique. Pour les truands, j'étais le Chinois. Il s'était tissé autour de moi, depuis ma lointaine enfance, une sorte de légende que les années avaient renforcée. Je restais à ma place, mais elle gênait.

Le Scotch Club, quai de Rive-Neuve, était tenu par un ancien maître d'hôtel d'Antoine Guérini, qui servait autrefois au Méditerranée. L'établissement était fréquenté par Tony le Maltais, un truand de trente-cinq ans brûlant de s'imposer. Il ne m'aimait pas. Il s'était vanté de me descendre, moi et mes gars, avec l'aide de Filippi et de deux ou trois complices. L'ambition du Maltais était de racketter les commerçants du quartier de l'Opéra, et il prétendait faire place nette à mes dépens.

Ses rodomontades me furent rapportées. Je m'arrangeai pour le faire prendre par mon ami, l'inspecteur divisionnaire Tranchant. Celui-ci le tint à ma disposition au commissariat. J'arrivai avec Steib, un de mes gars.

– On va avoir un tête-à-tête musclé, tous les deux, annonçai-je d'emblée.

Tony le Maltais, sur sa chaise paillée, me toisait avec son imperceptible sourire. J'étais d'une humeur exécrable, mais glacé. Je lui ai balancé une série de magistrales paires de claques. Il souriait déjà moins. Alors, j'ai dégainé mon revolver et lui ai enfoncé le canon dans la bouche. Là, il cessa tout à fait de faire le mariolle.

– Écoute-moi bien. Tu t'es vanté de vouloir me tuer. Tu vas tomber pour du racket. Je te fais boucler pour six mois. À ta sortie, tâche d'être calibré, parce que ce n'est pas le commissaire qui te retrouvera. C'est N'Guyen.

– Mais, commissaire, bredouilla-t-il. J'ai beaucoup d'admiration pour vous et je vous respecte. Je vous assure…

Le salaud ! La trouille fait dire n'importe quoi. J'étais fou de rage. Je lui balançai deux autres paires de claques, et je l'empoignai avec force.

– Écoute-moi bien. Si tu veux me tuer, comme tu le prétends, nous aurons le face-à-face d'homme à homme que tu veux. Mais c'est moi qui te tuerai.

Tony le Maltais a été bouclé. À sa sortie, il est allé s'installer à Paris. À Marseille, l'air était devenu malsain pour lui. J'ai su plus tard qu'on l'avait buté. Je n'y étais pour rien.

CHAPITRE XV

AFFAIRE DU GRAND PAVOIS – MARSEILLE
8 MARS 1986

Il faisait beau en cette fin d'après-midi. Un peu frais mais clair. Le soleil avait brillé toute la journée dans un ciel bleu dur. Les jours s'allongeaient. On devinait l'approche du printemps.

Les supporters de l'OM humaient l'air avec l'excitation des grands jours en descendant le Prado : ce soir, sur la pelouse du stade vélodrome, leur équipe affronterait celle de Metz. Ils seraient des milliers entassés sur les gradins pour la soutenir. Il y aurait du sport. Pas seulement sur le terrain.

Pendant que cette foule pittoresque se dirigeait vers le sanctuaire du ballon rond, au cinquième étage du Grand Pavois, un bel immeuble moderne dominant le rond-point du Prado, un drame se déroulait.

Pierre Soubiron, consul honoraire des Seychelles, et sa femme Arlette attendaient la visite de Véronique, leur fille aînée. Ils suivaient les actualités régionales à la télévision. Leur cadette, Valérie, préparait ses affaires de classe. Il était environ 19 heures, Véronique tardait.

– Je vais m'assurer qu'elle est bien partie, dit Pierre Soubiron.

Il composa le numéro. Véronique répondit. Elle exposait les raisons de son retard quand on sonna à la porte des Soubiron.

Valérie ouvrit. Deux hommes, armés de revolvers de gros calibre, le visage couvert de cagoules noires, la repoussèrent brutalement et refermèrent la porte.

Valérie hurla d'effroi. Pierre Soubiron lâcha le combiné qui glissa le long de la tablette, caché par le meuble.

Arlette Soubiron s'était dressée. Elle jeta un regard angoissé à son mari.

– Le coffre, ouvrez-le, intima l'un des malfrats en la braquant.

Elle rétorqua d'une voix altérée qu'il n'en existait pas dans l'appartement. Ils ne la crurent pas. L'autre agresseur s'en prit à Pierre Soubiron :

– Tu vas l'ouvrir ce coffre, monsieur le consul ? gronda-t-il.

Cela prouvait qu'ils savaient chez qui ils étaient et où ils mettaient les pieds. On les avait rencardés.

– Mon épouse vous a dit qu'il n'y en avait pas, confirma Pierre Soubiron.

L'autre le frappa sur l'oreille avec la crosse de son revolver. Les deux truands menaçaient, prêts à de nouvelles violences. Impatients.

Le téléphone était resté décroché et à l'autre bout du fil, la fille aînée entendait tout.

Elle raccrocha et prévint la police.

Quelques instants plus tard, la sonnerie de la porte d'entrée retentit de nouveau. Prenant la mère et la fille comme protection, les gangsters ouvrirent. Ils se retrouvèrent nez à nez avec deux policiers. Valérie et Arlette Soubiron profitèrent de leur stupéfaction pour se dégager et fuir vers leurs chambres. Dans ce laps de temps, un gardien avait tiré vers les deux gangsters sans les atteindre. Le coup suffit à les effrayer. Ils rentrèrent précipitamment dans l'appartement, se bouclèrent à l'intérieur, puis raflèrent l'argent, les bijoux, ouvrirent la fenêtre et enjambèrent le balcon. L'appartement voisin était occupé par une vieille dame, Mme Groseille. Lorsqu'elle vit surgir les deux hommes masqués, revolver au poing, elle tendit les bras en avant comme pour se protéger, la bouche grande ouverte sans parvenir à crier.

La voix de l'homme en cagoule la rassura :

– T'inquiète pas, grand-mère, on ne te veut pas de mal. Tiens-toi seulement tranquille.

Le PC radio m'avisa à 19 heures 30. Dans ces sortes d'affaires, il ne faut pas lambiner. J'ai foncé au bas-fort Saint-Nicolas. Balian et Alfonsi arrivaient avec nos deux véhicules, les fidèles break 505 et Citroën CX, toujours sur la brèche, toujours poussés aux limites. Comme nous. J'ai amené Balian. Alfonsi restait sur place pour réunir le reste de l'équipe et le matériel. À 20 heures pile, j'étais au cinquième du Grand Pavois. Un conseil de guerre se tint chez M. Vilvadi, en face de l'appartement de Mme Groseille. Je me fis donner le plan de l'immeuble et celui de l'étage pour mettre en place mon dispositif.

Le balcon de Mme Groseille dominait l'avenue de cinq étages. Impossible de fuir par là. La souricière se refermait. La prompte intervention des services de sécurité et de la police les avait sans doute surpris. Comment auraient-ils pu imaginer que l'appareil téléphonique resté décroché avait été le grain de sable imprévu faisant gripper le mécanisme d'agression qu'ils avaient minutieusement mis au point ?

J'ai donné mes instructions. On plaça devant la porte de Mme Groseille un bouclier sarcophage à l'intérieur duquel se posta Balian. Il s'agissait d'un caisson blindé sur trois côtés, monté sur roulettes à l'avant pour faciliter les déplacements. La paroi de face présentait, à hauteur d'homme, une épaisse vitre à l'épreuve des balles. Au-dessous, de part et d'autre, deux ouvertures permettaient de glisser une main armée d'un revolver et de tirer.

De chaque côté de la porte d'entrée prirent position deux chiens d'attaque avec leur maître-chien, chacun protégé par deux de mes gars, Viale et Negretti. Deux autres restaient en réserve derrière le sarcophage, dans un recoin opposé du palier. Moi, je me mettrais devant la porte au moment opportun.

À l'extérieur, mes deux tireurs d'élite, Alfonsi et Kovacs, s'étaient postés au cinquième étage de l'immeuble voisin et couvraient la fenêtre donnant sur l'avenue. Ils disposaient de carabines Steyr-Mannlicher équipées de lunettes à amplification de brillance, qui permettaient de voir en pleine obscurité une image correspondant à un négatif. Pour prévenir une éventuelle fuite en voiture, soit par le Prado, soit par la ruelle parallèle, j'établis une surveillance mobile. Sur ma demande, mes collègues de la Sûreté assurèrent un deuxième périmètre de sécurité immédiat. Ma nasse était en place. Aucune évasion possible.

Des voisines avaient assuré que Mme Groseille était chez elle lors de l'irruption des voyous. La priorité absolue serait, comme toujours en pareil cas, de préserver sa vie.

Au préfet de police Bonnelle, nommé à Marseille depuis quarante-huit heures seulement, et au procureur de la République Bartoloméi, j'ai exposé mon plan. Je proposais d'être échangé avec Mme Groseille pour être plus à l'aise dans la conduite de l'action et obtenir la reddition des truands.

Ayant obtenu leur accord, j'ai composé le numéro de l'appartement de Mme Groseille.

– Ici le commissaire N'Guyen Van Loc.

À l'autre bout du fil, un preneur d'otage m'a lancé à la figure pour m'impressionner qu'il était armé d'une grenade.

Ma réponse a claqué :

– Accroche-toi-la aux couilles !

Silence. Je repris d'un ton très dur :

– Respectez la vie de Mme Groseille. Si le moindre mal lui est fait, nous enfonçons la porte et je vous abats tous les deux de ma propre main.

La voix me parvint, à la fois incertaine et menaçante. Cette voix, je la reconnaissais : c'était celle d'un drogué en état de manque.

– Nous ne sommes pas des enculés, disait le truand. On ne touche pas à des personnes âgées. Je sais que tu es régulier. Si tu me donnes deux doses d'héroïne pour moi et mon collègue, je te donne ma parole qu'au bout de cinq minutes nous jetons s'il le faut les calibres par la fenêtre. Nous ouvrons et on se rend à toi.

– Je vais voir, dis-je. Ne quitte pas.

Ma priorité était de sauver la vieille dame. Convaincu de la nécessité de satisfaire cette exigence, je suis arrivé à convaincre le préfet. Le substitut hésitait encore, redoutant le risque d'une overdose fatale. Si les deux camés clamsaient après s'être shootés avec de la drogue procurée par nos soins, nous serions dans de beaux draps ! Je fis valoir qu'un médecin aspirant des sapeurs-pompiers serait présent, prêt à intervenir.

Il faut savoir que des drogués en manque ne maîtrisent plus leurs impulsions destructrices. En revanche, après avoir pris leur dose, ils reviennent à un état normal. Il est alors possible d'entamer un dialogue cohérent pouvant aboutir à des résultats positifs. J'ai pris la responsabilité de leur donner ce qu'ils réclamaient.

– C'est bon, dis-je, il n'y aura aucune violence. Je me présenterai sans arme et en chemise. Je vous passerai sous la porte les deux doses d'héroïne.

Elles m'avaient été fournies par le service des Stupéfiants sur ordre du commissaire principal Bon. J'avais donné ma parole d'honneur, je l'ai respectée. Mes hommes se sont écartés. J'ai retiré mon revolver et enlevé ma veste avant de frapper à la porte.

– Voilà les doses. Vous avez deux minutes pour ouvrir et vous rendre. Après, je ne réponds plus de rien.

Je voulais m'assurer que Mme Groseille allait bien. J'ai demandé à lui parler. Elle est venue derrière la porte.

– Ça va, commissaire. Ils ne m'ont pas fait de mal.

Les deux minutes consenties représentaient le temps nécessaire pour que les deux ravisseurs redeviennent normaux et raisonnables après l'absorption de la drogue. Le délai écoulé, j'ai de nouveau cogné à la porte.

– Tu as tenu parole, nous tiendrons parole, ont-ils répondu. Nous allons ouvrir.

Auparavant, ils ont exigé que j'entre seul dans l'appartement.

– Vous pouvez avoir confiance en nous, disaient-ils.

L'un a même précisé :

– Je suis des Catalans.

Le second a enchaîné :

– Moi, je suis du Panier. Vous connaissez mon oncle Bonnacorsi.

– C'est bon. Maintenant, tiens parole. Ouvre la porte.

Ange Bonnacorsi a ouvert. Je suis entré. Seul. Il tenait un revolver dans la main droite. Je le lui ai arraché. Puis je me suis dirigé vers une porte entrebâillée, sur ma droite. Derrière se trouvait Éric Burle. Il sortit, suivi de Mme Groseille.

– Donne-moi ton arme, ordonnai-je.

Il fit un signe de tête : le revolver était posé sur la commode. Je l'ai récupéré. Écartant Burle, j'ai pris doucement Mme Groseille par le bras. Elle conservait son sang-froid. Je l'ai entraînée vers le palier pour la confier au médecin. Negretti, Viale et Cossul étaient entrés à leur tour pour s'occuper des clients. Ceux-ci n'en menaient pas large.

Sur le palier, Bonnacorsi me regarda d'un air suppliant. C'était un grand garçon mince, avec de longs cheveux bruns. Son regard exprimait une totale déroute.

– Pour ma mère, m'implora-t-il, je ne veux pas être pris par la télévision.

Il avait dix-neuf ans.

J'ai accepté. Je les ai fait passer par la sortie située derrière l'immeuble, au grand dam des journalistes qui les guettaient de l'autre côté, devant l'entrée principale du Grand Pavois. J'ai pour habitude de respecter les adversaires qui ont tenu parole. Burle et Bonnacorsi l'avaient fait.

L'affaire du consul des Seychelles était terminée. Sans effusion de sang. Burle et Bonnacorsi ont été condamnés à dix ans de prison ferme.

CHAPITRE XVI

AFFAIRE BUONCRISTIANINI – MARSEILLE
31 AOÛT 1986

Dans le Midi, les nuits d'août peuvent être très chaudes. La langueur des vacances s'étire sous un ciel criblé d'étoiles. Mais la vie continue, avec ses affres et ses vicissitudes. Il n'y a pas moins d'incidents qu'en d'autres saisons. Ils surprennent davantage, c'est tout. En vérité, la mort n'est jamais en congé. Elle rôde aussi bien par les rues glacées de l'hiver que sur les rives ensoleillées de l'été. Dans les permanences, l'alerte peut intervenir à tout moment.

4 heures 45. L'appel d'urgence retentit au commissariat central de Marseille. Un homme s'était retranché dans un appartement inoccupé du boulevard Mireille-Lauze, dans le 10e arrondissement. Un type dangereux. Aussitôt, le commissaire Jean-François Scoffoni se rendit sur les lieux. Ce dimanche 8 août commençait bien...

Le boulevard Mireille-Lauze est une longue artère maussade qui longe l'autoroute Est en direction de La Pomme et d'Aubagne. C'était autrefois une banlieue plaisante, avec des arbres, des villas. Quelques-unes subsistent encore, témoins d'un passé étouffé, incongrues dans cet environnement de béton. Comme en maints endroits de la ville, on a construit à la hâte, n'importe comment, pour parer au plus pressé. Les rares îlots préservés sont impuissants à racheter cette laideur sans âme.

Le forcené s'était retranché dans l'appartement de Mme Matta, au troisième étage du 171, boulevard

Mireille-Lauze. Dans un état d'excitation extrême, il tenait des propos incohérents. Il demandait une voiture et voulait qu'on lui livre en otage un gardien de la paix, les mains menottées dans le dos. Les policiers hésitaient, ne sachant comment s'y prendre avec lui.

La situation se tendait au fur et à mesure que tournaient les minutes. Soudain, pour montrer sa détermination, le truand ouvrit une bouteille de gaz, dont les vapeurs se répandirent aussitôt dans l'escalier. Tout le monde reflua précipitamment. On fit évacuer l'immeuble par mesure de précaution. Ce fou pouvait tout faire sauter. Il était armé d'une arme de poing de gros calibre et d'une grenade quadrillée dégoupillée. On ignorait toujours son identité.

Il avait tiré plusieurs coups de feu pour impressionner ses assiégeants. Les balles étaient allées s'écraser dans la porte et le mur de l'appartement d'en face. Puis l'arme s'était enrayée et il l'avait balancée par la fenêtre. On en était là.

L'appel du PC radio me tira de mon sommeil à l'aube. 5 heures 45. Un dimanche matin ! J'aurais bien paressé au lit. Mais il fallait y aller. J'ai promptement rameuté l'équipe d'alerte. Cette fois, Gallet, Bacucchi, Alfonsi, Albert et Balian seraient de la partie. Une heure plus tard, j'étais à pied d'œuvre.

Un gardien me tendit un 357 Magnum chargé dont le barillet était bloqué :

– Tenez, c'est celui dont le forcené s'est débarrassé.

J'étais en train de l'examiner quand un soudain bruit de galopade détourna mon attention. Une douzaine de fonctionnaires de police reculaient en désordre. Ils m'apprirent que le forcené descendait du troisième étage pour sortir de l'immeuble. Les événements se précipitaient.

Un jeune homme d'une trentaine d'années, pas très grand, avec des cheveux noirs bouclés, déboucha sur le perron. Il était vêtu d'un pantalon de toile bleue et d'un blouson de cuir. Les doigts de sa main droite se crispaient sur une grenade.

– Si vous approchez, cria-t-il, je fais tout sauter !

Il fallait prendre une décision immédiate pour éviter le massacre des policiers qui l'entouraient. J'ai senti l'urgente nécessité de l'isoler. Je l'ai interpellé :

– Je suis le commissaire N'Guyen Van Loc.

– Je vous reconnais. Vos gars m'ont annoncé votre arrivée en me disant que vous alliez m'enfumer.

Il se lança dans un discours confus, le regard exagérément fixe. Il s'exprimait d'un ton menaçant, proférant des choses incohérentes. Ses phrases ne révélaient qu'en partie le fond de sa pensée. Il ne parvenait pas à les ajuster, à les enchaîner logiquement les unes aux autres. D'emblée, je lui ai pourtant demandé d'accepter un dialogue d'homme à homme.

– Si tu me connais, tu sais que je suis un homme régulier. Je te donne ma parole d'honneur que je ne tenterai rien contre toi.

Il a accepté.

– C'est vrai que je vous connais. J'accepte. Mais je veux une voiture pour partir.

J'ai saisi la balle au bond. Vite, prendre le large pour éviter l'effusion de sang ! Je lui ai proposé de venir avec moi dans ma voiture de service. La R 20 était à proximité.

– Viens. Nous allons partir seuls dans ma voiture. Je suis venu pour t'aider et essayer de comprendre.

Il a hésité un instant. Ses yeux fous ont promené un regard circulaire sur les gens qui l'observaient. Nous étions à la merci d'une réaction désespérée.

– Éloignez-vous ! ai-je sagement ordonné aux gardiens de la paix.

J'ai ouvert la portière. J'ai demandé à mes gars de nous suivre dans une autre voiture, à distance. Le forcené m'y a rejoint.

En montant dans la Renault 20, j'ai vu distinctement dans sa main une grenade quadrillée défensive. Elle n'avait plus de goupille de sécurité. S'il relâchait la pression sur la cuillère une fraction de seconde, l'engrenage fatal se mettrait en route, et nous sauterions.

J'ai démarré en remontant le boulevard Mireille-Lauze, puis j'ai emprunté l'autoroute en direction d'Aubagne, en roulant lentement, sans à-coups. Cette fois, aucun doute : il fallait gagner ou mourir.

Dans ces moments, on est au pied du mur. On ne peut plus reculer. L'attention se concentre entièrement sur le problème. On est obligé de tout voir et de tout observer. Pour s'en sortir. Si l'on n'en est pas capable, mieux vaut mettre sa panoplie au clou et faire un autre métier.

Je me suis tout de suite aperçu qu'il s'agissait d'un drogué en état de manque. Très excité, il continuait de prononcer des phrases incohérentes, voulant absolument savoir pourquoi les flics de l'antigang le poursuivaient sans relâche depuis des jours. Évidemment, cette prétendue filature n'était que le fruit de son imagination survoltée.

Je continuais de rouler avec précaution et parlais pour calmer peu à peu sa nervosité et prendre de l'ascendant sur lui. En opération, je donne l'impression de laisser prendre les décisions à la personne avec laquelle je dialogue. En fait, c'est toujours moi qui dirige. Je devais faire en sorte que le courant passe entre nous.

Soudain, il se tendit.

– J'ai envie de me faire sauter, dit-il d'une voix sourde.

Il pouvait le faire. Pourtant, le matin, quand il avait tiré des coups de Magnum autour de lui, c'était plutôt par désespoir, parce qu'il n'avait pas eu le courage de retourner l'arme contre lui.

Comme s'il lisait dans mes pensées, il ajouta :

– Tirez-moi une balle dans la tête !

Je lui fis remarquer que je n'étais pas armé. Il eut l'air de découvrir cette évidence. Puis, sans transition, il enchaîna :

– Je veux aller voir ma femme à Aubagne. Je voudrais voir mon fils avant de mourir. Il a juste trois ans.

Dans le rétroviseur, j'apercevais la CX blanche de mes gars qui suivait, à une cinquantaine de mètres.

Je venais d'apprendre que le forcené avait un gosse auquel il tenait. J'allais utiliser cette fibre sensible, quand il posa la même question lancinante :

– Pourquoi les antigangs me suivent-ils ?

– Tu te fais des idées. Personne ne te suit. Pourquoi le ferait-on ? Réfléchis. Tu dois chasser ça de ta tête.

Alors, il a commencé à me parler de la drogue. Il lui fallait cinq grammes de cocaïne ou héroïne par jour, et il se sentait en état de manque.

– Il me faut ma dose, dit-il plus tard. J'en ai une dans ma sacoche.

Celle-ci se trouvait sur la banquette arrière.

– Alors, prends-la, ai-je dit.

Pendant cette conversation poursuivie d'une voix saccadée, haletante, sans en avoir l'air, je n'avais pas cessé d'avoir les yeux fixés sur sa main gauche : elle tenait la grenade, près de son visage, au bout du bras replié. Tout à l'heure, quand il m'avait demandé de lui tirer une balle dans la tête, il avait proposé de me la donner.

– Si tu veux, je m'arrête et tu prends ta came.

Il fit un signe d'assentiment. Je me suis garé le long de la bande de sécurité, sur le côté droit. Nous nous trouvions un peu avant la bretelle de sortie d'Aubagne. En contrebas filaient les deux lignes de chemin de fer, l'une vers Nice, l'autre vers Marseille. Une végétation rabougrie vivotait entre les ballasts. Les rails brillaient à vif sous le soleil déjà chaud. Devant nous s'élevaient d'énormes pylônes de béton soutenant le pont.

Le gars prit sa sacoche, la posa sur ses genoux, et sortit avec fébrilité un sachet blanc contenant de la poudre blanche. Il dit les yeux brillants :

– Il y a cinq grammes d'héroïne. Il y en a pour cinq cents francs.

Il tira de la poche de son blouson un long couteau – une vendetta –, vida le sachet sur le plat de la sacoche, écrasa la poudre à l'aide de la lame et dessina des stries afin d'obtenir de petites colonnes de poudre. Puis il posa la vendetta sur le tableau de bord, prit une paille en matière plastique et sniffa des deux narines.

Pendant qu'il opérait, je fis main basse sur le couteau.

Dehors, il faisait beau. C'était l'été. Une paisible journée de vacances pour beaucoup de gens.

Au bout de deux minutes, le faciès de mon passager se modifia. Sa nervosité s'atténua, il me regarda d'un air presque amical.

– Vous êtes régulier.

J'ai brusquement senti que le courant passait enfin. Je pouvais user de psychologie. J'ai commencé à le manipuler avec précaution.

– Tu aimes ton fils. Tu as envie de le revoir, tu me l'as dit à l'instant. Si tu l'aimes autant que tu le prétends, il faut que tu vives pour lui. Tu n'as pas le droit de le laisser tomber, ce gosse.

Il me regarda, touché :

– Vous êtes un gars bien, commissaire. Je tiendrai parole. Je ne vous ferai aucun mal.

Nous avons continué à parler de ses problèmes familiaux, en particulier de son fils. Il était très sensible à mon effort de compréhension. Sans s'en rendre compte, il en était venu à se confier. À présent, cette confession devenait un besoin et le poussait à dévoiler les secrets de sa vie. Il ne supportait plus sa solitude. J'étais celui qui le comprenait, qui lui tenait le langage qu'il attendait. En fait, c'était une victime de la drogue. Des copains truands l'avaient entraîné dans cet enfer et il ne pouvait plus s'en sortir.

– Il faut te guérir de cette saloperie, insistai-je. Il faut que tu puisses élever ton fils, plus tard.

Il hocha tristement la tête, puis me regarda avec étonnement.

– Vous n'êtes pas un flic comme les autres.

Je poussai l'avantage.

– Si tu as confiance en moi, donne-moi maintenant ta grenade.

– Je vais sortir de la voiture. Je vais la jeter. Mais je ne veux pas aller en taule.

Il ouvrit la portière. Je le laissai sortir. Il enjamba les deux voies ferrées puis d'un ample mouvement du bras, il balança la grenade contre un pilier de béton. La détonation ébranla l'atmosphère tandis que jaillissait un nuage de poussière.

J'étais sorti de la voiture. Mon estomac se serra. Je réalisai soudain le danger que j'avais encouru. La mort m'avait épargné encore une fois. La baraka.

J'ai enjambé à mon tour les deux voies ferrées. Le toxicomane tentait de fuir et courait en direction de la route nationale. La grille hermétique longeant l'autoroute des deux côtés l'arrêta net. Ne pouvant aller plus loin, il se retourna et me fit face. Sa main glissa vers sa ceinture, mais il comprit que son geste était inutile.

J'étais armé de mon Magnum 357 quatre pouces Manurhin. J'aurais pu l'abattre. Je ne l'ai pas fait. Nos yeux se sont rencontrés. En un quart de seconde, il sut qu'il avait perdu la partie. Ses bras glissèrent le long de son corps et il baissa la tête.

Mes gars nous rejoignirent, se saisirent de lui et le ramenèrent à la Renault 20. Je m'installai à côté de lui, évitant de lui passer les menottes. Un climat de confiance s'était établi entre nous, inutile de le détruire. J'avais raison. Tandis que nous roulions vers Marseille, il se pencha vers moi.

– Commissaire, c'est moi qui ai fait hier le hold-up de La Bouilladisse et aussi, la semaine dernière, celui de Ceyreste.

Il n'avait aucun papier sur lui.

– Je m'appelle Claude Buoncristianini, dit-il. J'habite Aubagne.

Nous sommes passés au bas-fort Saint-Nicolas, puis je l'ai amené à la Sûreté pour procéder à son interrogatoire, harcelé par mes collègues de la PJ qui voulaient le prendre. Buoncristianini s'y opposait, exigeant de ne parler qu'à moi, d'homme à homme. Lorsque tout le monde est sorti, il a dit cette chose incroyable :

– Je veux avouer à vous seul que j'ai commis près de soixante hold-up. Je ne parlerai qu'à vous parce que vous avez été correct avec moi.

Je lui ai offert une cigarette et l'ai laissé parler. Très vite, il m'a énuméré une série de hold-up commis à Aix-en-Provence, à Eoures, à Avignon, Toulon, Marseille, Nîmes, entre 1979 et 1986, évoquant ses braquages avec une précision incroyable. Les drogués ont une mémoire infaillible. Je n'en croyais pas mes oreilles, et pourtant la litanie continuait. Caisse d'épargne de Châteauneuf-les-Martigues, Banque populaire de Cavaillon, Crédit agricole de La Bouilladisse, Caisse d'épargne de Carcassonne, Agence P. et T. de Lamanon. Il ne s'arrêtait plus.

– Commissaire, dit-il, quand j'en aurai terminé, je sais que le Milieu me condamnera. Je veux mourir. Donnez-moi votre arme. Je veux me tirer une balle dans la tête.

Il avait conscience qu'en me livrant les noms et prénoms de ses complices des soixante-neuf hold-up auxquels il avait participé, dont quatorze avec prise d'otage, il transgressait la loi du silence. À un autre moment, il voulut même se jeter par la fenêtre. J'ai réussi à l'apaiser de nouveau et il s'est assis pour continuer ses aveux.

Buoncristianini avait décidé de dénoncer ce Milieu qui avait détruit sa vie. Cela avait commencé en 1979, date de son mariage. Au début, il voulait réussir par son travail et avait même passé des examens à la SNCF.

Très vite, il s'était aperçu que sa vie de couple devenait impossible en raison des horaires et du salaire dérisoire. Il s'estimait capable de faire mieux. Alors, il avait commencé de petits braquages en prenant des risques calculés. Puis, des coups plus gros, rapportant beaucoup d'argent. Enfin, la drogue, le cycle infernal. Une seconde descente, vertigineuse, inexorable. Ses besoins d'argent sont devenus de plus en plus importants. À la hauteur des prises qu'il lui fallait. Un gramme par jour… deux… aujourd'hui, cinq.

Je ressentais une profonde compassion, de la pitié. Face à cette vie gâchée par la faute des trafiquants de drogue, par une faillite de la volonté, je ne pouvais rien sinon manifester un peu de chaleur humaine. Pourtant je n'étais pas en présence d'un enfant de chœur. La litanie de ses tristes exploits le soulignait assez. Il était étonnant que Buoncristianini ait échappé jusqu'à ce jour aux mailles du filet. Il n'était même pas couché au Sommier. Pourtant, il ne mentait pas. Il n'avait rien à voir avec ces mythomanes qui collectionnent des faits divers, découpent les comptes rendus des journaux pour se les attribuer. Les vérifications effectuées dans les archives de la police judiciaire prouvaient qu'il disait vrai. Il fallait maintenant consigner sa déposition.

Je voulais éviter que n'importe quel inspecteur le cuisine. Il se serait muré dans le silence ou se serait rétracté. J'ai appelé mon jeune collègue Henri Gentet, un commissaire calme et prudent qui convenait parfaitement à l'état d'esprit de Buoncristianini. Je n'ai eu aucune peine à persuader celui-ci qu'il pouvait avoir la même confiance envers Gentet qu'envers moi-même.

– Je m'en porte garant, ai-je dit.

Gentet est entré. Derrière la porte, les inspecteurs de la PJ enrageaient d'être tenus à l'écart, frustrés de voir échapper une affaire hors du commun. Les rivalités internes, la guerre des polices ne relèvent pas de la légende. Elles sévissent à tous les échelons. J'ai eu à en pâtir à maintes reprises au cours de ma carrière.

Gentet a vite gagné la confiance de Buoncristianini. On ne lui avait toujours pas passé les menottes. Il pouvait fumer. On lui donna à boire et à manger. Le truand nous en savait gré et parlait sans que nous ayons à le contraindre. Au bout de dix heures d'audition, j'ai dû le remettre à la PJ, une information ayant été ouverte pour la continuation de l'affaire. Le procès-verbal des aveux recueillis par Gentet était énorme. De vraies scènes de western.

– Après ça, dit Buoncristianini, vous allez avoir du travail pour des mois.

J'ai mis les inspecteurs en garde contre sa volonté suicidaire. Après ce qu'il venait de déballer, il constituait une menace vivante pour beaucoup de truands.

Inculpé, Buoncristianini fut incarcéré à la prison des Baumettes, dans un quartier de haute surveillance, isolé des autres détenus.

En raison de son pedigree, il ne méritait pas moins.

Dans la soirée du mercredi 3 septembre 1986, les geôliers découvrirent Claude Buoncristianini pendu à un barreau de la fenêtre. Ce prisonnier hors du commun s'était suicidé dans sa cellule à l'aide des lacets de ses baskets. Certains n'hésitèrent pas à parler de bavure pénitentiaire. Buoncristianini aurait dû être surveillé. On imaginait mal qu'un truand repenti de son envergure, ayant menacé plusieurs fois de se suicider au cours de son arrestation et de son audition, ait été livré à lui-même, dans sa cellule, sans surveillance.

Ce suicide arrangeait le Milieu marseillais. Depuis le lundi, plusieurs truands fichés au banditisme avaient été interpellés. Buoncristianini devait être prochainement entendu par plusieurs juges d'instruction et des policiers venus de différentes régions. Désormais, il ne parlerait plus. Il était mort, sans avoir eu le temps de dévoiler à la justice tout ce qu'il savait.

Pour la seule ville de Marseille, en 1988, on a dénombré plus de huit mille toxicomanes et trafiquants. Il y a eu 1 625 interpellations effectuées par la PJ, la Sécurité urbaine et les gendarmes. À elle seule, la PJ a établi 1 026 procédures. Ces chiffres indiquent l'ampleur du fléau.

Si l'on examine le fonctionnement du marché, c'est encore pire. Il se vend approximativement à Marseille 4 kg d'héroïne par jour. Une dose de cette drogue correspond à 0,25 g. Il faut en moyenne deux doses quotidiennes à un toxicomane. Pour se les procurer, il est prêt à tout.

On peut estimer sans exagération que 55 % de tous les délits proviennent de la drogue et de son usage. 1 kg d'héroïne se vend entre quarante mille et cent mille euros, selon le degré de pureté. Par exemple, la drogue libanaise est à 25 % de pureté par rapport à la marseillaise qui atteint 90 %, presque la perfection. Un titre de gloire dont la ville se passerait volontiers.

Toujours à Marseille, une des plaques tournantes du trafic, une dose de 0,25 g se vend trente euros. Mais pour obtenir des profits beaucoup plus importants, 1 kg de drogue pure à 90 % est parfois revendu avec coupage en 10 kg. La multiplication des bénéfices se fait par ce biais. Les chimistes incorporent diverses substances à la poudre, et le tour est joué. Des hommes sont prêts à prendre tous les risques pour toucher à ce pactole. Ils ont des circuits, de l'argent, des protections. En face, de quoi l'État dispose-t-il ? L'hydre repousse chaque fois qu'on lui tranche un membre. On ne frappe jamais à la tête.

La PJ de Marseille compte actuellement un effectif de soixante gars qui, grâce aux diverses mesures prises, va être bientôt augmenté de vingt hommes. Cet effort est très louable. Je l'estime néanmoins encore insuffisant. Si nous ne répondons pas au problème par des décisions adaptées le plus rapidement possible, nous risquons fort, dans les dix ans à venir, de rattraper les Américains chez qui 80 % des délits proviennent de la drogue et de son usage. Telle est ma profonde conviction.

Je reste pessimiste. La guerre contre la drogue est en passe d'être perdue, si elle ne l'est déjà. Les chiffres parlent, il faut les écouter, même s'ils sont insupportables à entendre. Marseille a toujours été une plaque tournante de la drogue parce qu'elle a les meilleurs chimistes du monde. Ils raffinent et le flot d'argent coule à cent vingt euros le gramme. Il circule plus de quarante-cinq millions d'euros par jour, et sans doute suis-je au-dessous de la vérité. Quand tant d'or pèse sur le plateau de la balance, elle penche de son côté, forcément. Sur l'autre, la détresse, la mort par overdose, les exécutions, la déchéance, le désespoir, la ruine, tout ça pèse moins que fétu de paille.

Alors, oui, je le répète avec force, je suis pessimiste. Il faudrait rassembler toutes les volontés et tous les talents pour mener une action efficace. Ce n'est pas fait.

Ce ne sera pas fait. Il faut compter avec les rivalités internes, les oppositions de la hiérarchie, la veulerie de certains, l'ambition des autres, les conflits d'intérêts, toutes les formes de pression. Quelques réussites brillantes, sur lesquelles se porte d'emblée l'attention des médias, ne doivent pas faire illusion. La douane arraisonne un voilier. La télé montre en gros plan une cache de cannabis… Pour une belle prise, combien échappent à notre vigilance ? Combien passent entre les mailles trop larges du filet ?

Les meilleurs éléments s'en vont ou se résignent à ne pas faire de vagues. Certaines actions d'éclat peuvent même paradoxalement se retourner contre leurs auteurs, écrasés par l'ampleur de la tâche ou, plus encore, lassés par les obstacles à surmonter à l'intérieur même de cette police dont ils sont en droit d'attendre des moyens, de l'aide, des encouragements. Leur boulot, ils n'en voient jamais la fin. Toujours recommencer. Ils retrouvent en liberté l'individu appréhendé quelques mois auparavant et qui devrait au même instant purger sa peine dans une geôle au lieu de se pavaner dans la rue. Alors, à quoi bon s'obstiner, sacrifier sa vie ?

Le pouvoir de l'argent donne aux trafiquants les meilleurs avocats, les champions de la procédure. Pour exploiter les faiblesses du Code, ils sont mieux armés que quiconque. S'ajoute à cela un avantage considérable et incontournable : la suppression de la peine de mort. La perpétuité n'est qu'un mot. Aucun condamné ne reste enfermé à vie. Un jour ou l'autre, les portes de la prison s'ouvrent grandes devant lui. La société le tient quitte. Il n'a plus qu'à recommencer.

Passe encore pour le menu fretin, le pauvre camé raflé sur la voie publique, le dealer minable qui travaille à la sauvette, mais les autres, ceux qui tirent les ficelles, les gros bonnets trop souvent intouchables, ceux-là, lorsqu'ils tombent, il faut les traiter avec une extrême rigueur. Aussi suis-je partisan de la peine de mort quand elle frappe à la tête les patrons de la drogue. Il est des cas où la pitié n'est pas de mise, où la volonté de comprendre se transforme en erreur fatale. C'en est une. La lutte contre la drogue n'est plus une simple affaire de police. C'est une vraie guerre. Elle a déjà commencé.

*

* *

J'ai pris mon arme de service et je suis allé au stand de tir. J'éprouvais le besoin de cribler la cible d'impacts. Il y avait peu de monde à l'entraînement. J'ai mis le casque sur mes oreilles. Au bout de la travée, j'ai dégainé et tiré.

Je suis resté là une heure. Je visais juste. J'étais en forme. Les balles touchaient dans le mille. Je me sentais bien, en harmonie avec moi-même.

Quand on sait tirer, on a droit de vie et de mort. C'est un pouvoir terrible dont il faut être digne. Car détenir ce pouvoir signifie qu'on provoque la mort. Quand vous sortez votre arme pour neutraliser un homme, ce n'est pas vraiment lui que vous menacez. C'est la mort.

CHAPITRE XVII

PROTECTION DU JUGE FALCONE

Un télégramme confidentiel de la préfecture de Police m'avait prévenu de l'arrivée imminente du juge Giovanni Falcone. Je connaissais de nom ce personnage d'exception. Il était certainement le juge le plus menacé du monde. De l'avis unanime de ceux qui s'occupaient de la drogue, ce croisé de la lutte antimafia, cet homme intrépide et tenace était la cheville ouvrière de la guerre sans merci opposant la justice à « l'honorable société ».

Le préfet de Police confirma ma mission de protection de Giovanni Falcone et de ses collègues venant de Palerme. Leur visite à Marseille prouvait l'étroite collaboration de la France et de l'Italie, en vue d'accroître l'efficacité de la lutte contre ce cancer noir qu'est la mafia, dont les métastases rongent le corps social.

Le commissaire principal Minana, patron des Stups à Marseille, était un des plus compétents et des plus performants. Je regrette qu'il ait dû quitter la ville pour une affectation au Mexique. Ensemble, nous sommes allés chez le juge Michel Debacq. En qualité d'auditeur, celui-ci avait été l'assistant de Pierre Michel, assassiné le 21 août 1981 dans une contre-allée du boulevard Michelet.

À trente-deux ans, Michel Debacq avait déjà les projecteurs de l'actualité braqués sur lui. Il n'avait pas hésité à se rendre à Palerme pour s'entretenir avec le juge Falcone, « le tombeur de la mafia », et depuis avait entrepris de démanteler le réseau de trafiquants connu sous l'appellation de « Pizza Connection ». Grâce à lui, trois restaurateurs en vue sur la place de Marseille se trouvaient sous les verrous : Mario Piazza, propriétaire du restaurant Les Platanes, Mariona Piazza, dont l'établissement, une pizzeria en vogue, était situé place Thiars, et André Manoukian, du Stop.

Debacq et Minana me demandèrent de m'occuper de l'hébergement et de la protection de Giovanni Falcone et de ses collègues, Schiacchitano, Di Francisci, et Di Pisa. La nécessité d'assurer cette protection vingt-quatre heures sur vingt-quatre m'obligea à mobiliser l'effectif complet de mon groupe. Pour des raisons pratiques, relatives à l'éventualité d'une intervention immédiate, je choisis de les loger à l'hôtel Sofitel du Vieux-Port.

Cet hôtel ultramoderne fait face au bas-fort Saint-Nicolas, dont il est distant d'une centaine de mètres. Je connaissais le directeur, Jean-Louis Chadel, et son maître queux Marc Bayon, Clé d'or du Gault et Millau. Je misais sur cet avantage. S'il survenait quoi que ce soit, j'étais sur les lieux à l'instant même.

La sécurité et la protection d'une personnalité telle que Giovanni Falcone imposaient de limiter les risques au minimum. Il n'existe pas de sécurité à 100 %. Il suffit d'évoquer les noms des présidents Sadate et Kennedy, de son frère Bob, d'Indira Gandhi et de Gandhi lui-même pour s'en convaincre. Dans tous les cas, les systèmes en place ont été déjoués et le destin a frappé. Je veillai toutefois à mettre tous les atouts dans ma manche.

Giovanni Falconne changerait chaque jour de chambre et d'étage. Ses deux collègues occuperaient les chambres mitoyennes, celles d'en face étant mise à la disposition de mes gars qui s'y tiendraient en permanence. Les chambres situées au-dessus et au-dessous seraient surveillées quotidiennement. À aucun moment la surveillance ne se relâcherait en l'absence de nos hôtes, et les hommes de garde seraient remplacés toutes les deux heures, afin que leur vigilance ne faiblisse pas.

Les mêmes impératifs guidaient mes décisions en matière de déplacement. Chaque jour, Giovanni Falcone serait transporté selon des itinéraires différents, dans des voitures différentes, à des heures différentes. La coordination constituait un véritable puzzle. Tout parcours en voiture nécessite le concours de pilotes titulaires d'un permis de conduire rapide sachant appliquer, en cas d'attentat, des mesures de protection immédiate de la cible. Par exemple, lors d'une embuscade, la voiture d'escorte devait servir de bouclier pour permettre à celle de la personnalité protégée de décrocher.

Les points faibles du dispositif étaient la densité de la circulation à Marseille à certaines heures, l'étroitesse des rues, les embouteillages monstres qui les bloquaient régulièrement. Pour s'ouvrir un passage, force était d'utiliser le gyrophare et la sirène, ce qui avait pour conséquence fâcheuse de nous faire repérer.

Le 20 octobre, un message confidentiel confirma l'arrivée de Giovanni Falcone à l'aéroport de Marseille-Marignane, à 17 heures. Malgré les consignes de discrétion, les journalistes Alex Panzani et Monat, du *Provençal,* et Jérôme Ferracci, du *Méridional,* étaient au courant. Quand j'ai quitté le bas-fort Saint-Nicolas avec nos trois voitures, ils attendaient notre sortie. Quelqu'un avait refilé le tuyau.

À Marignane, le juge Debacq m'attendait dans la salle d'honneur. Je jetai un regard circulaire sur le terrain. D'accord avec mes collègues Cracowski, directeur de la PAF (Police de l'air et des frontières) et Dubois, des mesures de sécurité rigoureuses avaient été prises. Des CRS et des gendarmes gardaient les points sensibles de l'aéroport.

L'avion se posa à 17 heures 30, avec une demi-heure de retard, à cause du luxe de précautions déployées par les services de sécurité italiens avant le décollage. Maintenant que l'avion était arrivé sans encombre, la responsabilité du bon fonctionnement des opérations m'incombait. Le juge Falcone descendit de l'appareil, escorté par un magistrat et un policier. Je les ai aussitôt pris en charge. Nous sommes montés dans les voitures banalisées et avons filé sur Marseille.

Le premier contact fut simple et chaleureux. Giovanni Falcone était un homme de quarante-sept ans, de taille moyenne, avec un port de tête de *condottiere*. Il portait une belle barbe poivre et sel. Un sourire malicieux éclairait son visage, le rendant tout de suite très sympathique.

Giovanni Falcone ne venait pas à Marseille faire du tourisme ni rendre une visite protocolaire à son homologue français. Il flairait le gros gibier. Le juge Debacq allait lui amener sur un plateau celui qu'il attendait depuis des années : Antonino Calderone.

Ce dernier était le frère du célèbre chef mafioso Giuseppe Calderone, assassiné en 1978 par les tueurs de Catane, après avoir été, pendant plus de cinq ans, le patron incontesté de toute la Camora sicilienne, représentant la commission interprovinciale de l'île pour tous les accords, économiques et politiques, avec la Cosa Nostra américaine. Une puissance. Une poigne redoutable ne reculant devant aucune exaction, aucun crime, pour parvenir à ses fins.

Giovanni Falcone le savait : une fois Giuseppe Calderone exécuté, l'élimination de toute sa famille ne tarderait pas. Le contrôle du pouvoir était à ce prix. Ces gens-là ne laissaient rien derrière eux. Pas de traces. Pas de témoins. Quand ils décidaient de faire le ménage, ils le faisaient jusqu'à l'ultime grain de poussière. La montée en puissance d'une nouvelle génération balayait tout.

L'air sicilien était devenu irrespirable pour Antonino Calderone, le frère de Giuseppe. Il quitta précipitamment Catane avec femme et enfants pour échapper au massacre et s'installa d'abord en Italie, puis à Nice, où il monta une affaire de blanchisserie dans le quartier de la place Masséna, espérant se faire oublier.

Mais un homme de son importance ne disparaît pas si facilement, quelque précaution qu'il prenne pour se fondre dans la nature. Quand on a été mêlé à la mafia, on en porte l'empreinte indélébile.

*

* *

Quelques semaines après la visite de Giovanni Falcone à Marseille, une grosse matrone vêtue de noir décroche son téléphone et compose le numéro du palais de justice. Nous sommes en octobre 1986. Elle a lu les journaux. Elle a vu les photographies du magistrat de Palerme encadré par mes hommes. Elle sait que l'Indomptable s'est déplacé pour la « Pizza Connection », filière franco-sicilienne de la drogue où quelques pizzaioles marseillais de renom sont liés à des « boss » italiens et dominicains. C'est le déclic. Elle annonce à son correspondant que son mari est disposé à parler afin d'éviter un hypothétique retour à Catane. Là-bas, il sait ce qui l'attend.

Cette mamma plus vraie que nature était la femme d'Antonino Calderone. Elle venait d'abattre une carte maîtresse. Mais la partie continuait.

Calderone savait trop de choses, il ne devait pas parler. La mafia sicilienne le recherchait pour l'abattre. Une course folle s'était engagée. Michel Debacq, ayant réussi à le contacter, avait pu prévenir le juge Falcone de façon que celui-ci revînt en France sans que quiconque ne flaire le vrai motif de ce retour.

En étroite collaboration avec André Minana, chef des Stupéfiants à Marseille, j'assumai la responsabilité de l'ensemble. Une mission à hauts risques nécessitant un luxe de précautions, une présence permanente, de la discrétion. Dans l'histoire de la lutte contre la mafia, cette rencontre était historique. Nous pressentions une affaire immense. Nous ne nous trompions pas. Impressionnant, ce face-à-face entre le juge le plus menacé du monde et l'homme qui allait devenir le plus grand des repentis.

Antonino Calderone mit longtemps avant de passer à table. Il résista la matinée entière et encore l'après-midi du 16 avril 1987, doutant que son interlocuteur fût réellement le juge Falcone. Pour l'en convaincre, il fallut le mettre en relation téléphonique directe avec les États-Unis, joindre Tommaso Buscetta, son vieux comparse, mis à l'abri dans une discrète villa d'outre-Atlantique après ses révélations fracassantes.

Il était 21 heures 50 lorsque Calderone décida de basculer, de devenir à son tour un « repenti ». Le plus gradé, puisque ancien numéro un de la famille de Catane et frère du chef absolu de la mafia sicilienne, que les magistrats italiens aient jamais eu à confesser.

– J'ai décidé de me confier à la Justice dans l'espoir qu'on en tiendra compte, dit-il. Notamment en ce qui concerne le risque très grave que courent mes proches à la suite de mes déclarations.

Alors commença un incroyable récit, des aveux et des révélations d'une cruauté inouïe révélant jusqu'à quel degré d'horreur pouvait aller la mafia. Il avait fallu à Falcone et à Debacq une journée épuisante et des trésors d'arguments pour le persuader de parler et obtenir sa collaboration, mais à présent quelle récompense ! J'entends encore le juge Debacq me dire après l'audition :

– Je l'aurais écouté des jours entiers.

Antonino Calderone sera entendu pendant plus d'un mois, intarissable sur l'organisation de la mafia de Sicile et sur ses ennemis personnels. Rien n'allait plus endiguer le flot de ses révélations. Au fur et à mesure des auditions, l'organisation entière de la mafia défilait, avec ses noms, sa colossale puissance financière, ses réseaux, son horreur, ses alliances avec la Cosa Nostra américaine et le monde politico-économique italien, ses protections occultes.

Tout d'abord apparurent deux clans. Celui des anciens, dont la citadelle était Palerme, avait à sa tête Tommaso Buscetta et son adjoint Salvatore Contorno. Celui des jeunes, implanté à Castane, appartenait à la famille de Nitto Santapaola, et nourrissait de féroces ambitions. Pendant cinq ans, Giuseppe Calderone, accepté par les deux clans, avait réussi à calmer le jeu et à maintenir l'équilibre. Après son assassinat, la voie de la succession s'était ouverte. C'était à qui assurerait sa suprématie. Pour s'imposer, les familles liées aux Santapaola avaient organisé de leur propre chef l'exécution du général Della Chiesa et de sa jeune épouse. Je n'oublierai jamais ces huis clos auxquels j'avais le privilège d'assister. Jamais moisson judiciaire ne fut aussi fructueuse. Antonino Calderone passait en revue chacun des « hommes d'honneur » de chacune des familles, dans chacun des « mandements » et chacune des « provinces », dressant ainsi l'organigramme complet de la mafia. Il n'épargnait personne, livrant les noms des parrains les plus connus et les plus redoutés : Luciano Liggio, Michele Greco dit « le Pape », Salvatore Riina, Nitto Santapaola, Gaetano Badalamenti, Pippo Calo, Giuseppe di Cristina, Stefano Bontate, Carmelo Colleti...

Suite à ces révélations, une formidable purge antimafia frappa à la tête en début de 1988. Cette vaste opération de police, commandée par le chef du Nucleo central Anticrimine, conduisit à l'interpellation de plus de cent cinquante gros bonnets dans toute l'Italie. Avec la perspective d'un procès retentissant dans la prison-bunker de l'Ucciardone, et de graves implications politiques dont les remous ne sont pas encore apaisés.

Pour des raisons évidentes, je ne peux dévoiler le contenu de l'instruction. Mais, au fil des jours, entre Giovanni Falcone, Michel Debacq et moi se sont tissés des liens fondés sur l'estime, une amitié prenant racine dans la dangerosité de nos métiers, les risques encourus ensemble.

Le lendemain de son arrivée, 21 octobre 1986, dans l'enceinte du palais de justice de Marseille, Giovanni Falcone saluait la mémoire du juge Michel au cours d'une brève cérémonie. Les deux hommes s'étaient connus et menaient le même combat. La cérémonie prenait à mes yeux valeur de symbole. La lutte contre la mafia continuait malgré tout. Des hommes comme Giovanni Falcone, Michel Debacq, André Minana en apportaient quotidiennement la preuve. Ils en étaient l'espoir. Ils offraient à la justice le plus bel exemple.

Quelles pensées agitaient l'esprit de Giovanni Falcone devant la plaque dédiée à la mémoire de son collègue assassiné le 21 août 1981 ? La vie d'un magistrat ne pèse pas lourd dès lors qu'il bouscule un certain « establishment » de la pègre internationale.

Falcone en acceptait les lourdes charges. Personnalité la mieux protégée d'Italie, il menait une vie de sacrifices. Un rempart de gardes du corps le protégeait dans ses moindres déplacements. Paradoxalement, lui, le champion de la lutte, ne pouvait plus vivre comme un homme libre. Il avait des nerfs d'acier. Sa cordialité et sa faconde dissimulaient l'étoffe d'un implacable justicier.

*

* *

Malgré les sacrifices consentis par Giovanni Falcone dans sa lutte à mort contre la mafia, à la fin de 1988, écœuré, désavoué par le Conseil supérieur de la magistrature, le symbole de la guerre contre la pieuvre noire se vit contraint de passer la main. L'homme qui avait fait parler Buscetta, Contorno et Calderone, celui qui avait traîné les parrains devant les juges, claqua la porte, et huit autres magistrats de Palerme, appartenant à son pool, demandèrent comme lui à bénéficier d'une nouvelle affectation.

Dans la péninsule, la nouvelle fit l'effet d'une bombe. Le très influent *Corriere della Serra* publia un éditorial retentissant à la une, avec un énorme titre formant les six colonnes : *Tremblement de terre à Palerme*. C'était bien d'un véritable séisme qu'il s'agissait. Tous les quotidiens italiens exprimaient la même stupéfaction, la même inquiétude. L'impensable venait de se produire. La mafia gagnait le premier round.

On commenta fiévreusement la lettre de quatre pages adressée par Giovanni Falcone au Conseil de la magistrature italienne : « J'ai toléré en silence ces dernières années les inévitables accusations. Mais, aujourd'hui, la situation a profondément changé et ma réserve n'a plus de raison d'être. »

C'était l'aboutissement logique d'une crise couvant depuis plusieurs mois. Sa hiérarchie obligeait Giovanni Falcone à composer avec un nouveau chef, Antonio

Melli, professant des convictions radicalement différentes des siennes quant à la conduite des affaires. Falcone aspirait légitimement à cette fonction de chef du bureau d'instruction, qui lui aurait permis de poursuivre son action. On lui avait préféré quelqu'un n'ayant ni la même connaissance des problèmes ni la même méthode pour les régler. Il ne pouvait que démissionner.

Certains virent derrière son départ la main de la mafia qui, n'étant pas parvenue à l'abattre, l'attaquait d'une manière détournée. Les détenus de la prison de Palerme, l'Ucciardone, ont salué la nouvelle d'un beau concert de casseroles. Ce bruit a dû résonner à travers toute l'Italie comme un glas.

Le juge Falcone n'avait cependant pas dit son dernier mot. Devant l'effervescence de l'opinion, l'État italien réexamina la situation de sorte que Giovanni Falcone put, sans perdre la face, reprendre sa démission et poursuivre son action. La perte d'un chef et d'un stratège incorruptible de l'importance de Falcone eût été une défaite lourde de conséquences dans la guerre sans merci livrée à la drogue.

En réfléchissant à cet incroyable imbroglio politico-juridique, je ne peux m'empêcher de le rapprocher de ma propre situation. Si nos caractères et nos fonctions diffèrent, Falcone et moi menons le même combat. Une rigueur et une exigence identiques nous exposant à l'incompréhension, voire à l'hostilité de notre hiérarchie. Là où nous serions en droit d'attendre de l'aide et des encouragements, nous nous heurtons à des obstacles de toutes natures.

Il faut sans cesse être sur ses gardes, mener une lutte épuisante sur deux fronts, avec au cœur la déception de n'être pas soutenu par les siens.

Falcone ne supportait plus la jalousie de sa propre administration. On lui en voulait parce qu'il était trop médiatique. Il suscitait la haine de ceux qui auraient voulu être à sa place mais ne pourraient jamais y accéder. Son existence même accusait leur faiblesse, leur lâcheté, leur incompétence, qu'elle éclairait d'une lumière crue. Il fallait déboulonner l'idole. La montée en puissance d'un homme intègre et de courage constitue une intolérable menace pour les autres sphères de la hiérarchie où des considérations diverses, en particulier politiques, altèrent le sens de la mission. Un caractère inflexible surgissant dans l'univers du compromis et de la stratégie carriériste est un éléphant dans un magasin de porcelaine. Chacun tremble pour sa tasse ou sa soucoupe.

En proie à de semblables menées, ne pouvant plus être efficace, j'ai moi-même décidé de partir. Je pèse mes mots. Une circulaire scélérate, datée du 10 novembre 1987, pensée par Broussard, aidé de Mancini, patron du RAID, et signée par Yvan Bardot, directeur général de la Police nationale, a cassé la cohésion de mon groupe et l'a rendu inopérant, en le soumettant aux ordres du commandant du RAID dans le cas de la venue de celui-ci à Marseille. J'étais le commissaire divisionnaire le plus haut en grade de tous les GIPN de France. Cette circulaire inacceptable manifestait la volonté de me réduire et d'entraîner mes hommes dans ma chute.

En décembre 1987, à sa réception, le nouveau préfet de Police, M. Arsène Lux, est venu me voir au bas-fort Saint-Nicolas, accompagné de M. Ferrandi, directeur départemental. Le préfet refusa d'appliquer cette circulaire tant qu'elle ne serait pas signée par M. Robert Pandraud, ministre de la Sécurité.

Cette décision prouve que cette circulaire était destinée à ramener mon groupe à une quelconque formation, à le faire rentrer dans le rang. À la suite de cette manœuvre, le GIPN de Marseille, considéré comme le plus efficace de France, allait perdre cette qualité, cette compétence, et jusqu'à sa raison d'être. Au moment où l'on ne cessait de prôner en paroles les mérites de la décentralisation, le centralisme parisien administrait la preuve de sa force, de sa volonté de rassembler tout le pouvoir entre ses seules mains. Il n'admettait pas l'autonomie dont nous jouissions, et qui avait permis au GIPN de s'illustrer par d'éclatants succès, montés en épingle par la presse française et étrangère.

Derrière l'hypocrisie des termes se profile l'enjeu. L'efficacité et la réputation de mon groupe faisaient de l'ombre à certains.

Depuis l'entrevue du bas-fort Saint-Nicolas, les choses ont évolué. Hors ma présence, M. Arsène Lux, en décembre 1988, a décidé d'appliquer la circulaire. Je me tairai sur ce reniement. Mais il devint inacceptable pour moi de rester plus longtemps dans la Police nationale, à qui j'avais tout donné.

CHAPITRE XVIII

L'AFFAIRE ZAMPA

La prison des Baumettes est un énorme complexe de pierres grises, dressé au centre d'une aire de terre battue, protégé par de hautes enceintes. Elle est située dans la banlieue sud de Marseille, loin derrière les bastides et les belles résidences bourgeoises.

Depuis la rue, on aperçoit les prisonniers, taches claires appuyées aux barreaux.

Des familles, des proches, se placent là, à bonne distance pour entretenir d'étranges dialogues avec un parent ou un ami incarcéré. On improvise un parloir en plein air. L'administration ferme les yeux. La pratique appartient au folklore d'une ville qui n'en manque pas en matière de banditisme et de délinquance en tout genre.

Alentour s'étend le massif de Marseilleveyre, aux roches escarpées, sans arbre ni buisson. On touche au bout du monde. La nature a dressé un mur cyclopéen qu'il faut franchir pour goûter, loin au bas des pentes plongeant vers la mer, le charme des calanques serpentant entre les rochers. Sormiou, Morgiou, Sugitton, l'Oule, En-Vau, Port-Pin, Port-Miou... Les unes appartiennent au terroir marseillais, les autres à Cassis. Ces collines, les détenus les voient de leurs fenêtres, fermant leur horizon.

J'avais franchi les lourdes portes blindées donnant accès à l'intérieur de la prison. Face à la porte du bâtiment principal, j'attendais un prisonnier pas comme les autres, une vieille connaissance que j'avais mission de conduire au parquet d'Aix-en-Provence. L'individu, très dangereux, méritait un luxe de précautions. Pourtant, dans ma mémoire, je revoyais un galopin aux cheveux en broussaille, courant dans les ruelles des vieux quartiers et qui me ressemblait comme un frère.

La porte du bloc pénitentiaire grinça sur ses gongs. Gaétan Zampa apparut, menottes aux poignets. À cinquante ans, il conservait son allure de jeune homme : mince, élancé, avec une souplesse innée dans sa démarche de félin. Il avait gardé sa belle gueule de voyou qui faisait tourner la tête des filles, un visage allongé au menton volontaire, aux lèvres fines et bien dessinées, au regard dur. Ses cheveux restaient noirs et abondants. Il s'était coiffé avec soin et rasé de près.

Bien que menotté, il voulait imposer sa personnalité de caïd. Il s'arrêta sur le perron et me regarda. Ses lèvres esquissèrent un sourire. Devant mes gars et les inspecteurs de la PJ, il me tutoya comme au bon vieux temps, quand nos destins n'avaient pas encore divergé :

– Alors, Jo, tu t'occupes de moi et du procureur de la République ?

Puis, sans attendre de réponse, il ajouta :

– Tu n'as guère changé.

– Toi non plus, dis-je en lui rendant son regard, tu n'as guère changé.

C'était la plus longue conversation que nous ayons eue depuis longtemps. Pourtant nous avions grandi ensemble, connu les mêmes gens, fréquenté les mêmes lieux. Ce matin, nous nous retrouvions face à face, chacun d'un côté de la barrière.

Gaétan Zampa appartenait à une lignée de proxénètes internationaux. Son père mort en 1973 avait, depuis son bar de la rue Lulli, la Ruche, dirigé un réseau de traite des femmes vers les États-Unis. Tany avait été à bonne école. Lui-même avait tenu quelque temps un hôtel de passe, le Réal, rue de la Tour, face à l'ancienne Potinière d'Antoine Guérini. Il promettait, il a tenu.

Quand j'avais dix-huit ans, je le voyais au Welcome, rue des Catalans. Il fallait déjà compter avec lui dans le monde du proxénétisme. Tany était constamment entouré de filles. Non pas des prostituées, mais des filles du milieu populaire qui allaient au bal et aimaient danser, qu'en grand seigneur il venait cueillir dans sa Cadillac décapotable de couleur vive, grand seigneur entouré de jeunes à sa dévotion : Robert Le Noir, Raphaël, un ami d'enfance de la rue Caisserie, Lucien les Beaux-Yeux, proxénète de haute volée, très beau gosse lui aussi et qui a marqué le Milieu marseillais. Si mes sources sont exactes, il donnait aussi dans le vol et la revente des tableaux de maîtres. Les Beaux-Yeux a fini sa carrière dans un accident de voiture, sur la route de Sanary.

J'ai ainsi assisté, en témoin privilégié, à la montée en puissance de Gaétan Zampa qui s'était allié à Robert Blémant, ancien commissaire de la DST reconverti dans le banditisme et qui était devenu un concurrent sérieux pour Antoine Guérini. J'ai déjà évoqué cette lutte sanglante pour l'hégémonie au sein du Milieu. Je dois cependant en récapituler les phases principales afin d'éclairer la personnalité de Gaétan Zampa et son extraordinaire ascension.

À l'issue de la Seconde Guerre mondiale, le clan Guérini, ayant travaillé pour la Résistance au côté de Blémant, profita de la chute de Carbone et Spirito, coupables d'avoir choisi la « Carlingue », c'est-à-dire le parti de la Gestapo. Antoine Guérini devint le parrain incontesté du Milieu marseillais. Survint alors la guerre des jeux entre le clan de Jean-Baptiste Andréani et Marcel Franscisi, abattu, semble-t-il, par le clan Zernmour dans un parking de l'avenue Foch. Cette guerre se solda par dix-sept morts. La paix fut conclue au 114, boulevard Saint-Germain, dans le bureau de Me Marcel Ceccaldi, père de Julien, mon meilleur ami parisien.

Jean-Baptiste Andréani n'acceptait pas les visées de Robert Blémant sur les cercles de jeux parisiens. Il chargea son ami Antoine Guérini de le faire abattre pour, dit-on, la somme de vingt millions de centimes de francs. L'ex-commissaire fut exécuté sur la route de Brignoles conformément au contrat. Gaétan Zampa, ami de Robert Blémant, protégeait les intérêts de celui-ci avec le clan des Siciliens. Il fut chargé de venger sa mort.

Peu de temps après, Antoine Guérini était abattu dans une station-service. Puis ce fut le tour des tueurs de Robert Blémant. Justice était faite.

Je montai dans ma 505 GTI, pour ouvrir la route. Gaétan Zampa prit place à bord d'un break de la PJ. Une troisième voiture fermait le convoi. J'avais mission de le conduire chez le procureur de la République Dupré, d'Aix-en-Provence, puis de le ramener aux Baumettes. Pour gagner le Parquet, il fallait passer devant le *Roi René* et faire le tour de la ville. Sur la droite s'élevait un bâtiment austère, avec des grilles en fer forgé. C'était là.

Je songeai à nos destins croisés. La dernière fois que nous nous étions vus, c'était justement à Aix.

On inaugurait le Koréa, au bas du cours Mirabeau. J'étais invité en compagnie d'un groupe d'amis. Aix-en-Provence est une cité aristocratique et étudiante qui ne ressemble pas à Marseille. Elle ne sent pas la canaille. Pourtant les gens qui se pressaient dans la vaste salle flambant neuve appartenaient à toutes les couches de la société et venaient de partout.

J'ignore si je devais mon carton d'invitation à Zampa. En tout cas, je ne l'avais pas vu depuis une éternité. Je trempai les lèvres dans ma coupe de champagne et entraînai ma femme, Christiane, sur la piste de danse. Soudain, au milieu de la piste, je sentis un regard peser sur ma nuque. C'était Zampa. Il dansait juste à côté avec son épouse. Nous nous sommes regardés, sans un mot, sans un salut. Nous nous touchions presque et des années-lumière nous séparaient.

La musique a cessé. Il est retourné à sa table, où trois de ses porte-flingue étaient assis. Le caïd ne se déplaçait jamais sans ses gardes du corps. Front bas, mâchoires carrées, élégance voyante. Le physique de l'emploi. J'ignore pourquoi, l'un d'eux m'a défié du regard au moment où je traversais la salle. Sans me démonter, je l'ai fixé droit dans les yeux : duel intense et silencieux qui a duré quelques secondes. Personne ne s'aperçut de rien. C'était, comme dans ma lointaine enfance dans les rues du Panier, l'histoire de la paille sur l'épaule qui continuait. À une différence près, le type avait un calibre. Mais moi aussi. Quand je me suis arrêté devant lui, j'ai entrouvert ma veste et il a vu briller la crosse de mon revolver. Il a fini par détourner les yeux.

Mais je n'en avais pas fini avec Gaétan Zampa.

Pour l'heure, je roulais sous le tunnel du Vieux-Port en direction de l'Évêché. J'émergeai sur la place de la Cathédrale-de-la-Major, énorme monument de style néo-byzantin dominant la mer de ses imposantes coupoles. Sur le parvis, la statue de Mgr de Belsunce levait les yeux au ciel, comme pour le prendre à témoin de cette ville impossible. J'amorçais le virage quand le PC radio prévint :

– Patron, il y a un massacre au bar du Tanagra.

Pas besoin d'autres précisions. Je connaissais l'endroit. Auparavant, sous le nom du Rustique, il appartenait à la famille Ambrosino dont les frères étaient des amis d'enfance. J'exécutai un demi-tour sur les chapeaux de roues.

Les marins-pompiers se trouvaient sur place. De nombreux curieux se pressaient pour apercevoir quelque chose du drame. Le sang et le meurtre attirent toujours le quidam. J'ai dispersé tout le monde puis, le vide obtenu, je procédai aux premières constatations.

Le spectacle n'était pas beau à voir : quatre morts. L'Aga Khan, surnommé ainsi à cause de sa corpulence, gisait au milieu de la salle. En le voyant, je songeai à Jean-Baptiste Croce et à Joseph Mari, car il se trouvait toujours avec eux. Bistoni et Croce avaient fait ensemble un parcours dans les cercles de jeux de Cuba, sous le règne du dictateur Fulgencio Batista, puis Bistoni s'était organisé un réseau de drogue. Plus loin s'étalait le cadavre criblé de balles de Jo Lomini.

Derrière le comptoir, celui de la veuve Ambrosino. Enfin, le corps d'un client étranger à l'affaire, Jean-Claude Napoletano, inconnu des services de police. La barmaid de l'établissement et un pêcheur, blessés, avaient été évacués vers l'hôpital de garde.

Après avoir marqué à la craie la position des cadavres, j'autorisai le transport à la morgue pour l'autopsie.

Commencées vers 19 heures 30, les constatations se sont poursuivies durant plus de quatre heures. Avec l'inspecteur principal de permanence, nous avons relevé quarante-sept impacts.

Évidemment, impossible de mettre la main sur un témoin. Je connaissais cette loi du silence. Elle s'imposait d'elle-même et malheur à qui la transgressait. J'avais pourtant mon idée. Parce que je n'ignorais rien du curriculum vitae de l'Aga Khan ni de celui du Toréador, les causes du carnage devenaient claires. Mais nous vivons en démocratie, il ne suffit pas de nourrir des présomptions, il faut prouver. Et les preuves manquaient. Je ne pouvais que consigner les indices.

En fait, la tuerie du Tanagra faisait suite à l'assassinat de trois hommes du clan du Belge : Di Russo, Jean-Paul Bonnel, dit Jeannot-Cigare, et Lambert, dans les quartiers nord, boulevard Finat-Ducot, où ils circulaient en voiture. Un massacre en entraînait un autre. Le terrible engrenage happait au fur et à mesure les apprentis sorciers qui l'avaient mis en branle.

Depuis mon retour à Marseille, en juillet 1972, j'avais enregistré une série de meurtres tous liés à la guerre des clans de Zampa et du Belge. Le 14 octobre, Félix Péraldi était tué à Propriano. Le 28 octobre, Francis Tourdre grièvement blessé devant le Passe-temps, un cabaret tenu par son épouse. Le 26 décembre, Gualbert Rouvier était assassiné à la Belle-de-Mai. Le 18 février 1973, toujours à la Belle-de-Mai, Émile Chiassa, oncle de Lamberti, et André Katchadourian étaient tués au cours d'une fusillade...

Quoique Marseillais de naissance et amoureux de Marseille, intoxiqué par cette ville sans pareille où se mêlent le soleil et le sang, force m'était de constater qu'en matière de règlement de comptes nous étions au sommet du hit-parade. La population était traumatisée par cette hécatombe. Le fameux coup de filet dont j'ai parlé plus haut était destiné à la rassurer.

Les arrestations produisirent un effet spectaculaire, mais les procédures établies n'aboutirent qu'à des inculpations pour détention de faux documents administratifs, port d'arme et proxénétisme. L'examen de l'arsenal confisqué lors de l'opération laissait penser que l'équipe de la Belle-de-Mai s'était débarrassée des armes utilisées pour les assassinats. J'ai pourtant été frappé par le fait que l'équipe de Gaétan Zampa, dans sa totalité, avait échappé à la répression policière.

Francis Vanveberghe, le Belge, condamné le 7 novembre 1973 par le tribunal de Paris à trois ans de prison et trois ans d'interdiction de séjour, avait dès lors toutes les raisons de croire qu'il avait été balancé par Zampa. À partir de ce moment, ce fut une lutte à mort entre les deux hommes.

J'ai assisté à la chute de Gaétan Zampa, directement liée à l'assassinat de Gilbert Hoareau, le 6 octobre 1983, place Stalingrad, devant le bar des Danaïdes. Cet établissement avait aussi pour habitué Paul Mondoloni, abattu aux allées de Meilhan. Malgré tout ce qu'on a pu dire au sujet de l'amitié qui les unissait, je prétends qu'il existait entre eux un grave contentieux. J'en mettrais ma main au feu.

Les choses avaient commencé à mal tourner pour Zampa le 19 octobre 1983, lorsqu'on avait arrêté sa femme Christiane et Me Duteil, son avocat. Deux jours plus tard, le 21, le juge Yves Grangier les inculpait d'abus de biens sociaux, d'infraction à la législation sur les sociétés, de faux en écritures de commerce et de complicité. La nuit même, ils étaient écroués.

Cette inculpation allait, une fois de plus, me mettre face au clan Zampa. Par le moyen d'écoutes téléphoniques rapportées au préfet de Police, nous apprîmes que Zampa menaçait de mort le juge d'instruction

Grangier et sa famille, le procureur Pierre Truche, ainsi que mes collègues du SRPJ de Marseille, le directeur Jean-Pierre Sangui, son adjoint Vegniadouzi et Girel. Pas moins !

Gaétan Zampa prenait au plus mal l'arrestation de son épouse et la fermeture de ses boîtes, le Krypton et le Mistral à Aix-en-Provence, la Mandigote et le Kennedy's à Marseille, la Locomotive à Cassis. L'établissement la Rotonde, qu'il possédait à Aix, pouvait fermer à tout moment ses portes.

Mes collègues du SRPJ visaient les finances du Milieu. Les prête-noms comme Patrick Royère, Pierre Alfonsi, Jean-Pierre Parenti, Marc Luciani, etc., furent présentés au juge Grangier. Pour comble, la rumeur publique, estimant Zampa responsable de la mort du juge Michel, le désignait comme l'homme à abattre.

*

* *

Suite aux écoutes téléphoniques, je fus convoqué par le préfet Patault et le procureur Truche, qui me chargèrent d'assurer la protection des personnes menacées et du juge.

Le procureur Truche montrait une détermination et un calme sans failles. Le juge Yves Grangier, de son côté, supportait tout le poids de l'affaire. Avec mes gars, nous l'aidions sans relâche à mener à terme son instruction. Nous avions pris la précaution d'éloigner son épouse, qui attendait un enfant, et sa petite fille chez ses beaux-parents, en Haute-Savoie. J'ai personnellement fait l'impossible pour lui éviter la solitude et le découragement. De ce partage des risques, une amitié est née entre nous.

Il devenait urgent de mettre les choses au point, en employant au besoin le langage brutal que les truands comprennent. Je me suis arrangé pour faire passer à l'un des avocats de Zampa le message suivant : « Si mes gars sont blessés ou tués dans cette affaire, je serai impitoyable. Ce sera œil pour œil et dent pour dent. »

Cette ligne de conduite, que je m'étais imposée, était à mon sens l'unique rempart capable de prévenir une opération-suicide. Le procureur de la République et le préfet avaient été avisés. Je n'engageais là que moi-même. Homme de terrain, je sais que, face à des fauves, la survie ne tient souvent qu'à une détermination, une férocité égales aux leurs.

Au cours des mois écoulés entre l'arrestation de Christiane Zampa et celle de Zampa, mes gars et moi avons été mis à rude épreuve pour assumer notre mission de protection. Chaque jour, avec deux hommes, j'allais chercher le procureur Truche dans ma voiture personnelle. Une voiture banalisée inspectait minutieusement les environs de son domicile, boulevard Notre-Dame, et je le prenais vers 8 heures, ayant soin de contrôler le porche, le couloir, l'escalier menant à son appartement. Cela semble évident. Encore fallait-il le faire. De sa fenêtre, Mme Truche vérifiait si le véhicule stationnant devant sa porte était bien le mien.

Mes gars, dressés à l'efficacité, se tenaient sur leurs gardes. Une fois à bord, le procureur avait ordre de se coucher en cas de coup dur. La seconde voiture servirait de bouclier. Chaque chauffeur avait une mission précise. Nous avions envisagé tous les cas de figure, même les plus pessimistes. L'échec peut survenir à chaque instant.

Nous prenions les mêmes précautions sur le transport du juge d'instruction Yves Grangier. Son cas se révélait cependant plus délicat. Il habitait près de la gare de la Blancarde, un quartier traversé de rues étroites et nombreuses, où se mêlent des maisons anciennes et des résidences modernes. Son appartement, situé au rez-de-chaussée, possédait un balcon donnant sur la rue et un autre, du côté opposé, sur une cour intérieure. Il était très facile d'accéder à ce logement. Les CRS reçurent l'ordre de le surveiller vingt-quatre heures sur vingt-quatre. Instruisant cette affaire, le juge Grangier constituait une cible hypersensible. Souvent, pour meubler sa solitude, je prenais une heure ou deux pour en discuter avec lui. Je lui apportais mon soutien sans réserve et celui de mes gars.

Le 27 novembre 1983, Gaétan Zampa fut arrêté par mes collègues de la PJ à Saint-Mitre-les-Remparts, dans la région de l'étang de Berre. On le croyait en cavale en Italie. Il se trouvait dans cette planque à proximité de Marseille, en compagnie d'un comparse et de deux filles. L'une d'elles travaillait dans une boutique de Martigues. Sachant qu'elle était la maîtresse de Zampa, on l'avait mise sur écoute téléphonique. Par ce biais classique, les enquêteurs avaient pu remonter jusqu'à la planque et cueillir le caïd.

Par un étrange retournement du sort, après avoir assuré la sécurité du procureur de la République et du juge d'instruction, j'assurais maintenant le transport de Gaétan Zampa de la prison des Baumettes au palais de justice pendant la durée de l'instruction. Yves Grangier, m'accordant toute sa confiance, l'avait personnellement demandé. J'étais donc le témoin privilégié de cette affaire.

Au fil des jours, j'ai vu Gaétan Zampa craquer physiquement et mentalement, perdre peu à peu sa superbe. Lui, le caïd, celui qu'on appelait le Beau Tany, au cours d'une suspension de séance de son procès, commencé le 24 juin 1984, ira jusqu'à se précipiter tête première contre un pilier pour tenter de se fracasser le crâne. Sous les verrous, il devenait étonnamment fragile, ne cessant de se lamenter parce qu'on l'isolait de sa femme. Progressivement s'effaçait le mythe de l'être intouchable qui, durant des années, avait tenu la ville sous sa coupe. Le roi de la pègre était nu.

Son comportement releva bientôt de la psychiatrie. Il affirma, avec une angoisse non feinte : « Je suis en proie à des forces extérieures qui me dictent ma conduite. Je ne peux résister à ces forces occultes car je suis réduit à l'état de toutou. » Ce sont ses propres paroles. La veille de cette déclaration surprenante, il avait fait une tentative de suicide en se blessant au bras gauche avec son couteau de cantine. Il prétendait maintenant avoir exécuté ce geste contre sa volonté, en obéissant à de mystérieux ordres qui lui étaient communiqués par code.

– Je voulais mourir en homme et non pas en pédé, comme on me le dictait. Je n'ai rien d'autre à ajouter si ce n'est que j'ai peur de mourir d'un arrêt cardiaque.

Il se prétendait victime d'un gaz tout aussi mystérieux, n'existant que dans son imagination perturbée, soutenait que son état était dû à un produit d'origine inconnue qu'on lui aurait inoculé lors de sa première incarcération, en 1964. « Le liquide a modifié la composition de mon plasma », affirmait-il.

Je revois Gaétan Zampa appelé à la barre pour fournir des renseignements. Il était pâle. Son visage amaigri avait les traits tirés. Son regard terne hésitait. Il constatait d'une voix brisée que ses nerfs lui jouaient des tours. L'inquiétude éprouvée pour sa femme le rongeait. Comment un homme de sa trempe avait-il pu se transformer à ce point en si peu de temps ! Il fallait le voir pour le croire. Mais tous les témoins ne le croyaient pas.

Pour lever toute équivoque, le substitut Christian Raysseguier souhaita une expertise médicale au nom du Parquet. Selon lui, cette histoire était cousue de fil blanc. Il s'étonnait que Zampa, après s'être plaint auprès de ses gardiens de ce qu'il avait peur pour sa sécurité à l'intérieur de la prison, ait tenté de se suicider. On était en plein délire. Pour forcer la défense à prendre position, Christian Raysseguier s'adressa directement aux avocats de l'inculpé :

– Estimez-vous l'état mental de votre client déficient ?

Cette interpellation attira sur l'accusation les foudres de la défense, qui répliqua par une vigoureuse charge :

– Ce procès fait eau de toute part, et vous attendez que la défense vole à votre secours. J'estime, comme vous, que Gaétan Zampa est un homme épuisé. Si vous voulez faire quelque chose, faites-le. Mais, pour une fois dans cette procédure, faites-le sérieusement !

En vérité, on avait du mal à admettre cette déficience mentale. Voyou redouté, organisateur génial, Zampa s'était défendu pas à pas avec habileté, en dépit des coups redoutables portés à son empire de boîtes de nuit. Était-il possible qu'il ait soudain craqué ? On connaissait son tempérament nerveux à l'extrême, mais de là à mordre à l'hameçon d'incohérence le transformant en parrain amoindri, voire fini, il y avait un pas que d'aucuns ne franchissaient pas.

Les trois premiers mois de son incarcération, Gaétan Zampa crut être la cible de Gaston Defferre. Le maire de Marseille, après l'arrestation de vingt et une personnes gravitant autour du monde de la nuit dans la région du Sud-Est, le vendredi 21 et le samedi 22 octobre 1983, avait exprimé sa satisfaction au micro d'Europe I. Ce coup de filet répondait selon lui « à une volonté politique et morale d'éliminer Gaétan Zampa ». Le ministre de l'Intérieur avait conclu : « La Justice et la Police ont décidé de rétablir la sécurité et la moralité. Il s'agit là d'un devoir de caractère national. »

Les trois mois suivants, Zampa était persuadé qu'on en voulait à sa peau à tout prix parce qu'on le croyait commanditaire du meurtre du juge Michel. Là-dessus se greffa la nouvelle que son ennemi mortel Francis le Belge allait être libéré de taule. Il savait que celui-ci avait lancé un contrat d'un milliard de centimes pour qu'on le tue. L'étau se resserrait autour de lui. Inexorablement. Son avocat, Me Jean-Claude Simoni, faisait son possible pour le soutenir, mais il ne pouvait que constater l'autodestruction de son client.

Zampa ne mangeait plus. En raison des séquelles d'une opération de l'estomac, il ne buvait que de l'eau. À son affaiblissement physique et moral s'ajoutaient les doutes éprouvés envers ses propres lieutenants. Il se méfiait même de Sauveur Caronia et de Vigier, incarcérés comme lui aux Baumettes. Sur sa demande, le directeur de l'établissement pénitentiaire, M. Solana, consentit à loger dans sa cellule un jeune homme de vingt-quatre ans, Robert Chandler. Cet ancien parachutiste était tombé pour un braquage minable. Il avait été un certain temps videur au Krypton, boîte de nuit appartenant à Zampa.

Dans la cellule, la vie s'organisa. Zampa obstrua la fenêtre en y pendant des T-shirts, afin de n'être pas abattu de l'extérieur. Il occupa le lit supérieur, son compagnon celui du dessous. Sa fin tragique s'explique en partie par un concours de circonstances malheureux.

Beaucoup de détenus des Baumettes recevaient de l'administration l'autorisation d'avoir une corde à sauter pour faire de l'exercice. Chandler, très sportif, en possédait une. Ce jour-là, en l'absence de Zampa conduit comme chaque jour au palais de Justice, il fut appelé au parloir et oublia la corde dans sa cellule. Or, un incident de procédure intervenant lors du procès, mes gars ramenèrent Zampa plus tôt que prévu, à 15 heures au lieu de 19 heures. Zampa, seul dans la cellule, trouva la corde.

C'était une belle journée. Robert Chandler, de retour, prit un bouquin et s'assit sur son lit pour lire. Au-dessus, Zampa l'observait.

La fenêtre de la cellule n'était pas assez haute. Au-dessous, à quelques dizaines de centimètres du sol, passait un gros tuyau horizontal, légèrement décalé du mur : la conduite d'eau. Zampa, avec une infinie précaution pour ne pas alerter Chandler, fixa la corde aux barreaux et la noua autour de son cou. Puis il grimpa sur le tuyau et, d'une brusque détente, plongea vers le sol. Le bruit de la chute surprit Chandler qui se précipita vers Zampa, le souleva, le décrocha et appela au secours. Mais les gardiens ne purent que constater les dégâts.

Chandler avait des connaissances de secourisme acquises à l'armée. Voyant que Zampa ne pouvait plus respirer, il pratiqua une trachéotomie devant les gardiens, à l'aide d'un couteau de fortune. Puis, vidant un stylo-bille de sa cartouche, il glissa le tuyau par l'orifice afin que l'air passe et ramène Zampa à la vie.

Tout s'était déroulé à la fois très vite et avec une extrême lenteur. Gaétan Zampa fut transporté à l'hôpital

Salvator, où les médecins constatèrent que le cerveau n'était plus irrigué. Le patient se trouvait en état de coma dépassé. Autant dire cliniquement mort.

On était le 23 juillet 1984. Curieusement, la famille et les avocats de Zampa exigèrent que sa garde soit confiée uniquement à mes gars, sous ma responsabilité. Ils n'avaient confiance en personne d'autre.

Gaétan Zampa mourut le 16 août 1984, à 19 heures 30. Le parrain marseillais n'avait pas survécu à son ultime tentative de suicide. Il était âgé de cinquante et un ans. Le constat de décès porte cette étrange phrase : « Mort de septicémie galopante ».

Le destin est maître en dérision. La mort d'un truand d'envergure laisse toujours des questions en suspens. Le Milieu redoutait que Tany se mît à table. Il ne l'a pas fait.

Le Belge resta sur sa faim de vengeance. La peau de Tany, il ne l'aurait jamais.

CHAPITRE XIX

LES ASSASSINS DU JUGE MICHEL

Le bureau du juge d'instruction Badie était situé dans les anciens bâtiments qui font face au nouveau palais de Justice, bel édifice de verre, fait de reflets et de transparence, comme on attend que le soit symboliquement un lieu au service de la Loi. La pièce où travaillait Badie n'avait aucun rapport avec cette architecture contemporaine raffinée, esthétique et fonctionnelle. Une peinture terne couvrait les murs, craquelée par endroits de fines lézardes. Des meubles métalliques sans grâce, utilitaires, des dossiers encombrants complétaient l'ensemble. En entrant dans cette pièce, la grande misère de la magistrature sautait au visage.

J'étais assis sur une chaise, en face du juge Badie. Depuis les fenêtres ouvrant sur la rue montaient des bruits de moteurs. Des pigeons aux ailes bleutées se posaient sur les corniches voisines Le magistrat avait souhaité ma présence pour recevoir François Girard, dit François le Blond, supposé être l'un des commanditaires de l'assassinat du juge Michel.

Badie était un jeune magistrat de la même classe que le juge Michel. La même flamme brillait dans ses yeux. Cette flamme, je l'ai aussi trouvée, identique, chez les juges Debacq et Sampiéri. Pour le vieux flic que j'étais, il était rassurant de voir ces jeunes battants mener une lutte sans faiblesse contre le banditisme et la drogue.

François Girard entra dans la pièce, encadré par deux de mes gars qui se postèrent de part et d'autre de la porte. Avant de s'asseoir, il m'a regardé, sans doute reconnu, mais son visage est demeuré impassible. C'était toujours un beau garçon, solide et mince, d'une mise soignée. Il portait une chemise à col ouvert, un pantalon de drap qui tombait bien, un blouson de cuir. Il émanait de lui une impression de force, de puissance. Cet homme-là faisait le poids.

Je ne pus m'empêcher de faire un retour en arrière.

Je revis François le Blond adolescent, déjà grand et athlétique, sûr de lui et de sa force, fier de sa belle gueule de blond aux yeux bleus. Avec Scapula, ils animaient la bande des jeunes d'Endoume, celle de la place Saint-Eugène, au cœur du quartier populaire dressé au sommet de l'énorme masse de rochers appelée colline Samatan. Vint se superposer la vision de François Cecchi, jeune footballeur de l'Union sportive d'Endoume, qui deviendra le tueur du juge Michel.

À cette brochette de truands en taule, il manquait Lolo Altiéri, celui qui conduisait la moto. Il s'était évadé de la prison de la Plaine-de-l'Orbe, en Suisse, où il purgeait une peine de vingt ans de réclusion criminelle pour infraction à la législation sur les stupéfiants. Il manquait aussi Homère Filippi, autre commanditaire présumé, en fuite. Familier de Gaétan Zampa et vieux renard de la French Connection, Homère avait grandi avec moi au Panier. C'était le petit-fils du propriétaire du bar de la place de Lenche. Homère Filippi allait devenir proxénète. Lui aussi s'était volatilisé dans la nature.

Je songeais à mon étrange destin. Tous les participants à la tragédie du meurtre du juge Michel, je les connaissais depuis mon enfance et mon adolescence. L'instruction de l'assassinat du juge avait rebondi au printemps 1986 avec les déclarations de Philippe Wiegsgrill et François Scapula, deux chimistes arrêtés en Suisse, avec Charles Altiéri, dans un laboratoire clandestin de transformation de morphine-base en héroïne. Scapula aimait les belles filles et les belles choses, et ne se sentait pas de passer toute sa vie en taule. Pour bénéficier d'une remise de peine, il balança son vieux copain Girard, l'accusant du meurtre du juge. Avec les miracles de la chirurgie esthétique et de faux papiers, il espérait refaire sa vie ailleurs.

Pendant que le juge Badie inculpait François Girard de l'assassinat du juge Michel, je le revoyais aux Bains de Mer des Catalans. Le destin voulait que j'assiste à cet épisode capital de sa carrière de voyou. Il voulait aussi que j'assure le transport des truands impliqués dans cette affaire, puis leur protection durant leur procès. Seuls échappaient à ma responsabilité ceux qui étaient en cavale, Lolo Altiéri et Homère Filippi. Placé à la charnière de deux univers, je voyais les fils se nouer et se dénouer.

La cour d'assises d'Aix-en-Provence a condamné François le Blond à la réclusion criminelle à perpétuité. Les jurés ont rejeté les circonstances atténuantes à l'homme qui a ordonné la mort de Pierre Michel, restant sourds aux plaidoiries de Mes Marc Grisoli et Pierre Blazy, véritables réquisitoires contre François Scapula, accusateur numéro un du dossier. Scapula, l'ami d'enfance, l'alter ego, le grand frère de Girard qui, préférant le calme de sa cellule helvétique, avait cédé aux sirènes des policiers américains et balancé ses amis. Les dés sont jetés sur le tapis noir de la haine. Girard et Scapula, les deux inséparables d'Endoume, sont devenus ennemis mortels. Un contrat d'un million de dollars a été lancé pour tuer Scapula.

L'ombre du juge Michel plane encore sur ces hommes. J'avais déjeuné avec lui près de la préfecture, au bas de la rue Edmond-Rostand, dans un bar faisant restaurant entre midi et deux, trois semaines avant son exécution. Ce repas amical réunissait, autour d'un couscous maison préparé par l'opulente Mme Germaine, Jean-Baptiste Albertini, le commandant Fabien Charbit de la PAF, l'inspecteur Allègre de la PJ, le juge Michel et moi. L'ambiance était détendue. Pierre Michel appréciait la bonne chère. C'était un homme grand, mince, avec un fin visage intelligent et énergique, dans le style play-boy – ce qui n'excluait ni le sérieux ni la ténacité. Nous n'avons pas parlé métier. Nous passions un moment agréable entre amis. Nous nous connaissions depuis longtemps, mes gars s'occupant sans cesse du transport des prisonniers des Baumettes pour les audiences. Il émanait de Pierre Michel une volonté inébranlable et une calme détermination. Une estime réciproque nous rapprochait, je reconnaissais en lui un homme digne de ce nom. Ces quelques lignes se veulent un dernier salut.

Toutes les affaires auxquelles Georges N'Guyen a participé à la tête du GIPN, les protections assurées en France et à l'étranger, les épisodes quotidiens qui constituent la trame sur laquelle se détachent les faits saillants, ne sont pas évoqués dans ce livre. On a retenu des épisodes exemplaires d'un itinéraire prodigieusement riche dans ses rebondissements multiples et dans sa matière humaine.

Nice, Valence, Avignon, Cagnes-sur-Mer… des noms de victoires remportées tant sur l'adversaire que sur soi-même. On a vu combien de patience, de volonté, d'effort il a fallu pour qu'une poignée de volontaires se transforme en corps d'élite. on pourrait croire que lorsqu'un groupe de cette envergure existe enfin, les moyens seront mis en œuvre pour favoriser son action. On pourrait penser que les responsables n'hésiteront pas à recourir à ses compétences dès qu'un événement grave surviendra. On pourrait même estimer juste qu'il fût récompensé. À en juger, les choses sont plus complexes et plus ambiguës.

Les moyens tardent, les appels sont différés, des menées insidieuses sapent peu à peu l'édifice. Le Chinois n'ignore rien de tout cela. Il lutte pied à pied pour la pérennité de son groupe.

Pourtant sa marginalisation s'accentue au fil des années. Il échappe à la règle commune parce qu'il pratique des règles différentes. Et qu'elles soient le fruit de l'expérience ne change rien, le conflit est latent. La situation se tend de plus en plus. Il ne manque qu'une occasion pour qu'éclate au grand jour le divorce de N'Guyen et du système qui l'a seulement toléré, dans l'exacte mesure où il avait besoin de lui.

Quatrième partie

LA CASSURE

CHAPITRE XX

Il était 8 heures 30 quand le PC radio m'a appelé. Je devais me rendre sur-le-champ à la succursale de la Caisse d'épargne des Cinq-Avenues, à Marseille. Une prise d'otages venait d'avoir lieu. L'affaire s'annonçait très sérieuse. Plusieurs truands gardaient une vingtaine d'otages sous la menace. Pas une seconde à perdre. Je rassemblai mon équipe, composée de Cossul, Quiriconi, Manière, Lemaire, Bevilacqua, Baccuchi, Balian, Turpin, Kovacs, Leriche, Sévilla, Castel, Daccia. Des baroudeurs aux techniques irréprochables et d'un sang-froid à toute épreuve. Nous prîmes nos équipements spécialisés. À 9 heures, j'étais à pied d'œuvre.

Je fis garer mes véhicules boulevard de la Libération, grande artère rectiligne reliant la Canebière aux Cinq-Avenues. Elle constitue, avec l'avenue Foch, où se déroulait le braquage, et trois autres de même importance, l'étoile donnant au carrefour son nom. À l'extrémité de l'avenue Foch, le pâté de maisons se termine par un angle aigu. Un bureau de poste occupe le sommet. Du côté opposé, l'avenue de la Blancarde descend vers le boulevard de ceinture en dessinant la seconde branche du triangle.

Les responsables étaient réunis à l'intérieur d'un petit magasin de jouets, les Galeries universelles, 12, boulevard de la Blancarde. Je rejoignis le commissaire divisionnaire Idais, chef de la Sûreté, le directeur départemental des polices urbaines Pierre Quilici, le préfet Bonnelle, et Pierre Quès, directeur du SRPJ de Marseille. Le procureur de la République, Claude Salavagione, arriva un peu plus tard.

L'atmosphère était au drame. Nous avions sur les bras une affaire sérieuse, aux conséquences imprévisibles. Selon nos estimations, il y avait vingt-trois otages et les gangsters étaient au nombre de sept. De part et d'autre, ça mobilisait du monde. Une véritable opération de guerre.

Le quartier était en ébullition. Des dizaines de policiers armés s'abritaient derrière des voitures mises en travers des rues afin d'entraver une éventuelle sortie. D'autres, rassemblés à la poste des Cinq-Avenues, attendaient dans une atmosphère tendue. Les hommes de la Sûreté urbaine, aidés des gardiens de la paix et de la BRI[1] sous les ordres de mon ami Guidoni, cernaient le quartier d'un cordon infranchissable.

Avec mon adjoint Cossul et mon chef d'équipe Quiriconi, nous avons examiné minutieusement les lieux et vérifié les dispositifs mis en place. La Caisse d'épargne occupait le numéro 3 de l'avenue Foch. On entrait par une grande porte vitrée protégée de fer forgé. L'immeuble ne comportait qu'un étage au-dessus du rez-de-chaussée, celui-ci proprement réservé à la clientèle. Deux immeubles de cinq et six étages encadraient la Caisse d'épargne et, à l'arrière, une cour intérieure où plusieurs coups de feu avaient déjà été tirés.

Les mesures de sécurité rapprochée étaient correctes.

J'ai seulement demandé qu'on fasse le vide devant la Caisse d'épargne.

Les habitants des immeubles faisant face à l'agence ne devaient pas se mettre aux fenêtres, pas plus que ceux dont les fenêtres donnaient sur la cour intérieure. Personne ne devait gêner dans le périmètre de l'avenue Foch et du boulevard de la Libération. Inutile d'offrir la moindre cible aux truands.

Je suis retourné dans le magasin de l'avenue de la Blancarde faire le point avec l'état-major de ce qui s'était déroulé : vers 8 heures, le directeur de l'agence, M. Fabre, avait ouvert l'établissement et était entré avec

1. Brigade de recherche et d'intervention (c'est l'antigang de la PJ).

une dizaine d'employés, comme d'ordinaire. À 8 heures 15, un fourgon de transport de fonds s'était arrêté devant la succursale pour une livraison normale, et en était reparti sans incident. Ensuite, les choses s'étaient déroulées très vite. Le vigile placé devant la porte avait été neutralisé par des malfaiteurs qui l'avaient obligé à entrer dans l'agence. Avant qu'ils en soient ressortis, un témoin avait alerté la police.

– Ils ont l'air très déterminé, affirma Pierre Quilici. Ils sont en train de casser les coffres et semblent vouloir aller jusqu'au bout.

_ Ils demandent deux fourgons Espace Renault de sept places, ajouta mon collègue.

– Il faut à tout prix préserver la vie des otages, dis-je. Il faut que je prenne contact téléphoniquement avec eux pour connaître leurs exigences. J'aviserai après.

Mes gars avaient pris position en face de la Caisse d'épargne et investi les deux immeubles qui la dominaient. Ils étaient à même d'occuper le toit en terrasse de l'agence. L'étau se resserrait autour du point névralgique. Il ne fallait rien brusquer, améliorer notre jeu. Chaque carte abattue pouvait apporter la mort.

J'ai demandé au directeur général des Caisses d'épargne les plans de l'agence de l'avenue Foch, puis au maire Robert P. Vigouroux et à son adjoint Jean-Victor Cordonnier un plan détaillé des égouts.

– Commissaire, s'est empressé ce dernier, je mets à votre disposition les égoutiers de Marseille.

– Commissaire, a renchéri M. Vigouroux, la Mairie met à votre disposition tous ses moyens.

Cette aide spontanée m'apporta une grande satisfaction. De tels signes sont précieux quand on se débat dans une situation délicate. J'ordonnai la venue de chiens d'attaque, spécialement dressés à ma demande par le chenil de Marseille. J'arrêtai mon plan d'action qui tenait en quatre points.

Premièrement, je décidai de fournir aux ravisseurs deux véhicules : une voiture Espace Renault de sept places et un break Nevada de cinq places. Soit douze places disponibles. Les gangsters étant sept, au cas où ils partiraient avec les véhicules, ils ne pourraient emmener que cinq otages. Ce qui nous permettait d'en récupérer dix-huit.

Deuxièmement, je voulais mettre en place le dispositif d'observation et de filature le plus complet. Sur ma demande, mon ami Guidoni répartit le maximum de voitures sur les axes de fuite.

– Je peux, avec mes gars et les tiens, te fournir onze voitures, m'assura-t-il.

Troisièmement, j'ai demandé au préfet de Police Bonnelle que l'on mette à ma disposition deux hélicoptères de la Gendarmerie nationale et deux engins blindés pour bloquer la sortie de la Caisse d'épargne, et qui pourraient servir à arracher la porte si c'était nécessaire.

Sitôt les plans étudiés, nous procédions à l'examen des égouts.

J'en étais à ce stade de la décision, lorsque le préfet Bonnelle vint me trouver, l'air gêné.

– N'Guyen, dit-il après un moment d'hésitation, j'ai appelé Broussard et le RAID.

Stoppé dans mon élan, j'encaissai le coup sans rien laisser paraître.

– Monsieur le préfet, demandai-je froidement, si Broussard vient avec le RAID, qui assurera le commandement ?

– C'est Broussard.

Je pesai mes mots :

– N'ayant plus le commandement ni la responsabilité de l'affaire, je ne me sens plus concerné.

– Vous resterez bien sûr l'adjoint de Broussard, dit-il, gêné.

Belle consolation. Quoi qu'il dise, j'étais évincé brusquement, sans motif. Je réprimai avec peine les sentiments qui m'assaillaient.

– J'ai toujours été régulier, dis-je. Je maintiendrai l'affaire en l'état jusqu'à l'arrivée de Broussard. Mes gars seront à sa disposition.

Regardant mes collègues présents, j'ajoutai d'une voix glacée :

– Je ne suis pas pour la guerre des polices. Il faut qu'il y ait un seul patron. Je me retire donc.

Un silence de plomb est tombé dans la pièce. Robert Vigouroux et Jean-Victor Cordonnier ne comprenaient pas ce qui se passait. Quilici et Quès n'osaient me regarder et mon ami Idais était d'une pâleur extrême. Mes gars, témoins de la scène, restaient pétrifiés. Personne ne pipait mot. Le temps était en suspens. À quelques mètres des braqueurs, une autre affaire se nouait.

Le préfet Bonnelle s'approcha, sans doute dans l'intention d'expliquer la décision qu'il avait prise et de trouver des mots propres à me la faire admettre. Avant qu'il ait pu me dire quoi que ce soit, j'intervins sans aménité :

– Monsieur le préfet, quelle que soit l'issue de cette affaire, en bien ou en mal, j'en tirerai moi-même les conséquences qui s'imposent.

Il fallait mettre les choses au point. C'était fait.

L'efficacité commandait d'occuper l'appartement du concierge et de peser les chances d'une descente dans la salle principale par l'escalier intérieur. Négligeant ma suggestion, Quès s'adressa au préfet de Police :

– Mieux vaut attendre l'arrivée de Broussard.

Le préfet approuva. J'étais seul. Fonctionnaire d'autorité, je devais obéir. Je consultai ma montre : 10 heures. Une heure seulement après la prise en main de cette affaire, j'en étais dessaisi.

Robert Broussard arriva vers 13 heures avec Mancini et une trentaine d'hommes du RAID. Les autorités marseillaises l'accueillirent avec soulagement, tout sourires. L'homme providentiel allait enfin les décharger de leurs soucis. Ce spectacle avait à mes yeux quelque chose d'irréel, j'en garde encore aujourd'hui un souvenir d'une étonnante intensité. Dans la vie, certains moments font date.

J'attendais Broussard avec les autres, dans le petit commerce du boulevard de la Blancarde où était installé le quartier général. On se tutoyait depuis de nombreuses années. Devant toutes les personnalités présentes, je lui ai fait part de ma synthèse. J'étais d'avis de donner immédiatement les voitures aux truands afin de limiter le nombre d'otages aux mains des ravisseurs. Après leur départ, la plus grande partie des otages serait libérée. C'était un début. Les voitures de filature étaient prêtes. Deux hélicoptères de la gendarmerie pourraient suivre les fuyards. Les égoutiers de Marseille attendaient le feu vert pour fouiller les égouts. Les chiens d'attaque étaient prêts à partir. Nous avions pris contact avec M. Catto, gardien de l'agence, logeant à l'étage au-dessus, et nous l'avions récupéré avant l'arrivée de Broussard. Tout était prêt pour descendre dans la salle depuis l'appartement. Broussard balaya ma suggestion de fournir les voitures.

– Je ne veux pas transporter la prise d'otages d'un endroit à un autre.

Je m'inclinai. C'était la première fois de ma carrière que je voyais un directeur central de la Sécurité publique se substituer à un commissaire divisionnaire... Le fait mérite d'être souligné. Il serait vain d'épiloguer sur cette prise de commandement qui, à la très grande satisfaction de certains, me mettait à l'écart. Pour eux mon rejet prenait déjà allure de victoire. Le commissaire Bon, adjoint du directeur de la PJ, pronostiqua gaiement devant mon ami Raphaëlli, de la DST :

– Avec Broussard, ces demi-sel dormiront ce soir aux Baumettes.

Je m'abstins de répondre. Mon regard à Raphaëlli en disait long. Il n'entre pas dans mon éthique de sous-estimer un adversaire. C'est une faute lourde de conséquences. La suite me donna raison. Ma conviction était que nous avions affaire à de vrais professionnels, sachant très bien jouer avec les cartes qu'ils avaient en main. Ainsi, s'ils avaient tiré des coups de feu dans l'arrière-cour de l'agence, ce n'était manifestement pas pour tuer, mais simplement pour nous impressionner.

Broussard a revu avec moi les dispositions de sécurité prises sur le terrain par mes soins. Il décida de changer de QG et s'installa de l'autre côté de l'avenue Foch, face à l'agence, dans le cabinet d'un chirurgien-dentiste, au deuxième étage. Ses hommes déployèrent un matériel d'écoute hypersophistiqué pour enregistrer le dialogue surréaliste qui allait s'engager entre Broussard et celui qui semblait être le chef des truands.

Manifestement, l'adjoint désigné était Mancini. Moi, je ne suis efficace que lorsque je suis le patron d'une affaire. Paris avait décidé. Aux Parisiens de jouer le coup en prenant leurs responsabilités. Dans la réussite comme dans l'échec. Telle était ma conviction profonde. Mes gars et moi devenions des exécutants, voire de simples témoins.

À proximité, d'une voix satisfaite, un substitut mal intentionné se permit cette réflexion :

– Cette fois, on n'a pas affaire à deux drogués.

L'allusion à l'affaire du Grand Pavois était on ne peut plus transparente.

14 heures 50. J'assistais à un dialogue entre Robert Broussard et le truand dont une partie a été révélée par le journal *Le Provençal*. Cette publication a amené l'IGS, saisie, à diligenter une enquête sous l'autorité du contrôleur général Furno. J'en dirai ceci : les malfaiteurs ont fait croire qu'ils voulaient à tout prix deux véhicules et trois milliards de centimes de rançon supplémentaires. Un message de la gendarmerie de Plombières, suite à une indiscrétion, nous avait avisés à 15 heures de leur intention de s'enfuir par les égouts. Leurs fausses prétentions ont cependant été prises au sérieux. Le dialogue tournait en rond, butait sur les mêmes difficultés, les mêmes exigences. Le temps passait. On n'avançait pas.

Après quatre heures d'un dialogue stérile au bout du fil, le truand, dont la voix reste gravée dans ma mémoire, dit à Broussard :

– Tu aurais mieux fait de laisser le Chinois se démerder tout seul.

19 heures. Broussard observait la Caisse d'épargne par la fenêtre. Assis dans le fauteuil du dentiste, je demeurais silencieux. Je ne comprenais pas la finalité de sa stratégie. Mais ce n'était plus mon problème.

Soudain, Broussard s'exclama :

– Bon Dieu ! Ils donnent l'assaut ! Ils vont faire un vrai carnage !

Il bondit dans l'escalier.

Les gars du RAID et du GIPN de Marseille s'agglutinaient autour de l'entrée de la Caisse d'épargne, où se pressait déjà une foule nombreuse. Un événement important venait de se produire, un événement ridiculisant la stratégie appliquée depuis des heures.

La porte de l'agence venait d'être ouverte par un otage. Il était apparu sur le seuil, bras en l'air, en criant :

– Ne tirez pas ! Les malfaiteurs sont partis !

Broussard courut vers l'entrée, contourna le pâté de maisons, mû par un ultime espoir. Qu'espérait-il en galopant ainsi ? Très agité, il ne se contrôlait plus, gesticulait au point que son revolver se décrocha et tomba sur le sol. L'arme roula sur le macadam, comme un jouet dérisoire. Mes gars étaient sur ses talons. L'un d'eux allait le récupérer quand le préfet Robert Broussard en soufflant se baissa et ramassa le revolver, face congestionnée. Puis il s'écarta précipitamment des témoins gênants.

Je savais la partie perdue. Par acquit de conscience, avec Mancini, nous avons patrouillé dans les alentours immédiats. Je ne me faisais guère d'illusion. Le gibier s'était bel et bien envolé à notre barbe avec le butin. Par bonheur, les otages étaient saufs. Je l'avais pensé dès le début, nous avions affaire à des professionnels.

Devant la Caisse d'épargne, une meute de journalistes m'assaillit : la télévision britannique, des correspondants locaux et étrangers, des reporters de *Paris Match* et autres magazines. Tous voulaient des confidences, des commentaires, un scoop.

J'ai préféré me taire. C'était la seule attitude correcte devant un échec aussi retentissant. Broussard et Quilici étaient partis. Ils dînaient quelque part ensemble, loin des indiscrets. Pierre Quilici raccompagnerait ensuite Broussard à l'aéroport de Marignane. Comme de bons amis.

L'affaire du casse de la Caisse d'épargne des Cinq-Avenues avait eu lieu le 9 février 1987. Le 10, le juge d'instruction Sampiéri était saisi et désigné. Le 11, Sampiéri téléphonait à Robert Broussard pour avoir son point de vue.

– Une affaire montée par des Arabes, dit Broussard.

Cette affaire avait soulevé la réprobation des Marseillais. La population avait fort mal pris ma mise à l'écart qu'elle recevait comme un affront. Pendant plusieurs jours, de nombreux coups de fils m'apportèrent des témoignages de sympathie. Mon courrier grossissait de lettres exprimant le même sentiment. J'y puisais un profond réconfort. Je les ai conservées. Ces soutiens anonymes sont les plus émouvants et les plus précieux que puisse recevoir un homme dans ma condition.

Une constatation m'a stupéfié : une grande partie des médias se montrait satisfaite de cet échec. Je n'invente rien. Qu'on se reporte aux documents d'époque. Les faits sont incontournables.

De source sûre, je sais que le ministère de l'Intérieur, à Paris, a reçu de nombreux coups de fil de Marseille. Cet échec, en prenant une tournure politique, allait attirer sur moi de futurs ennuis.

La police marseillaise a relevé le gant. Sous l'impulsion de M. Sampiéri, juge d'instruction de grand caractère, celle du commissaire Philippe Mallet[1], et avec l'aide de la BRB, elle allait effectuer un travail de fourmi considérable. Au bout de vingt mois, grâce à des renseignements fournis par un indicateur, ces efforts aboutirent à l'interpellation de tous les acteurs de ce casse hors du commun. La bande avait pour cerveau une vieille connaissance : Michel Hadjilouloudes. Ses

1. Avec l'inspecteur Serge Muller, le chef de groupe Jacques Thibaut, sur lequel Sampiéri ne tarit pas d'éloges, Serge Berion, Gérard Barbu, Fernandez.

lieutenants se nommaient Stéphane Lanza et Christian Cecchi, le propre frère de l'assassin du juge Michel.

La réalité dépasse la fiction, c'est bien connu. Les faits sont sacrés, les commentaires libres. C'est bien connu aussi. Quatre jours après le casse, la voix de l'homme qui avait baladé Broussard en lui faisant croire que les truands voulaient s'enfuir en voiture, se fit entendre au téléphone dans mon service. Mon adjoint, le fidèle Cossul, prit l'appareil. Au bout du fil, le truand prononça une courte phrase :

– Nous regrettons pour ton patron.

Et il raccrocha.

CHAPITRE XXI

Une semaine plus tard, le lundi 16, un ami de toujours, Sauveur De Méo, journaliste à l'Agence France-Presse, prit contact avec moi. C'était un garçon en qui j'avais confiance. Pendant dix ans, nous avions joué au volley-ball et gagné des tournois sur la plage des Catalans.

– Georges, mon patron a eu l'accord de ton ministre pour une interview.

Malgré son affirmation, après avoir informé le préfet de Police Bonnelle et son chef de cabinet Chaze, je pris la précaution de téléphoner à Claude Guérin[1], au cabinet de Charles Pasqua et de Robert Pandraud. Il n'était pas au courant.

– Je te rappelle dans une heure, dit-il.

Une heure s'écoula, puis la sonnerie du téléphone retentit et Claude Guérin m'apporta enfin les assurances attendues.

_ C'est exact, dit-il. Tu as le feu vert du ministre. Il te demande seulement de ne pas égratigner Broussard.

Fort de cet accord, j'en informai MM. Bonnelle et Chaze. Ce dernier me rappela pour m'assurer que je pouvais accorder cette interview. Le préfet me conseilla vivement de parler surtout du matériel et de mon groupe.

Avec Sauveur De Méo, nous convînmes d'un rendez-vous au cours duquel, en totale confiance, nous pourrions discuter du contenu de ma déclaration. Sauveur s'engageait à communiquer mon interview à l'AFP sans commentaire.

---

1. Contrôleur général de la Police nationale.

Pourquoi tant de précautions ? Parce que j'étais tenu par l'obligation de réserve. Mais aussi parce que l'affaire du casse avait défrayé la chronique, suscitant les réflexions les plus sévères sur la réforme de la police marseillaise. Ces questions faisaient la une de la presse régionale, voire des journaux de la capitale. Je dois insister sur ces précautions afin de mettre en lumière le procès d'intention que me fit par la suite ma hiérarchie parisienne, reniant le feu vert pourtant donné. Homme de parole, je mets un point d'honneur à être régulier dans n'importe quelle circonstance. J'affirme que mon texte a respecté les strictes limites de ce que je pouvais dire. À aucun moment je n'ai voulu lui donner un impact politique.

– Quel est maintenant l'avenir de votre groupe ? me demanda le journaliste après mon exposé des faits.

– Je suis forcé de constater que j'ai vu une disproportion énorme entre nos moyens, somme toute pauvres, et les moyens techniques énormes dont disposent nos collègues du RAID. Pour vous donner un exemple, on va m'accorder un ensemble Eurosignal que je réclame depuis quinze ans[1].

Ayant assisté à un symposium antiterroriste en Hollande, je peux affirmer que le groupe de Marseille est le groupe d'Europe qui a, de très loin, le moins de matériel. Concernant ces moyens matériels, s'il y avait une échelle de comparaison à faire, elle pourrait aller de un à cent.

Par contre, je puis vous assurer que nous avons certainement une des plus belles efficacités d'Europe, malgré les très lourds handicaps que je vous ai signalés.

– Après cette affaire, quel est votre état d'esprit ?

– Autant que je remonte en arrière, j'ai toujours commandé tant que j'ai eu le commandement et le pouvoir de décision. Je peux dire que je n'ai eu aucun échec. Un patron qui se dit être un patron, quels que soient les coups durs qu'il encaisse, ne doit jamais laisser transparaître à

1. Que je n'ai jamais obtenu...

l'extérieur ses états d'âme. En tant que patron, j'ai toujours pris, et je peux l'affirmer, les plus gros risques, comme un officier de la Légion étrangère. À savoir, être avant tout un seigneur au feu. J'ai toujours été soucieux de l'intégrité physique de mes gars. Sur le plan moral, ils savent que, tant que je serai à la tête de mon groupe, ils seront couverts à 100 %, tant sur le plan administratif que judiciaire.

Sur le plan de mon éthique personnelle, j'ai toujours affirmé, aussi bien à la télévision que dans toutes les conférences, que je ne croyais pas aux « superflics », que demain je pourrais connaître l'échec et, surtout, j'ai toujours affirmé que si la peur ou le doute m'envahissait je quitterais immédiatement ce groupe dans son intérêt.

Je peux affirmer, la tête haute, que toutes mes décorations, Légion d'honneur, que je n'ai pas demandée, Mérite national, Médaille d'or du Courage et du Dévouement, Médaille d'honneur de la Police à titre exceptionnel, valeur militaire avec citation à l'ordre de la division, ont été prises au feu.

Je peux affirmer que j'ai beaucoup donné à la France et à la Police française. Quand le moment sera venu, je peux quitter le commandement de mon groupe la tête haute.

Cette interview a été commentée par *Le Méridional* du 17 février sous le titre : *LE COMMISSAIRE VIDE SON SAC*. De son côté, *Le Provençal* titra : *LA GRANDE MISÈRE DES FLICS DE PROVINCE*. Quarante-huit heures après, mon collègue Quilici, directeur départemental, accordait à son tour au *Provençal* une interview fracassante qui constituait une véritable déclaration de guerre politique. Il affirmait en préambule : « Je n'ai jamais vu un gouvernement traiter la police avec un tel mépris. » Déclarations qui éclaircirent d'un jour brutal l'évolution de l'affaire des Cinq-Avenues et traduisirent en termes nets le malaise rongeant la police. Pierre Quilici jetait un pavé dans la mare. Du même coup, il se sabordait.

Depuis quatre ans à Marseille, constatait-il, j'ai subi les lubies de quatre préfets de Police mais aujourd'hui, par respect des fonctionnaires tués ou blessés en service, à cause d'un manque total de prise en considération, je ne suis plus en mesure de tenir ce poste. Il stigmatisait en particulier l'attitude de Broussard annonçant que les policiers marseillais auraient dû savoir qu'un tunnel avait été creusé sous la maison de l'Écureuil *: Broussard n'a jamais assumé aucun échec. Il n'est pas un policier de terrain, mais un homme de bureau. Déjà, en Corse, il m'avait tenu pour responsable des coups de feu tirés par le FLNC autour du cercueil de Cardi, à Serriera. Pourtant, ce jour-là, si les gendarmes avaient tiré sur les hommes masqués, il y aurait eu des morts par dizaines ! Plus tard, l'Inspection générale des polices a classé cette affaire. Nous avions eu raison de ne pas intervenir.*

Le coup de colère du patron de la Sécurité publique continuait en faisant toute la lumière sur le casse de Marseille. Il affirmait que Broussard avait été le seul patron sur le terrain et qu'il avait largement disposé du nécessaire : *Il a obtenu ce qu'il a voulu : deux hélicoptères et des hommes partout. Mais, comme nous, à aucun moment il n'a cru à une fuite par les égouts. Après la fouille des caves et des souterrains, tout était OK. On attendait les braqueurs devant la porte, ils sont partis sous nos pieds. Nous sommes tous un peu responsables. Si Broussard n'avait pas été là, le préfet de Police et bien des responsables auraient sauté. Mais Broussard n'a pas réussi à avoir les gangsters. Alors, il veut que des têtes tombent...*

Il n'hésitait pas à reconnaître ses propres torts : *J'ai insisté pour que Broussard vienne à Marseille : j'ai compris que cette prise d'otages était complexe...*

En fait, cette démarche n'était pas motivée par la peur. Quelques mois auparavant, Pierre Quilici était entré seul, en bras de chemise, dans les locaux de la BNP du boulevard Chave. Il avait réussi à ramener à la raison deux preneurs d'otages qui, venant de purger quinze ans de réclusion, assuraient n'avoir plus rien à perdre. En appelant Broussard à la rescousse, le directeur départemental des Polices urbaines n'imaginait pas qu'il pourrait être le dindon de la farce. Dans la nuit même, un communiqué du ministère de l'Intérieur annonçait que M. Pierre Quilici était relevé de ses fonctions. Il avait pris ses risques. Il savait à quoi il s'exposait. Le retour de bâton ne s'était pas fait attendre.

Ma déclaration avait précédé la sienne. Elle avait été faite, comme je l'ai dit, avec l'accord de mon ministre et de ma hiérarchie marseillaise. Malveillance ou pas, on a fait l'amalgame. Un soir, après la publication de l'entretien de Quilici et sa démission, le préfet Bonnelle, avec qui j'entretenais de très bons rapports, me téléphona personnellement chez moi, furieux. Mon interview était scrutée à Paris avec la plus grande attention. On s'apprêtait à la passer au « marteau-pilon ». J'avais le sentiment de n'avoir commis aucune faute, mais j'étais dans le collimateur. La tête de Quilici venait de tomber. Voulait-on la mienne ?

*

* *

Daniel Chaze attendait pour m'introduire dans le bureau du préfet de Police. Son regard fuyant et sa mine pâlotte ne laissaient rien présager de bon. Il ouvrit la lourde porte et s'effaça devant moi avant de s'éclipser.

Je m'attendais à un tête-à-tête avec le préfet. J'eus la surprise de découvrir, assis côte à côte derrière une imposante table, de gauche à droite, Yvan Barbot, directeur général de la Police nationale, Robert Broussard et Bonnelle. Une chaise m'était réservée. Face à eux. Au milieu du somptueux décor de ce palais national, avec ses lambris, ses stucs et ses dorures, cette mise en scène inquisitoriale avait quelque chose d'irréel.

Je remarquai les sourcils froncés et le regard sévère d'Yvan Barbot, la pâleur de Broussard, le maintien gêné du préfet de Police. Cela ne m'impressionnait pas. Dès la première seconde, j'ai su que j'allais à l'affrontement.

Yvan Barbot attaqua sans préambule :

– Monsieur N'Guyen Van Loc, le ministre n'a pas apprécié votre déclaration...

La voix se voulait ferme, autoritaire. Je ne lui ai pas laissé le temps de terminer sa phrase. Quand on m'attaque injustement, je deviens un fauve.

– Monsieur le directeur général, ma déclaration a été faite avec l'accord du ministre et la connaissance parfaite de ce que j'allais dire par mon préfet de Police. En ce qui me concerne, je n'ai rien à retirer de ce que j'ai dit.

La brutalité de ma réponse surprit Yvan Barbot. Il répliqua sèchement :

– Mais vous, qui êtes un commissaire d'une telle envergure, comment se peut-il que vous n'ayez pas...

Je l'ai encore interrompu sans ménagement.

– Monsieur le directeur général, je suis un commissaire d'une telle envergure parce que je suis le commissaire divisionnaire le plus ancien de France malgré les risques que j'ai pris. Alors je vous interdis de venir m'insulter à Marseille, dans ma ville, là où j'ai mes parents enterrés. Regardez-moi bien dans les yeux. Dites-moi si je suis un commissaire français à part entière.

Interloqué, Yvan Barbot se leva brusquement de son siège. L'entrevue prenait un tour imprévu.

– Mais non, monsieur N'Guyen, il n'en est pas question, protesta-t-il comme pour m'apaiser en répondant à ma question implicite.

Ma colère et mon dégoût sincères l'avaient ébranlé. Il ne manifestait plus la raide assurance du début.

Je m'adressai alors à M. Bonnelle :

– Monsieur le préfet, vous êtes là pour savoir que j'avais l'accord du ministre et que nous nous étions entendus sur le contenu de ma déclaration.

Yvan Barbot répliqua laconiquement :

– M. Bonnelle, lui, n'a pas fait de déclaration.

Le reproche était indirect mais clair.

– Je vous répète, monsieur le directeur général, que ma déclaration a été faite avec l'accord du ministre, dis-je, au bord de l'exaspération.

Je possède une voix forte, et qui porte. Injustement traduit devant un comité de la hache, je ne pouvais le supporter. J'ai regardé Broussard droit dans les yeux.

– Robert, tu as cru le lendemain de l'affaire que j'avais bavé à des journalistes. Tu as osé douter de moi. Alors, maintenant, devant ton directeur général, je vais te dire ce que toute la ville pense et ce que je pense moi-même. Tu es un rigolo à Marseille, tu seras un rigolo à Paris.

Sous le coup, la face de Robert Broussard vira de blême au cramoisi. Il se leva. Devant la tournure des événements, le directeur général intervint sèchement :

– Broussard doit vous parler seul à seul.

J'ai suivi Broussard dans le bureau de Chaze, qui était sorti. Nous nous retrouvions face à face. Dans un silence tendu.

Broussard, gêné, déclara d'un ton volontairement apaisant :

– Georges, on m'a obligé à descendre à Marseille. Je te le jure. Comprends, je suis ton patron.

Les choses auraient pu en rester là. Malheureusement, la juste colère qui m'étreignait ne tombait pas. Il avait enterré d'un coup vingt ans de bons rapports. Si quelqu'un devait faire l'objet de sanctions, c'était lui. Il avait échoué à Marseille où il avait toute la responsabilité de l'affaire. Il devait accepter de prendre l'échec à son passif. Entre nous, le fil était rompu.

J'ai regagné le bureau du préfet avec plus de détermination que je n'en avais lorsque j'en étais sorti. J'intervins encore avec dureté :

– Monsieur le directeur général, pour continuer de commander à mon groupe, il fallait trois conditions. La première, que je sois volontaire. La deuxième, que j'aie les hommes et le matériel. La troisième, la plus importante, que j'aie la confiance totale de ma hiérarchie. Dans les conditions actuelles, je ne suis plus tenu de continuer à commander ce groupe.

Yvan Barbot eut un geste d'impatience :

– Nous en reparlerons plus tard.

Je n'en avais pas fini. J'ai lancé à Broussard :

– As-tu dit au directeur général que c'est moi qui ai monté les structures du RAID ?

Il répliqua :

– Tu en as refusé le commandement.

– Et pour cause ! Je ne suis efficace que lorsque j'ai l'entier commandement d'une unité et non pas lorsque je suis en sous-ordre.

L'atmosphère devenait irrespirable. Yvan Barbot décida de mettre un terme à l'entrevue. Suivi de Broussard, il se dirigea vers la pièce attenante où patientaient des dizaines de commissaires.

Je suis sorti par le bureau de Chaze, en proie à une colère meurtrière. Je récupérai sur la table mon arme qui ne me quittait jamais. Daniel Chaze, affolé, craignant que je ne fasse un malheur, me suivait en essayant de me calmer.

– Georges, ne quitte pas la Police nationale !

Je n'étais pas d'humeur à argumenter.

Il a marché sur mes talons jusqu'au parking, où deux journalistes me guettaient : Jérôme Feracci, du *Méridional,* et Christian Rodat, du *Provençal.*

Ils flairaient des révélations de nature à causer grand bruit. Nous avions toujours entretenu d'excellentes relations mais en la circonstance, je ne pouvais vraiment rien dire.

– J'ai donné ma parole de ne pas parler, dis-je. Je ne parlerai pas.

Si, aujourd'hui, je romps le silence, c'est que la hache de guerre que je croyais enterrée, en fait, ne l'était pas. La paix, consentie d'un commun accord, n'a pas été respectée.

En témoigne la note scélérate du 10 novembre 1987. En cas d'interventions du RAID à Marseille, je devais me placer sous les ordres de son chef, quel que soit son grade, mon groupe était éclaté en petites unités ; le recrutement des hommes du GIPN de Marseille devait se faire à Paris.

Note hypocrite qui cassait la cohésion de mon groupe, proprement inacceptable sur le plan du commandement.

Malheureusement, la maladie m'obligea à baisser ma garde. Le 1er juillet 1987, après consultation de mes amis les professeurs Poggi et Montiez, il fut décidé que je serais opéré par ce dernier.

Une intervention délicate dont je me remis lentement, et qui me fit perdre plus de dix kilos. Je n'étais plus en état de faire front.

CHAPITRE XXII

Le 7 mai 1987, je suis monté à Paris, avec mon épouse, pour recevoir la Légion d'honneur. Elle m'avait été décernée à la suite de ma balade avec Buoncristianini, l'homme à la grenade. Ma Légion d'honneur, comme on dit en Provence, « je me la suis prise tout seul ». Je ne l'ai jamais sollicitée. Je m'étais juré de ne jamais la réclamer. Non par orgueil, mais avec les risques pris tout au long de ma carrière, j'estimais qu'on me la devait depuis des années.

Nous voilà alignés en rang d'oignons, face à l'estrade prévue pour les officiels ou les invités.

La cérémonie se déroule à Créteil, dans un espace planté d'arbres, sous un ciel déjà clément. J'attends le moment de me mettre en place en discutant avec deux amis, quand un récipiendaire, nommé pour le Mérite national, s'approche, l'air gêné.

– Monsieur N'Guyen, il faut que je vous dise, Broussard m'a interdit de vous donner le moindre matériel, sauf le renouvellement de vos revolvers.

L'homme semble soulagé de cette confidence. Il veut me faire savoir qu'il n'est qu'un exécutant, et qu'il obéit aux ordres sans approuver. Je l'ai remercié, puis il s'est perdu dans la foule.

Sa confidence ne me surprenait pas. Un collègue de promotion, conseiller technique de Joxe, m'avait déjà mis en garde contre l'hostilité de Broussard. Étrange attitude si l'on songe que je n'étais qu'un petit commissaire divisionnaire alors qu'il était préfet. En 1986, un autre collègue, conseiller au cabinet de Pasqua et Pandraud, m'avait fait la même confidence. Les témoignages se recoupaient. Par ailleurs, je savais que le SGAP[1] recevait directement des ordres en ce sens, particulièrement pour mes voitures. On nous laissait patauger dans les problèmes techniques. Nous étions obligés de réparer le vieux matériel avec des bouts de ficelle. Ainsi prétendait-on nous acculer à l'inefficacité.

Quelques instants plus tard, un certain Magaldi m'aborde sans y aller par quatre chemins.

– N'Guyen, je suis l'adjoint de Broussard qui est mon patron et le tien. Nous avons ton dossier sur notre bureau. On veut te nommer contrôleur général. Mais il ne faut pas compter sur Marseille. Sans doute l'IGPN[2].

J'éventai le piège. La proposition était faite dans le dessein de me virer de Marseille et de me mettre sur la touche. Je voyais clair dans leur jeu. Sans doute savaient-ils que j'allais refuser. Ils ne se trompaient pas. Ma réponse brutale, fusa :

– Ce n'est ni le moment ni le lieu de parler de cela. Votre promotion, mettez-vous-la où je pense. Et si vous m'emmerdez, je vous ferai perdre cinquante mille voix à Marseille.

Abasourdi, il ne sut que répondre.

En proférant cette menace, j'avais exagéré. Je n'ai jamais mêlé la politique à mon métier. Je me suis laissé aller parce que je trouvais inconvenant que Magaldi vienne me faire cette proposition après ce que j'avais entendu quelques instants auparavant. Qu'il l'ignorât importait peu. Moi, je savais.

Robert Pandraud, ministre de la Sécurité, épingla sur ma poitrine la croix de la Légion d'honneur. Puis il passa au suivant. Cette décoration m'emplissait de fierté. Je restais au garde-à-vous, regardant droit devant moi les tribunes noires de monde. Mais je ne distinguais rien. Des tas d'idées me trottaient dans la tête. Je ressassais les paroles empoisonnées du type du matériel et de Magaldi. Ces salauds voulaient ma tête.

---

1. Service général de l'administration de la Police.
2. Inspection générale de la Police nationale.

Un apéritif était prévu au ministère de l'Intérieur, place Beauvau, pour fêter les nouveaux décorés.

Beaucoup de monde se pressait à l'intérieur des immenses salons où régnait une atmosphère de mondanité un peu compassée. Les uniformes rutilants se frottaient aux robes de cocktail. Des garçons en veste blanche et nœud papillon évoluaient avec une étonnante agilité, le plateau en équilibre à bout de bras. Des gens s'agglutinaient au buffet. Le brouhaha était si dense qu'on avait peine à s'entendre.

Je pris un jus de fruit, circulai de groupe en groupe, saluant des connaissances que je n'avais guère l'occasion de voir. Il fallait monter à Paris, et je n'y allais que pour les grandes occasions. J'étais si bien chez moi, à Marseille.

Soudain, quelqu'un fendit la foule des invités et se fraya un chemin jusqu'à moi. C'était Robert Broussard. Stupéfait, je le vis venir vers moi, main tendue, sourire aux lèvres. Comme si nous nous étions quittés bons amis la veille.

Quand il fut près de moi, il eut cette phrase incroyable :

– Mon cher Georges, toi et moi, nous allons faire de grandes choses ensemble.

J'avais toujours été régulier. Même si on m'en récompensait de belle manière. Je savais tenir ma langue. Après l'affaire des Cinq-Avenues, j'avais eu un entretien téléphonique avec Robert Pandraud. Il s'informait.

– Monsieur le ministre, ai-je répondu, m'avez-vous jamais entendu dire quoi que ce soit sur quiconque ?

Il y a eu un moment de silence. Puis il a convenu :

– Jamais, N'Guyen.

CHAPITRE XXIII

Je me suis toujours attaché à défendre la police marseillaise. À l'heure où la politique fait de la décentralisation son maître mot, la fameuse circulaire du 10 novembre 1987 contredit toutes les déclarations de principe. Flic marseillais, je n'ai jamais eu à recevoir de leçons de qui que ce soit sur le terrain.

Je laisse mon groupe avec 100 % de réussite. J'ai réussi à en faire le meilleur de France. J'ai monté les structures du groupe d'intervention de Paris, devenu par la suite le RAID. Au cours de ces années, j'ai toujours fait passer l'intérêt général avant toute autre considération.

Bientôt, avec regret, je vais rendre définitivement mon Manurhin MR 357 Magnum 4 pouces, une des meilleures armes de poing du monde. Mais je garderai avec moi le meilleur pistolet, le SIG P 226, 15 coups, 9 mm, ramené de Suisse, où j'avais donné une conférence sur mon groupe et la sécurité. Cette arme m'a été offerte, à l'issue de ma prestation, par les organisateurs M. et Mme Kramer. C'est un symbole.

Toute mon action a été tendue vers l'efficacité totale. Mon pragmatisme m'a conduit jusqu'à la limite extrême. J'ai choisi la philosophie du maximum possible sans jamais franchir cette limite.

L'essence même du succès voue à la solitude. D'année en année, alors que j'enchaînais réussite sur réussite, je vivais l'amer paradoxe de me retrouver de plus en plus seul. Comment eût-il pu en être autrement ? J'ai puisé dans le respect de mon éthique la plus grande satisfaction : celle de quitter mon groupe sans qu'il y ait eu de morts parmi mes gars.

À leur tête, j'ai parfois donné l'impression de narguer la mort. La dangerosité de ma vie a voulu que je flirte en permanence avec l'insaisissable et toujours présente Dame noire. Elle s'est quelquefois approchée très près de moi. Je l'ai affrontée avec calme. Je me souviens de la réflexion du ministre Robert Pandraud, après ma balade avec Buoncristianini, l'homme à la grenade :

– Vous avez eu la plus belle peur de votre vie, avait-il dit.

J'avais répondu par ce qui m'apparaissait comme une évidence :

– Si j'avais eu peur, je ne serais plus là.

J'ai toujours loyalement proposé à mes adversaires le contrat leur permettant de s'en sortir honorablement. Ceux qui n'ont pas saisi cette perche l'ont payé de leur vie. Je l'affirme en toute conscience : ce sont eux qui ont prononcé leur peine de mort. Lorsque je fais une conférence ou que j'interviens publiquement sur ce sujet, j'aime à citer deux vers de Baudelaire, ils renferment ma conception des hommes :

Je suis la plaie et le couteau
Et la victime et le bourreau...

Ils mettent l'accent sur la responsabilité de chacun envers soi-même dans le déclenchement des mécanismes broyeurs de l'individu. Face à la mort brutale, le truand est d'abord victime de ses choix. La décision lui appartient. Il devient son propre bourreau. Peu importe alors l'instrument du destin qui le frappe.

Je ne me suis jamais permis de sourire, encore moins de rire, de la mort d'un adversaire. La mort d'un homme est respectable même si l'homme ne l'était pas. J'ai respecté le choix de mon adversaire et je me suis abstenu, devant les journalistes, de tout commentaire de triomphe. Quelque chose d'essentiel me l'interdit : l'humilité entretenue par le commerce de la mort.

Aujourd'hui, je pars en homme libre. Tout au long de ma vie, même en qualité de fonctionnaire assujetti à des règles, je me suis efforcé de préserver mon indépendance et d'être un homme libre, sans doute un marginal. Cela n'est pas contradictoire. À la condition de ne pas manquer de caractère et d'avoir le sens du devoir ancré dans le cœur. Le cap est difficile à tenir. Je l'ai pu parce que ma règle de vie tient en une seule loi : être régulier. Qu'elle soit la base même du code d'honneur des truands ne me gène pas. Je sais depuis l'enfance ce que vaut parole d'homme. Les lois les plus imprescriptibles ne sont pas nécessairement écrites.

Être régulier, c'est à la fois simple et très fort. Cela englobe loyauté, sincérité, probité. Je le conçois ainsi. C'est un mot d'homme vrai. De ceux qui permettent de se tenir droit devant l'adversité et dans le triomphe. D'accueillir ces deux menteurs d'un même front, comme le voulait Kipling. Ma fierté est de m'y être tenu.

Dans l'étrange monde où nous nous agitons, certains me qualifieront de naïf. Peu importe. Je considère ce monde avec la lucidité et l'instinct de qui voit venir les coups. Ils ne m'ont pas été épargnés au cours de ma carrière. Je ne possède pas ces qualités d'antichambre et de corridors qui portent les fins politiques au sommet, leur permettent d'avaler des couleuvres et de passer l'éponge sur les coups tordus. Possible après tout que je sois un naïf. Mais cette naïveté me permet d'être bien dans ma peau. Est-il rien de plus essentiel que cet équilibre-là ?

Ombrageux, susceptible, je le suis à proportion de l'amour que je porte à la justice. Le fléau de la balance, je le veux droit. Je ne supporte pas qu'on foule aux pieds cet idéal. Ce sentiment prend racine dans la fervente piété de ma mère. Il constitue mon armature morale. Français suivant le *jus* soli et non le *jus sanguini,* j'ai dû payer deux fois plus que les autres le prix de cette dignité. Il ne pouvait en être autrement. Je laisse à ma famille un nom qui est et sera respecté. Je pars riche de l'estime des Marseillaises et des Marseillais.

Je laisse à mes gars l'image d'un patron ayant refusé la mise au pas injuste. J'ai toujours été là, au feu comme ailleurs, pour les défendre, et je l'ai payé d'une solitude écrasante dont j'acceptais par avance le fardeau. Trahi, je l'ai été. À présent, peu importe. Mon choix est fait. Je n'y reviens pas.

Je pèse les conséquences de mon départ prématuré. Mais, au fond de moi, l'instinct m'ordonne de me retirer pendant qu'il est encore temps. Persister serait suicidaire. Conscient de n'avoir plus rien à prouver, je sais également qu'il me serait demandé toujours plus. Trop. Mes responsabilités envers ma famille m'interdisent d'aller plus loin.

Cette décision, je la ressens douloureusement. D'abord, pour mes gars. Ils savent les vraies raisons de mon départ. Les causes de la fameuse circulaire scélérate du 10 novembre 1987 me contraignent à la démission. Je leur laisse la charge de défendre l'honneur de leur patron. Qu'ils sachent que je les quitte avec fierté et regret. Nous avions encore beaucoup de choses à accomplir ensemble.

Le GIPN de Marseille a marqué la police marseillaise et la Police nationale. Malgré la modicité des moyens qui nous ont été accordés, j'ai écrit avec la police marseillaise une belle histoire d'hommes.

Je ne peux que répéter à mes gars, avant de partir, ce que mon père en mourant m'a légué pour tout héritage :

TOUJOURS LA TÊTE HAUTE.

Au 20 de l'avenue du Prado, le premier étage d'un modeste commissariat de quartier est occupé par le GIPN. Une simple plaque à l'entrée. Une enfilade de pièces pas très grandes, avec des meubles fonctionnels. La rigueur spartiate. Une vingtaine de gaillards se préparent dans une ambiance morose. Uniformes impeccables, sanglés, cirés, au petit poil. Je regarde. Impressionné.

Georges N'Guyen m'a invité pour la « photo de famille ». La dernière où il figurera au centre de son groupe. Il arbore sa batterie de décorations. Je fais figure d'intrus, mais quand Georges me présente : « Un ami », je suis adopté. Il y a là des anciens, comme Rius et Quiriconi, des nouveaux. Ces gars dont les exploits nourrissent les chapitres de ce livre, les voici devant moi en chair et en os, grandeur nature. Beaucoup de choses que je saisissais mal s'éclairent. En particulier, comment un effectif réduit peut accomplir de grandes choses.

Les hommes parlent en confiance, expliquent. Georges était la tête, ils étaient les bras. Ils l'auraient suivi au bout du monde, en enfer. Ils en ont gros sur le cœur. Ils perdent leur raison d'être. Le groupe va se démanteler, c'est certain. Les choses ont déjà changé.

Le patron n'est plus là pour faire le tampon avec la hiérarchie, protéger ses hommes, imposer leur droit. Grâce à sa réputation, son passé, son autorité naturelle, son caractère et sa grande gueule, N'Guyen pouvait seul se permettre de frapper du poing sur la table, de dire non à ce qui n'entrait pas strictement dans le cadre des missions du GIPN. Nommera-t-on demain un chef de cette envergure ? Personne n'est irremplaçable... Voire.

Je descends avec le groupe dans la petite cour intérieure où vont opérer les photographes. Les hommes se disposent sur trois rangs. Au centre, le patron. Ils se tiennent droit. Côte à côte. Liés pour autre chose qu'une image. Georges a un large sourire. Le cœur n'y est pas. Je le sens. J'en suis sûr.

Minute d'émotion.

Le flash crépite. Cette brève lumière fige le dernier moment d'une belle aventure.

Ça aussi, maintenant, je le sais.

Nous sommes au mois de juin. Marseille, avec ses façades ravalées et repeintes de couleurs claires, a changé de visage. Une neuve douceur estivale invite à la promenade. Georges N'Guyen passe encore au bureau, par habitude. Il se déprend. Lentement. Il va aux Catalans s'exercer au volley. Il déjeune avec des amis. Il se balade dans les rues. Il hume les odeurs de cette ville qui est la sienne et qu'il va devoir bientôt quitter.

Sur le Vieux-Port, une vieille connaissance l'aborde. C'est un très grand truand, un ponte du Milieu. Il sait pour N'Guyen. Il pose une main amicale sur son épaule. Il le regarde dans les yeux.

– Jo, tu quittes tous ces pourris. Tu as raison.

Puis :

– Toi, tu étais un très grand flic.

J.-M. T.

Table des matières

Collection « Temps Romanesque »

Serge Bec, *L'Otage des loups*
Jacques Lovichi, *Le Sultan des Asphodèles*
(prix du Livre corse 1995)
Anne-Marie Mitchell-Sambroni, *Gianu*
Anne-Marie Mitchell-Sambroni, *Refuge*
José d'Arrigo, *Pouzzolane*
Nicole Ciravegna, *Le Chemin du loup*
Nicole Ciravegna, *Une année de délices*
Édouard Brasey, *Rue de l'oubli*
Jean Poggi, *Marseille, de l'ombre à la lumière*
Éric Hossan et Bruno Leydet, *Cité parfaite*
Robert P. Vigouroux, *La Vie en morceaux*
Gérard Blua, *L'Enfant qui dort au creux de mon âge*
Jean Ferrara, *Lune rouge sur Marseille*
Pia Petersen, *Le Jeu de la facilité*
Rodica Draghincescu, *Distance entre un homme habillé et une femme telle qu'elle est*
Joëlle Corrio, *Terre Alpilles*
Jean Contrucci, *Pris au piège*
Abdellatif Laâbi, *Le Fou d'espoir*
Patrick Mouton, *La Malédiction du Grand-Saint- Antoine*
Joël Chalude, *Je suis né deux fois*
Éric Hossan, *Café bleu*
Michaël Darmon, *Le Crépuscule de Jérusalem*
Robert P. Vigouroux, *Le Docteur et ses jumeaux*
Ho-Chul Lee, *Gens du Sud, gens du Nord*
Éric Hossan, *ClairVoyance*
Jean-François Pré, *Sang pour Sang gentleman*
Pascal Demeure, *Juste le temps d'un meurtre*

Achevé d'imprimer
sur les presses de

IMPRIMERIE
FRANCE QUERCY

113, rue André-Breton
46001 Cahors

pour le compte des éditions

AuTres Temps

97, avenue de la Gouffonne
13009 Marseille

Dépôt légal : février 2004

ISBN France : 2-84521-168-6
ISSN : 1160-9788